Für alle,

die sich nicht angesprochen fühlen.

Über den Autor

„Wenn mich niemand danach fragt, weiß ich es, wenn ich es jemandem erklären soll, weiß ich es nicht." Augustinus sagte das über die Zeit, aber er hätte es mit gleichem Recht über die Dummheit sagen können. Jeder kennt sie, jeder erleidet sie (vornehmlich die der Anderen). Aber wer könnte erklären, was Dummheit als solche sei?

Erschwerend kommt hinzu, dass man als naiver Dummheits-Erklärer seinerseits in die dumme Rolle des Besserwissers stolpert. Spricht man also über Dummheit, hüte man sich eingedenk der eigenen vor Ernsthaftigkeit. *Dummheit – Ein sehr ernster Versuch* kann folglich nur spielen. Der Essay spielt mit Formen, Stilen, Gedanken, Parodien wider den dummen Ernst. Und wenn dann einige Gesichter der Dummheit kenntlich werden, psychologische, kulturelle, hierarchische, dann wird sich auch zeigen: Ohne Dummheit ist Menschsein nicht denkbar.

Albrecht Dammeyer, gebürtiger Kasseläner, seit 1990 Wahl-Freiburger. Klavierstudium an der dortigen Musikhochschule u. a. bei Robert Levin. Studium der Neuen Deutschen Literatur, Philosophie, Musikwissenschaft. Promotion zum Dr. phil. Arbeitet als Pianist, Instrumentallehrer, Autor.

info@albrecht-dammeyer.de
www.albrecht-dammeyer.de

Inhalt

Traum der Sommernacht! Phantastisch
Zwecklos ist mein Lied. Ja, zwecklos
Wie die Liebe, wie das Leben
Wie der Schöpfer samt der Schöpfung!

(Heine)

Prolog

„Müßiger Leser!

Ohne Schwur magst du mir glauben, dass ich wünsche, dieses Buch, das Kind meines Geistes, wäre das schönste, lieblichste und verständigste, das man sich nur vorstellen kann. Ich habe aber unmöglich dem Naturgesetz zuwiderhandeln können, dass jedes Wesen sein Ähnlichstes hervorbringt; was konnte also mein ungebildeter Verstand anderes erzeugen als die Geschichte eines dürren, welken und grillenhaften Sohnes, der mit allerhand Gedanken umgeht, die vorher noch niemand beigefallen sind, geradeso wie einer, der im Gefängnis erzeugt ward"[1] – oder eben einen Versuch, der um nichts weniger absurd ist als die Kämpfe und Abenteuer jenes bedauerns- und bewundernswerten Manchaners, dessen Geschichte ebenfalls

---

[1] Miguel de Cervantes Saavedra, *Leben und Taten des scharfsinnigen Edlen Don Quixote von la Mancha*, übersetzt von Ludwig Tieck, mit 363 Illustrationen von Gustave Doré, Emil Vollmer Verlag, Wiesbaden, 1975, S. 9. Alternativ hätte zur Verfügung gestanden: Miguel de Cervantes Saavedra, *Der sinnreiche Junker Don Quijote von der Mancha*, in der Übertragung von Ludwig Braunfels, durchgesehen von Adolf Spemann, mit den Anmerkungen von Ludwig Braunfels, durchgesehen von Johannes Steiner, mit einem Nachwort von Fritz Martini, einer Zeittafel und Literaturhinweisen sowie 24 Illustrationen von Grandville zu der Ausgabe von 1848, München, 1994 (9. Auflage), S. 7, in der beispielsweise die Übersetzung „Vorrede" anstatt „Prolog" oder „Eidschwur" anstelle von „Schwur" gewählt wurde. – So weit, so korrekt.

mit den ersten Zeilen dieses Prologs beginnt. Dabei hatte es Der Von Der Traurigen Gestalt noch vergleichsweise einfach. Ein Windmühlen-Riese ist ein starker, aber konkreter Gegner. Die Dummheit dagegen ist eine Macht, die alles und jeden so oder so beherrscht. Ob die Liebe oder nicht vielmehr die Dummheit das größte Thema der Weltliteratur ist: es ist längst nicht ausgemacht. „Das Menschenpack fürchtet sich vor nichts so sehr wie vor dem Verstande; vor der Dummheit sollten sie sich fürchten, wenn sie begriffen, was fürchterlich ist […]"[2] Sie kann immer auch ihr Gegenteil sein. Sie ist um so stärker, je abwesender sie geglaubt wird. Sie kann jede Gestalt annehmen, eng verschwistert dem Altbösen Feind, der sich, wenn er schlau war, als skrupelloser Papst und eifernder Heiliger inkarnierte. Sie steuert mich wie Dich, und das um so mehr, als diese meine Feststellung wie diese Deine Zustimmung Pose sein könnte: Dumm ist zuallererst der Glaube, es nicht zu sein.

Leider funktioniert der Umkehrschluss nicht; dass liefe auf den Kreter hinaus, der sagt, dass alle Kreter lögen. Wir wären folglich allesamt dumm. Wie kann ich also der Hybris verfallen, über die Dummheit zu sprechen? Oder auch Du, über sie zu lesen? Gestehen wir es uns ein: wir sind eitel. Bereits Robert Musil, Koryphäe der Stultiologie, verwies auf die Komplizenschaft zwischen einem Dummheits-Autor und seinem Leser.[3] Beide verbinde das stille Einverständnis, voneinander anzunehmen, nicht dumm zu sein: Man würde als Dummer über Dummheit weder schreiben noch lesen wollen. Damit aber wären wir, Du, Leser, wie ich, Autor, in die eigene Falle gegangen. Denn, wie gesagt: Je ferner wir die Dummheit glauben, desto

2 – sprach Göthen, in: Otto F. Best, *Über die Dummheit der Menschen. Versuch einer Bilanz*, München, 1979, S. 185.

3 Robert Musil, *Über die Dummheit*, Berlin, 1987, S. 12f.

leichteres Spiel hat sie mit uns. Setzen wir also voraus, dass das Selbsteingeständnis unserer eigenen Wie-auch-immer-Dummheit die erste, notwendige Bedingung sein muss, um uns über Dummheit legitim verständigen zu können: Wir müssen uns der Dummheit bezichtigen. Das allerdings dürfte unserer Eitelkeit nicht eben schmeichelhaft sein. Entweder haben wir also nicht weit genug gedacht, als wir uns für die Dummheit zu interessieren begannen. Dann müsste unser voreiliger Versuch hier abbrechen. Oder aber unsere Motivation geht über den reinen Geltungsdrang hinaus. Wir entscheiden uns sachdienlich für letztere Möglichkeit. Immerhin können wir konstatieren, dass es nichts unserer Eitelkeit Peinlicheres gäbe, als wenn sie durchschaut würde, denn offenbare Eitelkeit ist offenbare Dummheit. Dem dringenden Verdacht dummer Eitelkeit setzt sich jeder aus, der öffentlich über Dummheit nachdenkt. Seien wir also uneitel. Machen wir uns lächerlich. Nehmen wir das Kreuz auf uns, für eitel zu gelten und damit für unseriös und für dumm. Behelmen wir uns mit der Schellenkappe, satteln wir unsere Rosinante und ziehen wir, gleichviel ob dumm oder scheindumm, mit Fanfarengebläse gegen die Schafheere des Kaisers Alifanfaron, gegen die geballte Dummheit, der wir nur unterliegen können.

> „Die kühlen und klugen Philosophen! Wie mitleidig lächeln sie herab auf die Selbstquälereien und Wahnsinnigkeiten eines armen Don Quichotte und in all ihrer Schulweisheit merken sie nicht, dass jene Donquichotterie dennoch das Preisenswerteste des Lebens, ja das Leben selbst ist, und das diese Donquichotterie die ganze Welt mit allem, was darauf philosophiert, musiziert, ackert und gähnt, zu kühnerem Schwunge beflügelt! Denn die große Volksmasse mitsamt den Philosophen ist, ohne es zu wissen, nichts anderes als ein kolossaler Sancho Pansa, der, trotz all

seiner nüchternen Prügelscheu und hausbackener Verständigkeit, dem wahnsinnigen Ritter in all seinen gefährlichen Abenteuern folgt, gelockt von der versprochenen Belohnung, an die er glaubt, weil er sie wünscht, mehr aber noch getrieben von der mystischen Gewalt, die der Enthusiasmus immer ausübt auf den großen Haufen – wie wir es in allen politischen und religiösen Revolutionen und vielleicht täglich im kleinsten Ereignisse sehen können.
So zum Beispiel du, lieber Leser, bist unwillkürlich der Sancho Pansa des verrückten Poeten, dem du durch die Irrfahrten dieses Buches zwar mit Kopfschütteln folgst, aber dennoch folgst.“[4]

Wenn Du, müßiger Leser, also die peinliche Niederlage nicht fürchtest, wenn Du Deinen Esel nimmst und mit mir auszuziehen wagst, die Dummheit fürchten zu lernen, dann wärme Dich mit mir an der Morgensonne unserer Bescheidenheit und Un–Dummheit, deren Strahlen unseren Auszug erleuchten. Kampf den Mühlen, die die Welt bedeuten! Machen wir uns auf, Du, Zeuge meines tristen Heldenmutes, auf Deinem Grauen, ich aber hoch zu Rosse, möge mein Pegasus auch Rosinante heißen, in stillem Bedauern nur dessen, dass die Feder des Cervantes der angelegten Lanze seines Edlen immerhin ähnlicher sah und auch treffender spießte als die Tastatur meines alten Rechners.

---

[4] Heine, Gesammelte Werke II, *Die Stadt Lucca*, Gütersloh, o. J., S. 397.

1. Was ist Dummheit?

Erste Gedanken zur Gestalt der Dummheit. Wie man findet, was man sucht

Benennen heißt bannen. Das glaubten die Schamanen der Naturvölker (jedenfalls glauben wir über die Schamanen der Naturvölker, dass sie das glaubten), das glaubt der Pädagoge, der ein unartiges Kind durch Aufruf des Namens fixiert, das glaubt der Philologe, der über Bücher und Kunstwerke zu Gericht sitzt, und das glauben auch wir. Und wir glauben auch, dass es ein lohnendes Projekt wäre, die Dummheit zu bannen.[5]

Wo aber finden wir den Feind? Ist die Dummheit ein biopsychisches oder ein kulturelles Phänomen? Und wenn beides, wie setzt sich die Mixtur zusammen? Wie sollen wir sie suchen, wie sie beschreiben, bevor wir auch nur ahnen, wie sie aussieht? Sollen wir gegen Bauch oder gegen Kopf, gegen Unbildung oder gegen Verbildung, gegen Aktionismus oder gegen

---

[5] „Ich habe mir oft folgende Frage gestellt: Wie ist es möglich, da doch die Berührung, der Zusammenstoß mit der Dummheit von jeher für viele Menschen zu den qualvollsten Leiden ihres Lebens gehört haben muß, wie ist es möglich, dass dennoch – soviel ich weiß – niemals eine Studie über sie, ein ‚Essay über die Dummheit' geschrieben wurde? Denn die Zeilen des Erasmus tun dem Gegenstand nicht genug." So seufzte Ortega y Gasset, *Der Aufstand der Massen*, Stuttgart, 1989, S. 71, im Jahre 1929 in einer inzwischen nahezu berühmten Fußnote und aus sehr aktuellem Anlass. Zwar hatte er Unrecht – es gab schon damals einige Dummheits-Exegese –, zwar ist seit damals noch Manches dazugekommen. Aber in der Tat ist längst nicht alles gesagt, und es wird immer etwas zu sagen geben: denn niemandes Zeilen können dem Gegenstand jemals genug tun, befürchte ich.

Eskapismus, gegen Liberalismus, gegen Permissivität, gegen konservative Revolutionäre, gegen Anti-Anti-Antisemiten, gegen Rassismus, gegen Political-Correctismus, gegen Herrn Dschugaschwili, gegen Herrn Schicklgruber, gegen die Erben ihrer Schnauzbärte zu Felde ziehen? Was schließt sich aus, was bedingt sich, wo sind wir überhaupt zuständig, wir dummen Anti-Dummen? „Es gibt schlechterdings keinen bedeutenden Gedanken, den die Dummheit nicht anzuwenden verstünde, sie ist allseitig beweglich und kann alle Kleider der Wahrheit anziehen. Die Wahrheit dagegen hat jeweils nur ein Kleid und ist immer im Nachteil", warnte bereits Musil. Und denen, die meinen, um der Dummheit auf die Spur zu kommen, genüge es, dumme Gedanken aufzuspießen, empfehlen wir Flaubert als warnendes Exempel: Seine Dummheiten-Sammlung im Sottisier steht für das grandiose Scheitern eines der engagiertesten Stultiologen überhaupt.[6] Die Sache verspricht verwirrend zu werden, hatte doch schon der Ahnherr unseres edlen Unterfangens seine Not mit schlimmen Zaubern, die ihm Eines als ein Anderes vorgaukelten und umgekehrt. „Wahrlich, Büchernarren die ersten Narren! Wenn das so fortgeht, so muß es bald mehr Narren als Vernünftige geben, und die Narren werden umgekehrt die Vernünftigen einsperren, daher ich doch mit meinem Kapitel ‚Über die Narren' eilen will, weil ich selbst darunter gehöre."[7]

---

[6] Gustave Flaubert, *Universal-Enzyklopädie der menschlichen Dummheit. Ein Sottisier*, Berlin, 2004 – selbstredend fragmentarisch geblieben, denn die ausschöpfende Untersuchung von Dummheit in Sprache und Literatur nebst deren Anwendungsmöglichkeiten (*Bouvard & Pécuchet*) muss einen einzelnen Menschen heillos überfordern. Hoffen wir auf die stultiologischen Fakultäten späterer Generationen.

[7] – schrieb der Goethezeitler Karl Julius Weber, dem das Schicksal des Vergessenwerdens widerfuhr, da er es infolge allzu genauen Hinschauens nicht

Sehen wir uns also vor. Wilde Spekulationen führen in die Irre. Wir brauchen philologische Genauigkeit, wenn wir einen Begriff untersuchen, wir brauchen Sicherheit, brauchen festen Boden. Wie erreicht man festen Boden? Festen Boden erreicht man über Hypothesen. Wie gewinnt man eine Hypothese? Man gewinnt eine Hypothese, indem man sie aufstellt und dann überprüft. Beginnen wir so einfach, so nah am Leben wie möglich. Machen wir es wie der Betrunkene und suchen wir unseren Schlüssel unter der Laterne. Was verstehen wir also, ganz naiv, ganz unsophisticated, unter „dumm"? Wir könnten zum Beispiel antworten: Mangel an Intelligenz. Das Kind, das schlechte Schulnoten schreibt, oder der Erwachsene, der sich den Anforderungen seines Steuererklärungsformulares nicht gewachsen zeigt, gelten landläufig als dumm. Nun überprüfen wir unsere Hypothese und schlagen nach, wie die gültige Definition des Begriffs lautet. Wir befragen zweckdienlich *die* Autorität aller Begriffsdefinitionen, nämlich: Brockhaus, Die Enzyklopädie, in 24 Bänden; 20. überarbeitete und aktualisierte Auflage, Leipzig/Mannheim, Band 6, 1997, S. 15 – und wir finden dort beifolgenden Eintrag:

vermocht hatte, zu den Höhen menschlicher Ideale sich aufzuschwingen (*Ueber die Narren ueberhaupt*, in: Lutz Walther (Hg.), *Lob der Dummheit*, Leipzig, 2000, S. 126). – Übrigens sollte geneigter Leser nicht erwarten, hier Anmerkungen zu sämtlicher Dummheits-Literatur zu erhalten. Die Werke, die ich für nicht oder nicht mehr relevant halte, werde ich nicht rezensieren, sondern eiskalt unterschlagen. An dieser Stelle möchte ich mir im Gegenteil einen Hinweis gestatten auf Carlo M. Cipolla, *Die Prinzipien der menschlichen Dummheit*, in: ders., *Allegro ma non troppo*, Frankfurt, 1992. Cipollas virtuose ökonomische Taschenspiele helfen meiner Dummheits-Analyse inhaltlich um keinen Millimeter weiter, aber das Schlechteste, was man über das charmante Buch sagen kann, ist, dass es so kurz ist und dass man es so schnell zu Ende gelesen hat.

> **Dummheit**, allgemeinsprachl. Bez. für Mangel an Intelligenz, geringe Begabung, herabgesetzte kognitive Fähigkeiten und Leistungen; i. e. S. Bez. für das (teilweise) Unvermögen oder geminderte Vermögen, logisch zu denken und zu handeln.

Wir können also feststellen, dass unsere allererste Hypothese durch den Großen Brockhaus noch etwas spezifiziert, aber im Grunde doch bestätigt wird. Gratulieren wir uns also, den richtigen Weg gewählt zu haben. Nun betrachten wir die Brockhaussche Definition etwas eingehender. Alle ihre Substantive implizieren eigentlich ein „Etwas" – Mangel an etwas (Intelligenz), geringe Begabung für etwas, herabgesetzte Fähigkeiten, etwas zu leisten (Kognition), Unvermögen zu etwas (logisch zu denken und zu handeln). Verallgemeinert man also die Formel „Mangel an Intelligenz" – merke: eine brauchbare Hypothese muß so allgemeingültig wie möglich sein! –, dann wird man zunächst sagen können: „Dummheit ist mangelndes Vermögen zu *Etwas*." Jenes Etwas gilt es zu untersuchen. Wie könnte es aussehen?

Gehen wir induktiv vor. Wählen wir ein Beispiel. Fügen wir in die Variable „Etwas" die Konstante „Arithmetik" ein. Gesetzt, wir haben die Information, dass ein vierjähriges Mädchen eine bestimmte Rechenaufgabe in einer bestimmten „kurzen" Zeit bewältigt. Wir folgern: Sie ist intelligent. Aber *wie* intelligent? Wir stellen fest: Uns fehlen vergleichende Kriterien. Wissen wir zudem, dass sie Additionen schneller löst als ihre Freundin, könnten wir dem Kind zwar voreilig Intelligenz zuschreiben. Wir könnten aber auch mit dem selben Fehlschluss auf die Dummheit der Freundin folgern, und schließlich könnte das Eine wie das Andere zugleich zutreffen. Das Einzige, was wir mit logischem Recht aussagen dürfen, ist: *Im Verhältnis* zu dem Mädchen ist die Freundin ziemlich dumm, und jenes ist jedenfalls *relativ* zur Freundin recht intelligent. Dummheit –

hier fallweise als „Mangel an arithmetischen Fähigkeiten" spezifiziert – scheint also relativ zu sein. Aus der *Relation* der Fähigkeiten des Kindes zu denen seiner Freundin rückschließen wir auf beider relativer Mehr-oder-minder-Intelligenz oder Dummheit. Man spricht vom „klugen" Hund, der Pfötchen geben kapiert hat, auch wenn er, was bei Hunden vorkommen kann, schlechter rechnet als die dumme Freundin: Er ist relativ intelligenter als der Durchschnitt seiner Artgenossen. Andererseits schreibt man Kollektiv-Tieren wie Schafen oder Hühnern gern verallgemeinernd das Attribut „Dummheit" zu, ohne zwischen Individuen weiter zu unterscheiden. Zärtlichkeiten wie „Du Schaf!" oder „So ein Suppenhuhn!" belegen das unmissverständlich. Ohne hier weiter spekulieren zu wollen, ob ein Schoß- oder Wach-Huhn in den Augen der Witwe Bolte auch ein „kluges" Huhn sein könnte – seien wir sicher: es könnte –, stellen wir also fest, dass die Dummheits-Relation auch zwischen Arten gelten kann: Kluger Hund, dummes Huhn. Ferner wird niemand, es sei denn in pejorativ vergleichender Absicht auf einen Mitmenschen gemünzt, von der „Dummheit" einer Amöbe[8] sprechen, obwohl im Vergleich zu ihr das Huhn nicht schlecht dastünde. Gegenständliche Charakterisierungen schließlich wie „steindumm und talentfrei" oder „dumm wie Knäckebrot" können hier getrost als Metaphern abgetan werden. Wir dürfen also annehmen, dass mit schwindender Identifikation des Herrchen-Menschen mit dem Tier die Kategorie „dumm" unbrauchbar wird. Dummheit, auch wenn das Wort in anthropomorpher Ausrichtung auf dem Menschen nahestehende Tiere angewandt wird, scheint eine conditio humana zu sein. (Der berühmteste Text über die Materie, das Torheits-Lob des

[8] Zumal die Amöbe *Physarum polycephalum* über bemerkenswerte Intelligenz verfügt und beispielsweise in der Lage ist, in einem Irrgarten unter mehreren Wegen zu einer Futterquelle den kürzesten ausfindig zu machen.

Erasmus, spricht allein aus dieser Perspektive.) Es wäre demnach sinnlos, nach „Intelligenz“[9], „Vernunft“[10] oder gar „Wahrheit“[11] als ihrem Antagonisten zu fragen. Selbst wenn wir Grade möglicher Un-Dummheit entwerfen, bewegen wir uns gefährlich nahe der Verlockung zur hohlen Utopie. Und weil wir uns bereits hier eingestehen müssen, dass uns die Brockhaus-Definition im Stich gelassen hat, bleibt uns nichts weiter übrig, als den Weg in die Wildnis zu wagen und das Reich der Dummheit auf eigenen Pfaden zu erkunden.

Wir halten also fest: Dummheit ist erstens relativ, woraus zweitens folgt, dass eine Mindestdosis immer als daseiend (ontisch) vorausgesetzt werden kann, und sie ist drittens dem Menschlichen vorbehalten. Und da wir sahen, dass unsere Ausgangsthese an ihre Grenzen stößt, spezifizieren wir:

---

[9] Der Medizinprofessor Horst Geyer verfuhr in den 50er-Jahren ganz in diesem Sinne. In der Konsequenz stellt sich Dummheit als Defekt dar, mit dessen Ausmerzung eine höhere Art zu züchten sei. In der Tat klingen bei Dr. Geyer hier und da Töne an, die aus dieser Richtung zu kommen scheinen (*Über die Dummheit – Ursachen und Wirkungen der intellektuellen Minderleistungen des Menschen. Ein Essay*, Wiesbaden, 1984). Wir hingegen werden noch manchen Satz über das Ideal eines defektfreien Daseins zu verlieren haben.

[10] An erster Stelle wäre zu würdigen das noble Buch von Eugen Gürster, *Die Macht der Dummheit*, Freiburg/Br., 1974, in dem sich die Fassungslosigkeit und Trauer angesichts des Untergangs des „vernünftigen“ Alten Europa im 20. Jahrhundert ausspricht. Der Weltkrieg-I-Soldat Gürster gehörte noch der Generation an, der der Glaube an die Unumkehrbarkeit der Zivilität zertreten wurde; zwei bis drei Generationen danach ist dieser Verlust wohl so sehr internalisiert, dass Gürsters Hoffnung auf die humorgemilderte Vernunft leicht naiv scheinen mag – bei aller Sympathie für ein sehr gutes Buch. Denn später hat man immer leicht reden.

[11] Das tat Musil – in Wien anno 1937 mit allem Recht.

1. *Dummheit im engeren Sinne ist der deutlich unterdurchschnittliche Intelligenzquotient eines menschlichen Individuums in Relation zu anderen unter vergleichbaren Voraussetzungen.*

2. *Höhere Dummheit im weiteren Sinne ist mangelnde Einsicht in Strukturen jedweder Art.*

Dem können wir schon jetzt hinzufügen: Dummheit im engeren Sinne ist die graduelle Dummheit von Individuen. Sie ist einfach definiert, messbar und kann günstigen Falles therapiert werden durch kultusministerielle Erlasse und Lehrpläne. Diese Art Dummheit ist ein Mangel, ein Defizit, dessen Ausgleich gemeinhin angestrebt wird durch das, was der Volksmund in wohlmeinender Travestie unserer Klassiker „Bildung" nennt. Schulbildung wäre also die beste bittere Medizin gegen Dummheit erster Ordnung, und das ist nicht unser Metier.

Aber wie steht es mit der höheren Dummheit? Wir ahnen (und werden bestätigt finden), dass sie psychologische Momente und überindividuelle soziale Strukturen einschließen könnte. Kann man so etwas mit höherer Bildung kurieren? Was vermag Aufklärung? Wäre es vorstellbar, dass eines goldenen Tages eine goethisch durchgeistigte Menschheit eurythmisch eleusische Gefilde durchwebt, zu welchen sie die Welt veredelt hat, ohne dass ihr ein peinlich Erdenrest von Dummheit noch anhaftet? Ahnst Du, o Leser, den Abgrund, der uns der Antwort enthebt?

Aber entsagen wir der Polemik. Wenden wir uns wieder unserem Fallbeispiel zu. Unser begabtes Mädchen sei mittlerweile eine vierzigjährige Frau, unverheiratet, promoviert und habilitiert in Molekularbiologie oder Hühnerpsychologie, zwitschert hoch spezialisiert auf ihrem Forschungszweiglein, dessen feine Verästelungen weltweit niemand mehr *en détail* nachvollziehen kann, ist mangels Kontakten ohne jede Aussicht auf das warme Nest eines Lehrstuhls, also ungefähr das, was der Serienmensch gern „Sonderling“ nennt, im Ganzen tendenziell unglücklich, aber bei weitem nicht unglücklicher als das Gros ihrer Mitmenschen. Ihre dumme Schulfreundin dagegen hat einen erfolg- und reichen Mann geheiratet, ist liebende Mutter zweier gesunder pubertierender Kinder und längst angewiesen auf Tabletten, die inneren Frieden verheißen. Auf ihre einsiedlerische Freundin blickt sie mit der wohlwollenden Herablassung der sozial und sexuell Erfolgreicheren herab und möchte mit ihr um alles nicht tauschen. Sie hält sie für lebensuntüchtig, nach unserer Definition also für partiell dumm. Umgekehrt aber verhält es sich nicht anders: Die Wissenschaftlerin bedauert ihre Schulfreundin, die in latenter Panik ihr Glück im Materiellen sucht, weil sie – zu dumm ist, Erfüllung in sich selbst zu finden.

Was lernen wir aus diesem Holzschnitt? Zunächst wohl, dass die höhere Dummheit eine Frage der Perspektive ist. Schlicht gesagt: Die Dummheit – das sind die Anderen. Diese Feststellung ist mehr als eine platte Sentenz. Man bedenke, dass man selber, wenn einem die Einsicht für etwas fehlt, oft bei weitem nicht in der Lage ist, diesen Mangel an Einsicht überhaupt als Mangel zu begreifen. Daraus ergibt sich weiter, dass die Perspektivität von Dummheit auch eine Frage von Interessen sein muss. Frau PD Dr. und Frau Gattin leben in verschiedenen Welten und halten die der anderen insgeheim für dumm, weil sie mit der eigenen nicht vereinbar ist und weil sie nicht interessiert. Darin schließlich zeigt sich: Gerade damit, dass die Eine der Anderen, wie berechtigt auch immer, Lebens-Dummheit unterstellt, offenbart sie ihre eigene gleich mit. Was wir am allerersten Beginn unseres Unterfangens befürchtet hatten, scheint sich also zu bestätigen. Befasst Du Dich mit Dummheit, bekommst Du selbst immer mehr als nur einige Spritzer davon ab, und vielleicht könnte jemand absolut Un-Dummes über

Dummheit nur schweigen, weil er gegenüber der Dummheit blind und taub und verschlossen, also dumm wäre. Wenn Du, Leser, dazu den Einwand erheben solltest, dass dann ja der absolut undumme Mensch eine paradoxe Konstruktion sein müsse, nachdem wir doch über die Relativität von Dummheit längst Einigkeit erzielt hatten, kann ich Dir darin nur beipflichten. Aber Kämpfe wie den wider das Absolute und die absolute Dummheit oder die Dummheit als Existenzbedingung werden wir hier, wie zu erwarten steht, noch des Öfteren und Ausführlicheren auszufechten und uns daher noch etwas in der ritterlichen Tugend der Geduld zu üben haben.

Vielleicht – hoffentlich! – können wir uns nun, mein bis dato treuer Leser und Gefährte, auf eine vorerst letzte erste Hypothese einigen, die uns als Ariadnefaden ins Zauberreich der Dummheit geleiten soll. Versuchen wir, unser Modell alltäglicher und höherer Dummheit zu differenzieren in zwei Grundmuster, denen sich die mannigfaltigen Formen der Dummheit subsumieren lassen. Möge uns also folgende Idee anleiten zur botanisch praktikablen Klassifizierung selbst der exotischsten Pflanzen in der Dummheit Herbarium. Möge sie die Macht der Tarnkappe brechen und uns die nackte Dummheit sehen lassen auch unter ihren raffiniertesten Verkleidungen. Wir definieren:

1. Schafs-Dummheit:

Dummheit, die Struktur ignoriert. Dinge und Möglichkeiten, die außerhalb ihrer Regelkreise liegen, nimmt sie nicht wahr. Das kann auch in ihren mangelnden kognitiven Fähigkeiten im Sinne der alltäglichen Dummheit begründet liegen; entscheidender für uns ist aber hier: Das Interesse mangelt. Solche Dummheit empfindet kein Defizit, sondern sie ist mit sich eins zu eins im Reinen. Sie genügt sich selbst. Sie vermisst nichts, lässt sich nicht stören. Sie ist unagressiv, sie lebt und lässt leben. Kurz: sie ist die

Dummheit der Pflanzenfresser und des Garten Eden vor dem Obstdiebstahl.[12] [13] *Schafe grasen auf der Wiese und singen in monotonen Vokalisen das Lob des Herrn, und auch falls einmal eines schwarz ist und baa! statt bee! intoniert, müssen deswegen keine Lager errichtet und keine Bomben gezündet werden.*

2. Hunds-Dummheit:

Dummheit, die Struktur verabsolutiert. Anders als die Schafs-Dummheit braucht eine Dummheit, die sich latent selber ahnt, immer den Gegner, den sie herabsetzen, verachten, hassen, bekämpfen, bekriegen kann. Diese Erscheinungsform definiert sich über das Gegen und das Gegen über sich selbst. Sie braucht ihre Antagonisten wie der Mensch den Sauerstoff. Sie vermeidet Ambivalenzen, Ungewissheiten, Inkognito. Sie denkt manichäisch – „wahr–falsch", „gut–böse", „Freund–Feind" –, und sie denkt strengst hierarchisch. Ihr Machthunger ist unersättlich, und womöglich ist ihr Wille zur Macht der Treibstoff des Weltenmotors. Diese von sublim bis brutal immer aggressive Dummheit ist die Dummheit des canis communis, *vulgo Dummen Hunds oder Blöden Köters. „Feind" wird beblafft und gebissen, „Freund" beschnüffelt und besprungen, „ranghöher" beschmeichelt und bespeichelt und „rangniederer" gescheucht wie die Schafherde vom Hirtenhund*[14] *– und alles andere wird gut schafsdumm net amal ignoriert.*[15]

---

12 Ein aufmerksamer Leser könnte Ähnlichkeiten zum Klischee des buddhistischen Nirwana oder Schopenhauerscher Willenlosigkeit konstatieren.

13 Man beachte die Implikationen von „Reinheit" bei den Unschuldslämmern und Schafen des Christentums.

14 Man beachte die Implikationen von „Hirte" bei den Opferlämmern und Schafen des Christentums.

15 Nur kurz verweisen wir hiermit auf Jean Pauls verwandte Unterscheidung von Toren und Narren. Auf den ersten Blick könnte man die Toren als

Schafsdummheit.
Von Hans im Glück und dem Glück der Schamlosen

Nach allem, was wir bis hierher gesehen haben, könnte man die beiden Dummheits-Formen auch als passive und aktive Dummheit, als Dummheit der Täter und der Opfer usw. beschreiben. Erliegen wir aber nicht der Versuchung der Personifizierung! Wir erinnern uns: Die *Strukturen* der Dummheit gilt es zu erfassen; ihre Erscheinungen sind immer darauf hin zu untersuchen. Wir behaupten zunächst: In jedem Einzelnen zeugt das Satyrtreiben *beider* Spielarten der Dummheit das, was man dann gern „Charakter" oder „Identität" nennt, und nur Balance und Rezeptur mögen variieren. Das dürfen wir nicht vergessen, wenn wir nun unsere Aufmerksamkeit jener Komponente der Dummheit widmen werden, die dem, was „man" unter Dummheit versteht, am unmittelbarsten einsichtig ist – der Schafsdummheit. Zum Beispiel: Hans im Glück.

> Wie eine Schnecke kam er zu einem Feldbrunnen geschlichen, wollte da ruhen und sich mit einem frischen Trunk laben; damit er aber die Steine im Niedersitzen nicht beschädigte, legte er sie bedächtig neben sich auf den Rand des Brunnens. Darauf setzte er sich nieder und wollte sich ein wenig zum Trinken bücken, da versah er's, stieß ein klein wenig an, und beide Steine plumpsten hinab. Hans, als er sie mit seinen Augen in der Tiefe hatte versinken seh-

schafsdumm und die Narren als hundsdumm kategorisieren. Wir werden allerdings bald klarer sehen, dass es für uns nicht um eine Typologie der Dummen gehen kann; Jean Pauls Charakterisierung ist ein brillanter Holzschnitt, aber im Regelfall tanzen unsere Dummheitskategorien in Eins verschlungen Tango. Bei aller Verehrung für Jean Paul werden wir also unseren eigenen Weg zu gehen haben.

hen, sprang vor Freuden auf, kniete dann nieder und dankte Gott mit Tränen in den Augen, dass er ihm auch diese Gnade noch erwiesen und ihn auf eine so gute Art, und ohne dass er sich einen Vorwurf zu machen brauchte, von den schweren Steinen befreit hätte, die ihm allein noch hinderlich gewesen wären. „So glücklich wie ich", rief er aus, „gibt es keinen Menschen unter der Sonne." Mit leichtem Herzen und frei von aller Last sprang er nun fort, bis er daheim bei seiner Mutter war.

Während Hans sich solcherart endgültig vom Ballast des Besitzes befreit, stützen wir Klugen unseren Ellbogen auf die bepolsterte Fensterbank, sehen dem Glücklichen zu und wissen im Wohlgefühl eigener Überlegenheit: „So ein Schaf!" Mit frischem Elan nutzen wir dann den sonnigen Sommersonntag zum Entrümpeln der Garage, wozu unter der Woche keine Zeit bliebe, ist diese doch konventions- und zweckgerecht dem Erwerb jener Mittel zu widmen, die zum Kauf des künftig zu Entrümpelnden unerlässlich sind. Wären die Hanse in der Mehrzahl, könnten vielleicht ein paar Kuhhändler profitieren, aber dass eine wachsende Binnennachfrage die lahmende Konjunktur in Schwung brächte, darauf sollten wir nicht wetten.

Fassen wir zusammen: Hans ist erstens kein *homo oeconomicus*, und zweitens verhält er sich nicht so konventionsgerecht wie wir. Ergo halten wir ihn für dumm. Genauer gesagt: Wir unterstellen Hans einen Mangel an Kompetenz. „Wüsste er es besser, er hätte den Goldklumpen behalten." Aber wie dumm ist er wirklich? Hier müssen wir genauer sein. Wenn Dummheit als Defizit an Verstehen definiert wurde, ist zu fragen, ob Hans tatsächlich „nicht versteht". Halten wir uns an die Fakten der Gebrüder Grimm. Hans ist am Ende „frei von aller Last", und „mit leichtem Herzen" trennt er sich von uns, während uns von ferne schwant, dass auch wir die Dummen sein könnten. Möglich, dass Hans so dumm ist, dass er seine Dummheit nicht einmal als Mangel wahrnimmt und bei entsprechender Belehrung sich bessern würde. Möglich aber auch, dass wir von ihm lernen könnten, dass selig sind, die da geistlich arm sind, denn ihrer wird sein das Himmelreich. Aber welche Instanz entscheidet das?

Hüten wir uns zunächst vor Konsumverzichts-Kitsch. Hans für „weise" zu erklären, weil er ja aus jeder Situation „Glück" gewinnt, würde uns in eine verwickelte Diskussion um das Wesen des Glücks locken, deren mögliches Ergebnis hier auf dem Abkürzungsweg vorweggenommen sei: Hansens Glück ist kein Argument gegen seine Dummheit. Womöglich ist das heilige Glück letzter Weisheit der reinen Schafsdummheit enger verschwistert, als manch kompliziertem Glückssucher recht sein mag. Verf. wurde Zeuge beifolgenden Dialoges zweier blondierter Mittvierzigerinnen in der S-Bahn einer westdeutschen Großstadt:

„Stellense sisch datt mal vor, isch habb jrade noch ne lastminnutt-tickett nache Mallediven jekrischt!"

„Dat is ja jroßartisch, wat sindse ne Jlückspilz! – Aber sarense mal, janz unta uns, wo issen datt jenau, de Malle-Diven?"

„Also, janz ehrlisch (*Denkpause*) – nää, *da* müsstischezz lüjen."

Und warum um alles hat es die Dame zu interessieren, ob sie einige 1000 Kilometer weiter östlich oder westlich, ob sie in der Karibik oder im Indischen Ozean oder im Mittelmeer sich ihres Glückes erfreut, und wozu soll sie Male von Malle unterscheiden, wozu grübeln, ob der Singular nicht doch Malle-Diva laute? Könnte das, worüber wir lächeln mögen, nicht vielmehr tiefere, weil begriffsbefreite Einsicht bedeuten?

Uns aber geht es nicht um Lebenskunst, sondern nur um Einblick in die Strukturen der Dummheit. Zunächst erkennen wir in Hans und seinen Kritikern das Muster der beiden Freundinnen wieder, die die je andere Perspektive *nicht verstehen* und für dumm erklären und darin die eigene Dummheit gleich mit zur Schau stellen. Ihre Dummheit ist komplementär und qualitativ gleich. Nun müssen wir differenzieren. Zwischen Hans und seinen Beobachtern besteht ein Gefälle. Hans nimmt die Anderen nicht als „anders" wahr. Er meint, dass alle Händler in *seinem* Interesse handelten, bis hin zur göttlichen Vorsehung, die ihn in Gestalt der Schwerkraft von seiner Last befreit habe. Damit liegt Hans jeder Egoismus unendlich fern: Egoismus ist nur relational denkbar. Seine arglose, glückliche Schafsdummheit ist das genaue Gegenteil: Sie ist reiner Solipsismus.[16]

Aber was wäre, wenn Hansens kluger Anwalt den Vorwurf der Dummheit kontern würde mit dessen alternativem Lebensentwurf? Wenn er uns unsere eigene Borniertheit nachweisen und vorhalten würde? Mit welchem Recht dürfen wir sagen, er sei womöglich dümmer als wir? Denn Hans ist auch ein beneidenswerter Optimist. Wir verweisen auf den glücklichen Löwen im Zoo, der sich nur fragt, warum die ganze Welt hinter Gitter eingesperrt sei[17]. Streng genommen hat er nicht wirklich unrecht, denn es ist allein eine Frage der Relation: „außen" ist, was räumlich größer ist. Warum lächeln wir dennoch über den dummen Löwen? Sehr einfach: Weil er *die Konvention* von Innen und Außen verkennt. Er ist in der Minderheit, wie der dumme Hans, der die Gesetze des Marktes ignoriert. Ähnlich verhält es sich mit dem Geisterfahrer, der sich über die vielen Geisterfahrer wundert. Hier drängt sich allerdings der böse Verdacht auf, dass Dummheit auch eine Machtfrage sei. Ist Dummheit das

[16] N. b. kann man daraus einiges lernen über die Güte Gottes und ihr Wesen – wie wir noch *en détail* sehen werden.

[17] Entsprechend dem Mathematiker, der einen Löwen fängt, indem er sich selbst in den Käfig sperrt und Außen als „Innen" definiert.

Gegenteil vom „gesunden Menschenverstand", zeitweilig „Volksempfinden"? Sind als Erste diejenigen dumm, die anders denken? Der traurige Ritter lächelt.

Solchem Fatalismus würden wir gern entkommen. Wir bedenken, dass es dumm sein mag, gegen Windmühlen anzurennen. Es ist aber keinesfalls ausgemacht, dass es bereits dumm ist, zu denken, dass man das „eigentlich" – also besser nicht – tun müsste. Im Gegenteil bezeichnet der Volksmund diese Haltung als lebensklug: „Muss denn das Rad immer neu erfunden werden!", oder: „Will das Ei wieder klüger sein als das Huhn!" „Dumm" ist demnach weniger, dass Don Quixote die Windmühlen für Riesen hält, als dass er sie tatsächlich angreift, womit seine Donquichotterie für jeden klar zutage tritt. Dummheit „ist" weniger, als dass sie sich *zeigt*. Damit sind wir wieder beim blanken Hans angelangt. Wenn sich Hans als Eremit in die Wüsteneien Oberschwabens zurückzöge, würden wir sagen: „Jeder nach seiner Façon." Da er aber öffentlich und für jeden nachzulesen gegen die Gepflogenheiten lebt, kann er nur Künstler oder dumm sein. Sein Verhalten kollidiert mit dem, was „man" für angemessen hält, ohne dass er dieses „man" seinerseits beeinflussen kann. Hansens Verhalten ist ein Verstoß gegen die Konvention, ein potentielles Ärgernis, das man entschärft, indem man es für dumm oder für Kunst erkennt.

Wählen wir ein drastischeres Beispiel, direkt aus dem prallen Leben. Man imaginiere den Genuss milder Karfreitagsssonne auf dem Balkon einer Mietwohnung, Flötentöne paarungswilliger Amselherren, Hummelgesummse; man denke sich ob der Lektüre vielleicht des Cervantes wonniglich entrückt: „Ich sehe nichts, Sancho", sagte Don Quixote, „als drei Bäuerinnen auf Eseln."

„Nun, so mag mich Gott vom Teufel erlösen!" antwortete Sancho; „aber wie ist es denn möglich, dass Ihr die drei Zelter, oder wie sie heißen mögen, die so weiß sind wie der frischgefallene Schnee, für Esel halten könnt? Meiner Seele, den Bart würde ich mir dafür ausreißen, wenn das die Wahrheit wäre!"

„Ich sage dir aber, Freund Sancho" sagte Don Quixote, „dass dieses so gewiss Esel oder Eselinnen sind, als ich Don Quixote bin oder du Sancho Pansa bist; zum mindestens erscheinen sie mir so."

„Schweigt doch, gnädiger Herr", sagte Sancho, „und sprecht nicht dergleichen Worte, sondern putzt Euch die Augen und kommt, um der Dame Eurer Gedanken die Reverenz zu bezeigen; denn sie ist schon ganz nahe." Und mit diesen Worten entfernte er sich, um den Bäuerinnen entgegenzugehen; er stieg vom Grauen ab, fasste den Esel des einen Mädchens beim Zaum, ließ sich mit beiden Knien zur Erde nieder und sprach:

„Königin und Prinzessin und Herzogin der Schönheit, Eure Hochmütigkeit und Größe sei von der Gnade, zu Ihrem Dienste und Wohlgefallen jenen Euren gefangenen Ritter aufzunehmen, der dort wie ein Marmorstein steht, so verwirrt und ohne Leben, sich in Eurer kostbaren Gegenwart zu befinden. Ich bin Sancho Pansa, sein Stallmeister; er aber ist der übermüdete Ritter Don Quixote von la Mancha, mit einem anderen Namen genannt der Ritter von der traurigen Gestalt." Jetzt hatte sich Don Quixote knieend neben Sancho niedergeworfen und schaute mit hervorstarrenden Augen und verwirrtem Blicke diejenige an, die Sancho Königin und Gebieterin nannte; und da er nichts als ein Bauernmädchen gewahr wurde, und zwar von nicht anmutigem Ansehen, denn sie hatte ein rundes Gesicht mit einer plattgedrückten Nase, so blieb er voll Erstaunen und Verwunderung, ohne es zu wagen, die Lippen zu öffnen. Die Bauernmädchen waren ebenfalls nicht wenig betroffen, als sie diese beiden so verschiedenen Leute sahen, die vor ihnen niederknieten und ihre Gefährtin nicht fortlassen wollten. Die Angehaltene brach zuerst das Stillschweigen, und vom Nachbarbalkon plärrete die Siebente Posaune:

„Biangga-tu-mal-des-Undahösle-vom-Babba-mit-hoch-nähme-des-bloue-da-im-Gebüsch-des-wo-da-Wind-runda-gwäht-hedd!!"[18] Es sei hier nicht unterschlagen, dass jene mütterliche Dulcinea bei der Nachbarschaft in Unkenntnis ihres bürgerlichen Namens den Ehrentitel „Die Dumme Frau" sich erwarb. Warum aber „dumm"? Die Bitte an die fünfjährige Tochter ist sachlich völlig gerechtfertigt. Und das Missgeschick widriger Winde mag auch manch listenreichem Odysseus widerfahren. Von blökender Dummheit ist aber die Ignoranz der Privatheit, sowohl der eigenen als auch der nachbarlichen – kurz: die Schamlosigkeit. Balkongeranien sind der Garten Eden, dessen Äpfel kauft man im Supermarkt, wo allenfalls Warte-Schlangen lauern, aber Feigenblätter gibt es dort nicht, nur Schlüpfer. Vergleichen wir die Dumme Frau mit Hans, bemerken wir sofort die Parallele: schafsdummer Solipsismus, der andere Strukturen ignoriert, seien es ökonomische oder private. „Solipsismus" indes ist nicht nur auf den Einzelnen zu beziehen. Verf. bekennt, eine entscheidende Inspiration zum Projekt über die Dummheit einem Besuch im Pyrenäen-Skizirkus Superbagnères zu verdanken – einem beliebigen Beispiel für die gnadenlose Ignoranz wider die ästhetische Struktur (vulgo: Schönheit) einer Landschaft. – Wir sehen weiterhin, wie eng das paradiesische Anderssein des glücklichen Hans der durchaus aggressiven Störung des Gartenfriedens verwandt ist: Das Lamm im Garten Eden frisst nicht nur Gras, sondern auch Petrarcas Lorbeerkranz und die Knospe der Blauen Blume, die

[18] Bianca (meine Tochter), würdest Du bitte jene blaue Unterleibswäsche Deines Vaters aus dortigem Gesträuche bergen, in welches sie – entgegen meiner (der Mutter) Intention, sie (die Leibwäsche) in der Frühlingssonne nach ihrer überfälligen Reinigung nun auch zu trocknen, um sie erneuter zweckmäßiger Nutzung zuführen zu können – eine den meteorologischen Voraussetzungen gemäß nicht vorherzusehende Böe entführt hat?

nach Äonen ein einziges Mal eine wunderbare Blüte getrieben hätte.

Formulieren wir es anders: Der anschwellende Schafsgesang der Dummen Frau ist *a-ästhetisch*. Gegen den ephemeren Zauber, den ein fragiler Frühlingstag schaffen kann, steht die pure, rohe Indolenz. Wir sollten also nicht den Fehler begehen, das Brutalitätspotential der Schafsdummheit zu übersehen. Stellen wir uns vor, wie die Akademikertochter mit dem abwesenden Lächeln, mit dem es die Krümel von der Picknickdecke pickt, auch eine panische Ameise zerdrückt. Und vergessen wir nie: Wer die Stelle der Ameise einnimmt, ist immer nur eine Frage der Perspektive. Überlegen wir nun, wie wir die aästhetische Dumme Frau und Hans im Glück zusammen denken können. Dazu treten wir einen Schritt zurück, halten kurz inne und fassen zusammen, was wir bis hierher über die Struktur der Dummheit verstanden haben.

Dummheit, so hatten wir begriffen, „ist" nicht irgendwo abstrakt, sondern sie zeigt sich. Genauer: Sie ereignet sich, auch wenn sie nicht immer bemerkt werden muss (z. B. als dummes Denken); ein Gegenstand kann durch die anthropomorphe Brille gesehen überhaupt nicht dumm sein, eine Stubenfliege kaum, ein Schoßhündchen schon eher. Die Facetten der Dummheit potenzieren sich also mit den Möglichkeiten ihres Trägers, und folglich, wie wir bereits bemerkt hatten, kann er um so dümmer agieren, je menschlicher er ist. Für die Dumme Frau wie für den glücklichen Hans können wir also mit einem Wort zusammenfassen: Ihre Dummheit handelt. Sie ist *performativ*.

Weiterhin hatten wir Dummheit als Nicht-Verstehen gefasst. Hans ist ignorant gegen die Gesetze des Handels und darüber hinaus unfähig, von sich auf andere zu folgern. Wie bei kleinen Kindern agiert seiner Wahrnehmung zufolge der Rest der Welt einschließlich Gottes in seinem solipsistischen Interesse: Es gibt das Andere nicht. Ebenso gilt für die Dumme Frau, dass sie die fragile Schönheit des Karfreitagszaubers nicht wahrnimmt und in unschuldiger Rohheit zerstört: *Homo homini agnus est.*

Was also verbindet die beiden? Es fehlt die Einsicht in die Gesetze, in die *Regeln eines Spiels*. Hans sind die Spielregeln des Marktes fremd, und die Dumme Frau interessiert nicht das ästhetische Spiel, das die Schönheit des Frühlingstages für den Genießer bedeutet. Hans wie die Dumme Frau verhalten sich ferner selbstfixiert. Hans ist auf friedliche Art solipsistisch – wer den Anderen nicht als Anderen begreift, hat auch keinen Feind –, die Dumme Frau benimmt sich in entwaffnender Unschuld schamlos, besser: schamfrei. Wir fassen zusammen:

Die Schafsdummheit ist solipsistisch (sie kennt kein Anderes); sie zeigt sich performativ (sie agiert, sie handelt); sie ignoriert Spielregeln (verstößt gegen soziale Konventionen).

Definieren wir hier vorab und vorläufig unseren weiten Begriff des Spiels. Ein Spiel sei ein in sich begrenztes System flexibel kombinierbarer Regeln und Strukturen, wie Skat, Ökonomie, eine Symphonie oder ein Gedicht, ein Lebensentwurf, aber auch ein Naturerleben (zumal „Natur" ja selbst eine menschliche Konzeption ist). Das Entscheidende ist allein: Ein Spiel hat an sich keine letzte Begründung und keinen letzten Zweck (das zu glauben wäre dumm, wie wir noch sehen werden), es ist also nicht gottgegeben, sondern es ist einfach da und wird von graduell kompetenten Spielern gespielt. Es folgt seiner eigenen *Ästhetik*. Wir definieren also zunächst das Verhältnis der Schafsdummheit zum Spiel:

Schafsdummheit ist die Ignoranz der Ästhetik eines Spiels, ist die fehlende Einsicht in seine Regeln und Strukturen.

Hundsdummheit, oder: Rhapsody im Blaumann. Spielen ist eine ernste Sache!

Noch immer nicht gelöst ist das Problem der möglichen komplementären Dummheit des Beobachters gegenüber Hans. Ein so alltäglicher wie falscher Umkehrschluss lässt denjenigen, der die (Schafs-)Dummheit eines Anderen erkennt, sich als überlegen, also weniger dumm fühlen, da er ja, anders als Hans und Konsorten, das Spiel, das gespielt wird, klüglich durchschaut. Trotzdem gibt es wenig, was einen Dritten mehr erfreut, als wenn jener Kluge sich plustert in pomadiger Würde, um dann, klatsch!, eine Sahnetorte ins Gesicht zu bekommen. Eine Sahnetorte in Hansens Gesicht dagegen wäre fad. Warum?

Wir hatten bemerkt, dass Schafsdummheit nicht zuletzt in einer Verkennung von Konventionen und damit oft genug von Machtstrukturen besteht. Wer die Macht hat, bestimmt, was dumm ist, und wer das nicht kapiert, ist dumm. „Dumme-Jungen-Streiche" verabscheut jeder Hausmeister in seinem Reich, und dumm nach unserer bisherigen Lesart verhält sich der zerstreute Falschparker, nicht der Vollzugsdienstler, der seine Daseinsberechtigung aus der Legitimität seiner Knöllchen herleitet. Kurz: Sich als schafsdumm zeigen heißt unterliegen, heißt legitimes Opfer sein, heißt: zum Gespött der Klügeren und zur Beute der Ordnungshüter zu werden. Und dennoch bleibt bei einer solchen Definition ein gewisses Unbehagen. Sollte Dummheit *nur* eine Frage von Macht sein? Sind nicht Hausmeister, Gesetzesaugen etc., kurz: uniformierte Schnauzbartträger aller Couleur, die dankbarsten Opfer von Streichen und Sahnetorten? Ist nicht der beschränkte Machthaber das potenziell Lächerlichste überhaupt?

Unversehens hat sich hier ein neuer Begriff eingeschlichen: Beschränktheit. Das Wort suggeriert: Unflexibilität, enger Horizont, Grenze (Schranke). Auf Hans und die Dumme Frau trifft das kaum zu. Beide verhalten sich vollkommen selbstfixiert, und wo es kein Außen gibt, kann es auch keine Schranke geben, die ein Innen von einem Außen trennen würde: Es gibt nur Meine Welt, und in mystisch dummer Allheit ist Ich der Kosmos der schrankenlosen Beschränktheit, die sich selbst aufhebt. Dieses kosmische Selbst ist das Privileg des Kleinkindes, das sich den Sandeimer über den Kopf stülpt, um beim Versteckspiel nicht gesehen zu werden. Ein – nur zum Beispiel – Hausmeister alten Schlages dagegen versteckt sich nicht. Im Gegenteil: Er sucht. Er sucht den Lausebengel, der, perfide!, erst alle Knöpfe im Fahrstuhl des Hochhauses drückt und dann Wasserbomben von ganz oben herunter fallen lässt, und er findet – den Gegner, *seinen* Gegner. Er, der Herr der Schlüsselringe, streitet für das Gute, manifest in den Heiligen Tafeln der Hausordnung, und der Bengel ist dessen Negation, ist das Böse schlechthin, das diese Ordnung – in vorsätzlicher Hybris! – übertritt. Chaos und Anarchie sind sein letztes Trachten. Der Beruf, die Berufung des Hausmeisters ist der Kampf von Ordnung gegen Unordnung, von Konstruktion gegen Destruktion, von Georg gegen Drachen. Alles in Allem: Unser typologischer Hausmeister ist ein fanatischer Manichäer. Der Clou an der ganzen Sache ist, dass ohne das Böse der Kampf des Guten sinnlos wäre. Der Hausmeister ohne freche kleine Jungs wäre in seinem Daseinszweck schmerzlich beschnitten. Mögen Falschparker, Herbstlaub und Wühlmäuse das verhüten![19]

[19] Vorsichtshalber sei hier angemerkt, dass eine typologische Darstellung vielen, vielleicht den meisten Hausmeistern Unrecht tun wird: es geht hier um einen Typus, nicht um psychologisch-realistische Feinzeichnung. Das gilt auch bezüglich des Bildungsgrades: man findet unter ihnen durchaus promovierte Philosophen oder Absolventen von Kunstakademien. Und mit nostalgischem Bedauern verfolgen wir schließlich, wie das Biotop des guten alten Hausmeisters mehr und mehr vom leidenschaftslos effizienten Hausverwaltungs-Dienstleister dominiert wird.

Was aber macht den Hausmeister aus der Sicht der kleinen Jonasse und Lukasse aus? Sehr einfach: Sein Beruf prädestiniert ihn unzweideutig als Spielgefährten. Das Spiel heißt „Wer hat Angst vorm Blauen Mann? Niiiemand! Und wenn er kommt? Dann laufen wir!", und wenn der Mitspieler am Wochendende dienstfrei hat, wird eben das neue Mega-Space-Destruction-Game getestet. Jugend ohne Gott lebt sich nicht so schlecht, aber ohne Hausmeister, die selbstermächtigten eingeschlossen, dürfte die Spielkultur nachwachsender Generationen unwiederbringlich verarmen.

Wir sehen: Die Symbiose von Hausmeister und Rotzbengeln beruht auf einem produktiven Missverständnis. Was diesen Spiel ist, ist jenem bitterer Ernst. Der Blaue Mann verkennt seine Rolle als Spielpartner, weil ihm das Spiel kein Spiel, sondern Seinsprinzip ist. Gerade dieses Ungleichgewicht macht aber den Reiz des Spiels aus, mehr noch, es konstituiert es geradezu. Verstünde der Hausmeister seinen Beruf als Rolle im Spiel – es könnte nicht funktionieren. Das Spiel ist damit bedingt durch das Nichtverstehen des Hausmeisters, und das heißt abstrahiert: durch die Dummheit eines Machthabers.

Nun können wir untersuchen, was das Spezifische der Dummheit im Blaumann ausmacht. Das Entscheidende wurde bereits gesagt: Sie definiert sich über ihren Antagonisten. Dazu wäre des Weiteren festzuhalten, dass ihr gerade nicht, wie der Schafsdummheit, die Einsicht in die Strukturen eines Spiels fehlt. Ganz im Gegenteil verabsolutiert er sie. Ein schafsdummer Hausmeister würde die Jungs Jungs sein lassen, würde stoisch die geplatzten Ballons wegfegen, worauf das Spiel in Langeweile versanden müsste: und die Nicht-Strategie erwiese sich paradoxerweise als klug. Was aber ein rechter Blaumann ist, knurrt, blafft, greift an, und wenn er ausnahmsweise Jagdglück hat, schnappt er selig zu. Er befolgt also die Spielregeln aufs Beste. Was ihn auszeichnet, ist nur, dass sie ihm nicht

Spielregeln, sondern Naturgesetze sind. *Seine* Regeln sind absolut, und indem er für sie kämpft gegen die Windmühlen der Subversion, streitet er für das Wahre, Gute, Gottgegebene.

Ein Spiel zu spielen bedeutet also, die Möglichkeit zu kennen, dass es auch andere Spiele geben könnte. Die Hundsdummheit aber kennt keinen Möglichkeitssinn. Für sie gibt es genau eine Wirklichkeit, und dass es so ist, wie es ist, reicht hin, zu glauben, dass es am besten ist, weil es so ist, wie es ist. Das Auch-Mögliche dagegen, die Ahnung, alles könne nur ein Spiel sein, ist die absolute Negation, das Nihil, das Böse, und ihm ist zu wehren. Hundsdummheit spielt nicht, sie beißt, wenn sie kann, steigert sich mitunter gar in paranoiden Blutrausch, und eingesperrt tobt sie in ohnmächtiger Wut gegen den Maschendraht an und geifert und fletscht und rast. Ihr Selbst ist das Amt, ihr Signum die Uniform, ihr Symbol die Schranke, auf dass ihr heiliges Territorium von niemand Unbefugtem befleckt werde.

Nun wäre es ein Missverständnis, das den subalternen Uniformträgern dieser Welt bitter unrecht täte, wollte man sie als einzige Vertreter der Hundsdummheit stigmatisieren. Es gibt äußerlich Uniformierte, die in ihrem Wesen friedvoll und zivil sind, und es gibt zahllose Zivilisten, deren Bissigkeit ein Maulkorb gut zu Gesicht stünde. Auf den ersten Blick freilich scheint die Verführung groß zu sein: Nichts ist so wirkungssicher wie der Polizist, der mit der Hose die Autorität verliert, und nicht zufällig ist der dumme Dimpflmoser eine dankbare Rolle im Kasperlespiel. Dabei ist aber zu bedenken, dass der Hausmeister zwar *in seiner Rolle* den Typus des Hundsdummen klassisch verkörpert, dass er aber zugleich ein passionierter Skat-*Spieler* sein mag. Umgekehrt mag Lukas von heiligem Zorn erfüllt sein, wenn Jonas seine Playstation entweiht, und aus Spiel wird bitterer Ernst. Ferner können wir an dieser Stelle nur vorgreifend anmerken, dass sich die „dummen" Jungen dieses Adjektiv redlich verdienen: denn sie stören ja ihrerseits das Hausmeister-Spiel. Ergo: Hundsdumm ist nicht der Mensch an sich, sondern die Rolle, die er unwissend spielt.[20] Erinnern wir uns: Die Strukturen der Dummheit aufzuspüren sind wir ausgezogen, nicht um Delinquenten anzuklagen. Der Typus Hausmeister in seiner Rolle ist nur ein hervorragendes, weil schlichtes Beispiel der Hundsdummheit. Vorgreifend ist hier übrigens anzumerken, dass die Hundsdummheit, auch „Beschränktheit", in einer Vielfalt auftreten kann, die die einfältigen Möglichkeiten der Schafsdummheit unendlich in den Schatten stellt. Wir werden sehen, wie sie in den sublimsten Verkleidungen erscheinen kann bis hin zum reinen akademischen Intellekt, und dass sie am Ende das ist, was den Men-

[20] Oliver Hardy (1892-1957) bemerkte dazu ungefähr, nichts sei dankbarer, als jemanden zu spielen, der sich für klüger halte, als er sei. Knapper und schöner kann man seine gleichnamige Filmgestalt – „My name is Hardy. Oliver *Norvell* Hardy" – kaum charakterisieren. Seine Dummheit ist die Hundsdummheit, die aller Fehlschläge zum Trotz unbeirrbar an sich glaubt und sich damit ihre pompöse Würde bewahrt, auf dass sie immer von Neuem zerstört werde von den Tücken der feindlichen Welt. Sein Widerpart und Busenfreund hingegen – „Meet my friend, Mr. Laurel" – verkörpert die unschuldigste Schafsdummheit. Er verfolgt seine Ideen geradlinig uneingedenk aller Folgen, und wenn daraus allzu schlimme Unannehmlichkeiten für ihn (und für Mr. Hardy) entstehen, beginnt er zu weinen. Mr. Hardy dagegen bleibt nichts als die Feststellung: „Here is another fine mess *you* got me in!" Beide machen sich gegenseitig das Leben zur Hölle und sind dabei heillos aufeinander angewiesen – Mr. Laurel, weil er in Mr. Hardy seinen Meister findet, und Mr. Hardy, weil ihn ohne Mr. Laurels Beitrag die dann eindeutig selbstverschuldeten Missgeschicke auf die eigene Beschränktheit verweisen würden. Beide in der Summe: das ist die künstlerische Formel der Dummheit. Man denke an ihr Unternehmen, das eigenwilligste Klavier der Filmgeschichte eine absurd lange Treppe hinauf zu schleppen. Nach wiederholten Treppenstürzen schaut uns Mr. Hardy lange und resigniert durch die Kamera an mit jenem unbeschreiblichen Blick, aus dem tiefster, tragischer Fatalismus spricht – und dann folgt der nächste vergebliche Anlauf. Sisyphus hat keine Wahl.

schen als Menschen wesentlich ausmacht. Der Mensch allein hat *Möglichkeiten*, die er durchspielen kann, und dem Menschen allein ist damit die *Freiheit zur Dummheit* vorbehalten:

Die Dummheit ist genuin menschlich. Denn der freie Mensch hätte die Wahl, zu spielen.

Ferner dämmert uns, dass, wenn mehrere Hundsdumme in Interaktion stehen, aber verschiedene Spiele spielen und diese jeweils verabsolutieren, es Probleme geben muss, nämlich alle Arten und Dimensionen von Krieg. *Homo homini canis est*, worauf wir zurückkommen werden. – Vorerst fassen wir zusammen:

Hundsdummheit ist die Ignoranz der Relativität eines Spiels, ist die Ignoranz des Spielens an sich.

Für unsere Suche nach der Formel der Dummheit insgesamt scheint sich also zu bestätigen, was wir angesichts der Schafsdummheit bereits vermutet hatten: Dummheit ist das Verkennen eines Spiels, in der schafsdummen Variante die ästhetische Ignoranz seiner Regeln, in der hundsdummen ihre disästhetische Verabsolutierung. So können wir bis hierher definieren:

Dummheit ist das Gegenteil des freien und wissenden Spielens.

Sie aber, liebe Leserin, lieber Leser, fragen hier, ob nicht in einer Zeit, da die Spatzen von den Dächern pfeifen, dass unsere Welt ohnehin an ihrer läppischen Verspieltheit kranke, eine solche Sichtweise der Dummheit mehr als überflüssig sei? Wir wollen noch sehen, ob nicht sogar Spatzen irren können.

Protokoll eines denkwürdigen Gesprächs zwischen Q und S über das Spiel im Allgemeinen und im Besonderen, aufgezeichnet zur geistigen Erbauung der Leserinnen und Leser

Wie ein instruktives Gespräch über Spiele seinen Ausgang nimmt, unter besonderer Berücksichtigung des Befolgens von Spielregeln und des Nicht-nicht-Spielenkönnens

Nachdem unsere Helden am folgenden Morgen aufgebrochen waren, um ihre Reise ins Reich der Dummheit fortzusetzen, richtete S sich die Chlaina[21] *und das Wort an seinen Herrn, denn dessen bisherige Belehrungen ließen ihm keinen Frieden.*

S O Herr, gestattet mir, Euer ernstes Schweigen zu brechen und die Bitte an Euch zu richten, mir weitere Aufklärung über Eure Ideen zum Spiel zu gewähren, um also gewappnet zu sein, mit diesem Rüstzeug mich an Eurer Seite der Dummheit in den Weg zu stellen. Denn ist es nicht so, dass wir auch dies und jenes über das Spiel bedenken sollten, wenn wir seinem Gegenteil, der Dummheit, beikommen wollen?

Q Bist du auch langsamen und schwerfälligen Geistes, so ehrt dich doch dein edles Ansinnen. Deswegen will ich ihm gern willfahren und dir Rede und Antwort stehen.

S Ein Spiel, das habe ich wohl begriffen, ist etwas, das nichts Absolutes ist. Aber was mich peinigt, Herr, ist die

[21] Die Szene spielt in Griechisch-Platonien. „Toga" wäre der unkorrekt lateinische Begriff.

Frage, was außerhalb des Spieles ist. Was denn ist es, was nicht dieses Spiel ist, wenn nicht zufällig ein anderes Spiel?

Q Was siehst du, wenn du dich hier umschaust?

S Bäume. Und Schafherden. Mühlen in der Ferne.

Q Und was siehst du dahinter?

S Blaue Berge.

Q Und dahinter?

S Wieso dahinter, Herr? Die blauen Berge sind der Horizont. Wie könnte ich sehen, was hinter dem Horizont ist?

Q Aber wenn du zum Horizont gehen würdest? Wenn du auf die blauen Berge, auf jene Sierra dort heraufsteigen würdest, was würdest du dann sehen?

S Irgend etwas Anderes.

Q Aber bis wohin?

S Bis zu einem neuen Horizont, glaube ich wohl.

Q Du glaubst richtig. Aber was, wenn du die blauen Berge erreichtest, jedoch dahinter wäre nichts? Kein Land, kein Meer, keine Luft, sondern einfach – nichts? Vermagst du dir das vorzustellen?

S Vergebt ein weiteres Mal meinem schwachen Verstand, Herr, aber: das vermag ich nicht.

Q Du tust recht mit deiner Antwort. Die Vorstellung ist uns armen Menschen unsinnig. Gerade so magst du dir unsere Spiele denken. Du spielst ein Spiel, das sich bis zum

Horizont erstreckt. Was hinter diesem Horizont liegt, weißt du, oder du weißt es nicht, aber das kann uns völlig gleichmütig lassen. Bedeutend ist für uns allein, dass hinter Deinem Spielhorizont nicht das Nichts, sondern irgendwelche neuen Spiele liegen müssen. Wenn du hier bliebest, könntest du alles hinter deinem Horizont ohne Form und leer vermuten. Doch sobald du ihn überschritten hast, wirst du für dich zum Entdecker und Schöpfer dieser neuen Welt und zum rechtmäßigen Herren jener Spiel-Insul –

S – Ihr schmeichelt mir, Herr! –

Q – aber was diesseits deiner Insul gelegen hatte, das interessiert dich dann nicht mehr weiter, und es geht dich auch nichts mehr an, weil es dich ohnehin nur verwirren würde in deinem neuen Spiel.

S Aber, O Herr, wie kann ich denn wissen, dass meine Insul eine Insul ist, wenn ich nicht weiß, dass sie Grenzen hat, hinter denen andere Insuln liegen mögen?

Q Als der Bruder Leichtfuß im Geiste, der du bist, hast du versäumt, meinen Ausführungen genau zu folgen. Nicht hatte ich gesagt, du wüsstest nicht um die Grenzen deiner Insul: das wäre nichts Anderes als hundsdumm. Im Gegenteil musst du die Grenzen Deiner Insul genau kennen, um sie weise regieren zu können. Ich will sagen, um ein Spiel überhaupt spielen zu können, musst du um dessen Regeln wissen und sie aufs Genaueste befolgen. Umgekehrt können dich *die Regeln* anderer Spiele gänzlich gleichgültig lassen, solange du dein Spiel gut spielst. Das schiere *Sein* anderer Spiele indes darfst du nie vergessen! Bisher hatte dich wohl verwirrt, dass ein Spiel sich durch sein Außen nicht beirren lassen darf, aber sein Innen zugleich im Außen errichten muss. Das erscheint uns widersinnig. Der Spieler vergisst und vergisst nicht, dass es ein Außen gibt. Er spielt ein Doppel-Spiel. Zum Einen muss er vergessen, dass er spielt: Er ist *in* seinem Spiel. Aber gleichzeitig betrachtet er das Spiel wie *von außen*: Er weiß um sein Spielen. Doch dieses Betrachten ist wieder nur ein eigenes Spiel, ein Außen–Innen, das auch wieder betrachtet werden kann und so weiter ad infinitum; und vielleicht erfindet gerade in diesem Augenblick irgend jemand sich *uns* als Spiel, allein weil er Lust hat zu spielen, Lust, unser Protokollant zu sein.

S Verzeiht mir, wenn mein schwacher Verstand nur langsam folgt und ich Euch um Wiederholung Eurer Ausführungen bitte?

Q Die kann ich dir mit Rücksicht auf unser verehrtes Publikum nicht gewähren. Ich gebe dir hiermit den wohlerwogenen Rat, jenen längeren Absatz wenige Zeilen weiter oben nochmals nachzulesen, falls du mich nicht gut begriffen haben solltest, wovon ich leider Gottes auszugehen habe.

S *(nach einigen Minuten Schweigens):* Wenn ich Eure Worte nochmals überdenke, so glaube ich zu finden, dass das Spielen widersinniger Natur sei. Man solle ein Spiel zugleich ernst und nicht ernst nehmen.

Q Dem kann ich beipflichten.

S Wenn Ihr also mit Eurer Dulcinea ein Liebes-Spiel spielt, wisst Ihr, dass es zu Ende gehen muss und Grenzen hat, aber Ihr spielt es dennoch mit aller Hingabe. Nun kam mir soeben der Gedanke, man könne doch auch sagen:

Das Spiel muss ernsthaft gespielt werden, aber nicht das Spielen ernst genommen?

Q Gerne will ich dir und mir eingestehen, dass mich die plötzlichen Blitze des ansonsten so trüben Himmels Deines Geistes mitunter Wunder nehmen. Besser und kürzer, als es dir soeben gelang, könnte selbst ich es nicht fassen.

Worin S Belehrungen erfährt über das Spiel als System, die menschliche Freiheit zur Wahl desselbigen sowie allerdings zu Beginn auch über die Unmöglichkeit, aus freier Entscheidung gar nicht zu spielen

Während die beiden schweigend ihres Weges zogen, grübelte S über die Lehren, die ihm sein Herr gegeben hatte. Schließlich hub er von Neuem an.

S O Herr, gestattet mir die vorwitzige Bemerkung, aber die Gedanken über das Spiel lassen mir keine Ruhe. Ihr hattet mich überzeugt, dass man immer spielt, auch wenn man es nicht weiß. Aber der Weise kann sich doch ins Außerhalb der Spiele begeben und *über* sie nachdenken? Steht er dann nicht *über* den Spielen?

Q O Tölpel! Haben wir es doch soeben durchgenommen! Du vermeinst, weil du über das Spiel und die Dummheit grübelst, stündest du außerhalb, und dieses Außerhalb sei Oberhalb und sei Weisheit! Deine „Weisheit" ist Hoffart, und diese Hoffart mag vielleicht eine Todsünde sein, aber ganz sicher ist sie Dummheit.

S Aber ich kann doch aufhören zu spielen?

Q Das glaubst du, der du deinen Grauen an Einfalt noch zu übertreffen dich anschickst. Er scheint mir verglichen mit deiner *stupiditas* ein veritabler Cervantes.

S Aber sagt mir, wenn ich, wie wir fanden, die Entscheidung treffen kann, ein Spiel nach seinen Regeln zu spielen, dann muss ich doch auch die Entscheidung treffen können, gar nicht zu spielen, also das Spiel nicht ernst zu nehmen?

Q Deine Fragen zeigen dich fast zu meiner Beruhigung als den Tollpatsch, der du bist und dein ganzes Leben hindurch und im gerechten Fegefeuer noch bleiben wirst. Hätte ich mich doch um Haaresbreite der trügerischen Hoffnung hingegeben, du mögest begriffen haben, dass es keine höheren oder niederen, sondern nur verschiedene Spiele gibt!

S Ihr scheltet mich zu Unrecht, Herr, denn meine Frage ist allein die, ob ich nicht einfach aufhören kann, zu spielen?

Q Wenn auch du dereinst im kühlen Grabe ruhst, in das jedenfalls mich die Torheit deines Fragespiels in Bälde bringen wird, mag dem so sein. Aber solange du du bist und nicht genötigt wirst und nicht schläfst, wirst du immer spielen. Mögest du doch endlich ein Einsehen haben, dass du irrst, wenn du glaubst, aus dem Spielen an sich heraustreten zu können! Du wechselst das Spiel, allein, du spielst nur ein anderes.

S Aber doch ein höheres?

Q Unsinn. Es gibt keine „höheren" Spiele. Es gibt nur andere Spiele. Zum zweiten Male sage ich es dir und mit der

Langmut deines Esels: Auch dich könnte man betrachten, während du betrachtest.

S Aber, vergebt mir nochmals meinen Vorwitz, jedoch alles, was Ihr sagtet, dünkt mich nichts Anderes zu sein, als was der weise Luhmann lehrte. Nur dass Ihr Spiele nennt, was ihm Systeme sind.

Q Du hast recht und du hast nicht recht, mein treuer S. Auf den ersten, flüchtigen Anschein hin haben unsere Spiele manche Ähnlichkeit mit jenen Systemen. Aber sage mir, mein Bester, was muss denn der weise Luhmann tun, um seine Systeme beschreiben zu können?

S Er muss sie betrachten?

Q Sehr wahr. Und von wo aus betrachtet er sie?

S Von Außen.

Q Ganz recht, S. Aber was will das sagen?

S Er muss außerhalb der Systeme stehen, da er doch über sie spricht.

Q Auch hierin gehst du nicht fehl. Aber wenn seine Systeme gegeneinander so gleichrangig sind wie unsere Spiele, und wenn, wie er sagt, jeder Sinn System ist und jedes System sinnvoll, wie vermag ausgerechnet er dann von jenseits der Systeme aus sinnvoll zu sprechen?

S ???

Q Du sagst es. Er kann nur spielen. Er kann nur so tun, als ob sein Sprechen selbst kein System oder irgendein „höheres" System sei, aber falls wir ihm darin Glauben schenken, mag er sich glücklich schätzen. Halten wir ihm indes zugute, dass er nicht anders sprechen könnte. Denn streng genommen müsste er *absolut* ohne System und ohne Sinn sprechen. Mancher hat das unternommen, Dichter, Denker, Dadaist, aber ein Kreis bleibt ein Kreis und wird nie ein Quadrat werden. Deshalb hat kein Sterblicher den Olymp des sinnlosen Sprechens je erklommen, nicht der Dümmste und nicht der Klügste.

S Doch, o Herr, Ihr selbst vermögt das bisweilen.

Q Zügle die Zunge, o Schelm! Versuche lieber, mit deinem armen Verstande den Wegen meiner Belehrungen weiter zu folgen, auf dass Dir kein Jota entgehen möge. Wie des Professor Luhmanns Systeme sind auch unsere Spiele untereinander gleichrangig, mögen sie sich noch so sehr überlagern und bisweilen auch stören (interpenetrieren, nennt es jener). Aber sind nicht auch wir selber verurteilt zu spielen? Wie Luhmann selbst und wie alle Weisen vor ihm seit Jahrtausenden?

S Der gelehrte Luhmann wäre so kurzsichtig wie jener nüchterne Barbier, der nicht bemerkte, dass seine Barbierschüssel in Wahrheit der tarnende Zauberhelm des Mambrin war, der Euch jetzt zu Diensten steht?

Q Das mag wohl wahr sein. Der doppelte Zauber des Mambrin bewirkt, wie du weißt, dass der Helm wie eine Barbierschüssel aussieht und uns nur deshalb nicht unsichtbar macht, damit er nicht als Zauberhelm erkannt und begehrt werde. Der Helm tarnt sich also klüglich selber. Bedenke diese tiefe Weisheit wohl! Jener Barbier erkennt nur die Eigenschaften einer Barbierschüssel. Deswegen nennt er sie Barbierschüssel und hält sie für wertlos und sich selber für klug. Wir Metaphysici aber, wir wissen es besser. Wir wissen um das unsagbare Zauberwort, aber wir werden uns hüten, es jemandem zu verraten. Wir können schweigen und die Narren spielen. Das wahrt unser Inkognito.

S Das heißt, wir spielen ganz ernstlich die Narren.

Q Das hast du klüglich erkannt. Die Weisen suchen den Absoluten Ernst, den sie früher „Wahrheit" oder wie auch immer nannten. Wir dagegen, wir haben die Wahrheit, aber wir würden sie rettungslos verlieren, indem wir sie aussprächen, und das wissen wir wohl. Du siehst, in Wahrheit sind wir um vieles weniger dumm als sie.

S Ihr sprecht mir aus der Seele! – Aber was mir noch immer nicht recht einleuchten mag, ist, warum unsere Spiele keine Systeme sein sollen?

Q Lasse sie ruhig Systeme sein, denn ich will dir darin gar nicht widersprechen. Jedoch ist nicht jedes System ein Spiel. Denn sage mir: Wie kommt es zu einem Spiel?

S Es wird gespielt. Jemand spielt es.

Q Ein blindes Huhn fand ein Korn! *Jemand* spielt es! Dagegen lehrte uns Luhmann: *Es gibt* Systeme.

S Ihr wollt sagen, Systeme müssen nicht notwendig gespielt werden?

Q Auch das. Aber bedeutsamer erscheint mir noch: Der Blick ist ein anderer. Der weise Luhmann betrachtete seine Systeme von außen, von oben, mögen sie Spiele sein oder irgend etwas sonst, und wie der Barbier den Helm verkannte, so stellte er sein Reden außerhalb seiner Systeme. Wahrscheinlich wusste er das sogar, aber sein eigenes Spielen interessierte ihn wenig. Wir dagegen, wir spielen unser Spiel. Ja, wir sind selber das Spiel, wir Narren. Wir ziehen zum Beispiel wider die Dummheit. Und dafür haben wir uns frei entschieden.

S Ihr wollt sagen, *jemand* hat sich entschieden, ein Spiel zu spielen, und dann wird es gespielt, während Systeme einfach nur da sind und sich selbst erschaffen und erhalten?

Q Sehr wahr. „Autopoiesis" nannte solches Luhmann.

S Wenn also ein System da ist, zu dem sich niemand entschieden hat außer dem Lieben Gott, wie z. B. die Schwerkraftgesetze oder das Zusammenleben einer Schafherde, dann ist es kein Spiel?

Q Sehr wahr. Es sei denn, Gott würfele wie wir. Merke also auf: Das Spielen ist so sehr etwas dem Menschen Vorbehaltenes wie die Dummheit.

S Die Dummheit sei rein menschlich?

Q O Tor, der du mich in schwärzeste Verzweiflung stürzest! Wenn du selbst dieses vergessen hast, so lies gefälligst weiter oben nach und merke es dir für dieses und für alle Mal! Allein der Mensch kann sich mögliche Spiele entwerfen und verwerfen und aussprechen und tun oder lassen, und allein dem Menschen ist auch die Freiheit zur Dummheit gegeben!

S O Herr, vergebt mir von Neuem meine Verstocktheit. Aber dennoch muss ich es wagen, die Frage an Euch zu richten, wieso ein Spiel etwas allein Menschliches sein muss? Kann denn ein Hund nicht ebenfalls spielen und seinem Herrn Hütchen und Hölzchen und Pantöffelchen apportieren?

Q Das kann er gewiss. Aber „spielen" nennt das nur der Mensch, der den Hund mit seinesgleichen zu verwechseln pflegt, worin sich übrigens auch tiefere Wahrheit offenbart, wie uns unser Begriff der Hundsdummheit lehren mag. Der Hund hat nicht die Wahl, im Moment etwas Anderes zu tun als das, für das wir nur das Wort „Spielen" kennen. Er spielt mit so Absolutem Ernst wie er frisst und blafft, und er kann nicht anders. Deswegen erscheint er absolut dumm. Doch das wäre widersinnig. Da es nämlich keinen absoluten Gegensatz zur Dummheit geben kann – denn der wäre selber absolut dumm, mein lieber S –, können wir auch keine absolute Dummheit annehmen, so sehr wir ihr auch Tag um Tag zu begegnen meinen. Ein Hund kann mehr oder minder gelehrig sein, aber nicht *im höheren menschlichen Sinne* dumm.

S Wir dagegen können uns *frei* entscheiden für oder gegen ein Spiel und seine Regeln?

Q Das ist der Punkt.

S Aber, Herr, dann geht Ihr von der Annahme menschlicher Entscheidungsfreiheit aus? Diese Auffassung gilt doch unter den Gelehrten seit Jahrhunderten und neuerdings um so mehr als veraltet!

Q Da muss ich dir leider recht geben, mein Schildknappe und Stichwortgeber. Haben denn aber die Weisen etwas Besseres erdacht anstatt dessen? Gesetzt, alles sei uns vorbestimmt wie das Stöckchen-Holen-Müssen dem Hund: Man glaubt zu spielen, doch man wird gespielt. Diese Ansicht hat manches für sich. Doch für diesmal überlege nur: Wenn dem so wäre, würden wir spielen, dass wir spielen, obwohl wir nicht spielen könnten.

S Aber was wollt Ihr damit nun wieder sagen?

Q Dass wir ruhig glauben dürfen wie bisher, dass wir tun und lassen könnten. Denn in Wahrheit irren wir immer schon, wenn wir uns im Stande wähnen, die Frage nach dem freien Willen auch nur stellen zu können. Ob wir einen freien Willen haben, oder ob wir spielen, dass wir einen hätten, obwohl wir keinen haben, also nicht anders können, als zu spielen, dass wir einen hätten: es läuft auf das Gleiche hinaus. Wir können glauben, dass wir keinen freien Willen haben. Aber woher kommt uns denn dieser Gedanke? Gerade er wäre doch dann nicht freiwilliger über uns gekommen als das unter peinlicher Folter erzwungene Geständnis einer Hexe; folglich wäre er so glaubhaft wie die Wahrheit eines kretischen Lügners, dass alle Kreter lögen oder meine Dummheits-Selbstbezichtigung im Prolog. Für unsere trefflichen Gelehrten, die den Willen als Leibesregung erforschen, gilt das nicht minder. Am Ende läuft doch alles darauf hinaus, dass, wenn eine Kiste nur dicht genug verschlossen ist, wir niemals werden sagen können, ob nicht doch eine Katze darin eingesperrt sei. Und falls wir keine Katzennarren sind, muss es uns auch nicht berühren. Warum sollen wir also vergebens versuchen, nicht zu spielen, dass wir einen freien Willen haben, obwohl wir gar nicht in der Lage sind, etwas Anderes zu spielen als den freien Willen? Gedenke des Zauberhelms!

S Wir sind nicht frei, nicht frei zu sein? Wir spielen also, dass wir uns frei entscheiden können, und handeln doch weiter, wie wir müssen? Wir sind also frei, ein Spiel zu spielen, aber zum Spielen wären wir dennoch verdammt wie zum Leben? Ist denn das ganze Leben nur ein Spiel, so wie es einst ein Hofnarr besang?

Q Das könnte es womöglich sein, wenn die Menschheit nicht gar so dumm wäre und Spielen als Nebensache abtäte. Was bliebe uns denn Anderes, als mit unserem Leben zu spielen? Etwas hat uns ins Dasein geworfen, aber wir zahlen es ihm heim, indem wir vorgeben, damit zu spielen.

S Wie könnt Ihr Euch so leichtfertig darüber hinwegsetzen, Herr! Das ist doch ein absolut ernstes Problem!

Q Da kann ich dir nur beipflichten. Genau deswegen spielen wir damit, wir Narren, ganz unernst. Aber im Ernst gesprochen: Würden wir anders handeln, wären wir längst verstummt, weil es uns Fahrende Ritter gar nicht geben dürfte.

S Das erscheint mir dunkel, Herr.

Q Das kann ich dir nicht verdenken, mein Getreuer. Angesichts der hereinbrechenden Dämmerung, welche uns nötigt, alsbald nach einem Nachtquartier Ausschau zu halten, ist das nicht allzu verwunderlich.

Womit das instruktive Gespräch über das Spielen seine ebensolche Fortsetzung und vorläufigen Abschluss findet und S lernt, warum nicht alles jedem Spiel ist

Indem sie sich schweigend ihr Nachtlager bereiteten, richtete S wiederum das Wort an seinen Herrn. Denn noch immer schien es ihm wichtige Fragen zum Spielen zu geben, deren Antworten ihm bis dato noch vorenthalten waren.

S Wenn ich also frei entschieden habe, ein Spiel zu spielen und nur das Innen meines Spiels unernst ernst zu nehmen, kann es aber doch geschehen, dass etwas geschieht, das mich an meinem Spiel hindert. Darf ich mich in jenem Falle noch Spieler nennen?

Q Immerhin muss ich dir zugestehen, dass du schon Unwesentlicheres und Dümmeres gefragt hast. Wenn ein Erdbeben dein Haus zerstörte und es um dein nacktes Leben ginge, hättest du kaum eine Wahl, als ins Freie zu flüchten. Die Naturgesetze spielen nicht, und auch der Sensenmann spielt nicht. Ich will sagen: So es um deine reine Existenz geht, kannst du kein Spieler mehr sein, weil dir die Freiheit zum Spielen genommen ist. Und eben diese Freiheit hatten wir notwendig als Bedingung des Spiels begriffen.

S Wenn aber Jemand, der nicht mitspielt, aus Unkenntnis oder Mutwillen mein Spiel stört? Dann wäre zwar nicht immer mein Leben bedroht, aber ich wäre in jedem Fall am Spielen gehindert!

Q Dann sage mir: Von wo allein mag denn ein solcher Störenfried kommen?

S Wie soll ich darüber urteilen mit meinem kleinen Verstande? Er wird von Irgendwo oder Nirgendwo oder Sonstwo kommen. Aber ist das von Bedeutung?

Q Es ist eben nicht von Bedeutung. Bedeutend allein ist, dass Irgendwo und Nirgendwo das Selbe sind, nämlich

Anderswo. Kannst Du mir darin folgen und zustimmen, dass Jemand-Niemand von Anderswo kommt?

S Das kann ich wohl.

Q Nun geben wir diesem Jemand-Niemand seinen Namen. Weil er *von Anderswo* kommt, soll er Anders heißen. Und weil er *in* das Spiel eindringt und es verdirbt, heißt das Anderswo *Außen*: Anders kommt von Außen.

S Das erscheint mir wahr.

Q *Anders* dringt also von *Außen* in das *Innen des Spiels* ein und *verdirbt* es. Das Innen wird ihn also *Spielverderber* nennen müssen. Vermagst du mir auch hierin zu folgen?

S Noch vermag ich das. Anders kommt aus dem Ernst außerhalb meines Spiels und hindert mich gewaltsam daran, mein Spiel weiter zu spielen.

Q Wieder einmal beweisest du aufs Beste, was für ein Tölpel du bist. Noch der schlichteste Eseltreiber samt Esel müsste verzweifeln an deiner Einfalt: hatten wir doch gefunden, dass man nicht nicht spielen kann, falls man nicht unter Zwang steht! Das muss auch für Anders gelten. Ein Spiel spielt er so oder so, hundsdumm ernst oder auch nicht.

S Womöglich aber spielt er ein Spiel, das Spielverderben heißen sollte? So wie die Bengel mit dem Hausmeister? Er zwingt mich also, mein Spiel aufzugeben?

Q Das ist nicht ausgeschlossen, aber es tut nichts zur Sache. Gedenke der schafsdummen Frau: Ihre Dummheit ist so paradiesisch schamlos, dass sie die Spiele, die sie zerstören könnte, überhaupt nicht wahrnimmt: Rohheit sei die

Praxis der Dummheit, so lehrte uns Musil. Und dass immer von Neuem der Stärkere den Schwächeren zwingt und mit der Menschenwürde auch der Spielfreiheit beraubt, sollte uns Stultitiologen ein Gemeinplatz sein, so sehr wir es als Menschen beweinen mögen. Was wir aber vor allem erfahren können, ist doch: Zwei benachbarte Spiele müssen nicht notwendig eine gemeinsame Grenze haben, die sie gegen einander trennt und vor einander schützt. Die Grenzen mögen sich kreuzen, überlagern, interpenetrieren, so dass die Grenze des einen Spiels durch den Bereich des anderen verläuft.

S Wenn die Spiele sich nicht interpenetrierten, würden sich die Spieler gar nicht wahrnehmen?

Q Sie müssten es jedenfalls nicht. Ob sie es täten, wäre für ihre Spiele völlig gleichgültig, weil es nicht zum Spiel gehörte. Für deine oben gestellte Frage ist allein das Problem der Interpenetration von Belang. Ein Spiel ist genau wie ein Stück Land, das auch immer nur einem Herrn gehören kann. Wenn zum Beispiel zwei Herrscher die Grenzen ihrer Insuln bestimmen wollen und diese sich kreuzen, so dass beide das selbe Stück Land ihr Eigen nennen, kann man von Interpenetration sprechen.

S Indes, wenn sie klug wären, könnten sie sich einig werden? Sie könnten statt ihrer Einzelspiele ein Zwischen-Spiel schaffen?

Q Du bist ein Schelm, S, aber ein törichter obendrein. Nach aller Erfahrung sind sie leider dumm, hundsdumm. Der Andere ist für sie ein Eindringling in ihr Spiel, und dass sie für ihn ebensolche Eindringlinge sind, fassen sie nicht. Deswegen nennen sie sich gegenseitig böse und führen Kriege.

S Ihre Spiele werden also Ernst?

Q Deine Torheit stolpert über die Wahrheit, lieber S: sie halten sie dafür. Sie nehmen ihren Krieg absolut ernst und verkennen, dass er nur ihr gemeinsames neues Spiel ist, das die Grenzen zwischen ihnen aufhebt und sie in Feindschaft vereint und einander gleich werden lässt. Wahrhaftiger Ernst ist der Krieg allein für ihre Untertanen, die eben nicht immer frei waren zum Entschluss, ins Feld zu ziehen: Spielzeuge können nicht selbst spielen. Für sie kann es kein Außen geben.

S Für den Spieler, der das Spielen verkennt und ernst nimmt, ist also der Gegen-Spieler der Böse, der Feind, auch wenn es das Spiel ohne ihn überhaupt nicht gäbe?

Q Sehr wahr. Aber vergessen wir nicht, dass im Falle der Interpenetration von Spielen neue Regeln entstehen, indem frühere Regeln verletzt werden. Dem hundsdummen Guten nämlich ist ein Verstoß gegen *seine* guten Regeln das Böse, das er benötigt, um im neuen Spiel der Gute bleiben zu können. Deswegen sucht er die Regelbrecher zu bekriegen, wo immer er sie nur wittert. Immer neue Feinde wird er sich zu schaffen wissen, und am liebsten wäre er der Hütehund der ganzen Weltenherde. Sein Endsieg indes wäre die Apokalypse, das Ende aller Historie. Wir hätten dann allein sein Jüngstes Gericht noch durchzustehen.

S Der ernste Spieler strebt also nach Macht, um dem Guten zum Sieg zu verhelfen? Er kämpft für seine Moral?

Q Du sagst es. Moral sucht Macht, damit das Gute siegen kann, und Macht sucht Moral zu ihrer Rechtfertigung. Der Andere muss besiegt und beseitigt werden, wie es die Moral der Kreuzritter verlangt. Gott der Gute ist gegen den Anderen, und den Anderen nicht zu bekriegen wäre Sünde wider Gott.

S Obwohl beide doch nach den gleichen Regeln spielen?

Q Das tun sie gewiss. Aber das könnten sie nur einsehen, wenn sie begreifen würden, dass sie spielen. Dazu müssten sie ihre Moral vorläufig über Bord werfen und obendrein ihr eigenes Gutsein und das Bösesein des Gegners. Sie aber sehen nicht, dass ihr Gut-Sein ein Rollen-Spiel ist, sondern setzen es so absolut wie sich selbst. Ihr Gutsein ist nichts als die Hybris ihres Ich: ein Teil von jener Kraft, die stets das Gute will und stets das Schlimmste schafft.

S Also wäre der Antrieb von Hass und Gewalt und Krieg die Moral? Die Lehre vom Guten wäre die Ursache von Vielem, was wir als „böse" empfinden? Das Gute wäre selbst das Böse? Das ist schwer einzusehen, Herr! Mehr noch, das ist Blasphemie, und Ihr werdet noch auf dem Scheiterhaufen landen, wenn Euch jemand so reden hört!

Q Sei ganz ohne Furcht, mein Getreuer. Einen alten Narren, der noch ältere Gedanken erzählt, verbrennt man nicht mehr heutzutage. Höchstens wird er ins Irrenhaus gesteckt oder von Windmühlen zerschmettert, die sich so oder so drehen, ob er sie nun ritterlich angreift oder nicht, weil er vielleicht Moral, aber nicht Macht sein Eigen nennt. Und in unserer guten Zeit tötet man ohnehin humaner und wirkungsvoller durch Beschweigen des

Unpassenden. Wovon man schweigt, das gibt es nicht. Getrost magst du dich dem süßesten Schlummer hingeben: Das Wahre und das Gute und die Moral und was immer ihre neuen Namen sein mögen und die Dummheit und alles Unheil, das sie unfehlbar heraufbeschwört – sie werden nicht aussterben, solange noch Menschen auf diesem kleinen Wandelstern leben, ob wir nun gegen die Dummheit zu Felde ziehen oder nicht.

S Wir jedoch, wir kämpfen nicht gegen das Böse, sondern gegen den Absoluten Ernst, gegen die Hundsdummheit, für das Spielen? Für die Befreiung der Menschheit aus ihrer selbstverschuldeten Unmündigkeit?

Q Sehr wahr.

S Dann könnte vielleicht ein Weiser eine göttliche Moral ersinnen, die über aller dummen Moral steht? Eine Moral des Spielens an sich, nicht nur irgendeines guten Spiels, wie es gemeinhin geschieht? Eine Moral, die wie ein Richter über allen Spielen steht?

Q Wahrlich, mein guter S, dein Gedanke ist klüger als du selber. Ganz neu ist er aber nur dir. „Kategorischer Imperativ" nannte der weise Kant eine ähnliche Idee. Unsere Idee könnten wir Kategorischen Interrogativ nennen. Denn wenn wir die Idee des Spielens ernst nehmen, müssen wir immer nach dem Anderen und seinen Spielen *fragen*. Wir müssen neugierig sein! Wie ist meine Beziehung zum Anderen, zu dir? Was ist unser Unterschied? Das verlangt zugleich Selbstachtung: denn so wie ich niemand zwingen darf zu meinem Spiel, so darf mich kein Anderer zwingen. Dein Unkrautgarten ist dein Spiel, die gepflegten Beete sind das meine. Und „gut" ist, dass sie sich unterscheiden! Sie stehen in *Beziehung zu einander*. Allein die Tatsache dieser Beziehung sollte dir heilig genug sein, meinen Garten vor deinen Unkrautsamen zu bewahren! Unser Heiliges sei *das Spielen* aller Spiele! Unsere Spielregel befiehlt nicht irgendeine Moral, sondern bietet jeder Moral eine Behausung und heißt sie sogar gerne willkommen – so lange, wie diese ihr Gastrecht nicht missbraucht und sich gegenüber der Moral anderer Gäste als Hausherrin aufspielt. Unsere Bösen: es sind die Spiel-Feinde, die Absoluten, die Fanatiker – die, deren Gott kein Lachen über sich erträgt. Ihr gerechter Platz ist der Katzentisch, von dem aus sie nicht mehr stören können! Denen aber, die von den Todernsten der Freiheit zum Spielen beraubt werden: ihnen beizustehen sei unsere heilige Mission! Was nämlich wäre Frömmigkeit in unserem Sinne? Die Unterschiede und die Buntheit der Spiele zu lieben und dabei kindlich und ohne jeden Zweifel zu glauben und zu wissen: So ist es gut!

S Herr, Ihr glüht ja! Ich hatte Euch gewarnt, Ihr hättet den letzten Kelch Weines nicht mehr trinken sollen! Das wird Euch zwar jetzt einen schnellen Schlummer bescheren, aber morgen einen schönen Katzenjammer. Doch bevor wir uns zur Ruhe betten, möchtet Ihr es mir nachsehen, wenn ich eine letzte Frage an Euch richte, um dann getrost in Schlaf zu fallen: Am Ende bleibt doch die Dummheit *unser* Böser Feind? Und wir, wir Ritter und Knappe wider das Dumme, wir wären in dieser närrischen Feindschaft so dumm wie alle Dummen, und dass wir das wissen, ändert auch nicht das Geringste daran?

Q Das ist leider allzu wahr. Und wir hatten das nota bene längst besprochen, mein lieber S.

S Aber welchen Zweck hätte denn dann unser ganzes Unterfangen?

Q Gar keinen. Und genau deswegen dürfen, deswegen müssen wir es wagen, wir hoffnungslosen Narren Von Der Traurigen Gestalt.

Pathetisches Intermezzo. Friedliches Kriegerdenkmal, einem unbekannten Helden gewidmet. Von einem Friedensnobelpreis, der nie vergeben wurde

Als die Beiden so ihres Wegs fürbass trotteten, begegnete ihnen ein Denkmal, das nie gebaut worden war. Es war ein bescheidenes, ein schüchternes Denkmal, moosbewachsen und efeuumkränzt und ein bisschen altmodisch, von dicken Eichen fast völlig verschattet und dementsprechend wenig beachtet von hurtigen Passanten; zudem hatte es ob seines Gegenstandes fast etwas Ungebührliches in einer Zeit, in der nach wie vor an vielen Orten zurückgeschossen wurde. Ganz unzeitgemäß war das friedliche Denkmal einem namenlosen Soldaten des Ersten Weltkriegs gewidmet, einem, der dem sächsischen König zu dienen hatte und damit zugleich – notgedrungen – dem zwirbelbärtigen Kaiser: gewidmet einem Verlierer also, dabei nicht einmal einem, der im grandiosen Völkerschlachten unterlegen war, das er aus sicherer Distanz gelenkt hatte, auch nicht einem, der im riskant dummen Nahkampf noch möglichst vielen Feinden die Innereien aus dem Leib gefetzt hatte, bis er selber auf dem schlammigen Felde der Ehre blieb. Im Gegenteil steht das bescheidene Denkmal nur für einen, der, indem er ein Spiel rettete, Leben rettete.

Aber was für ein Spiel? Robert Axelrod[22] berichtet unter anderem über Kooperationen zwischen feindmächtlichen Soldaten im Stellungskrieg 1914–18. Ungeachtet wiederholter Fraternisierungsverbote seitens ihrer Hütehunde befanden damals zahlreiche Opferlämmer beider Seiten, dass es erstrebenswerter sei, ihr Leben zu retten anstatt es hinzugeben zum höheren

[22] *Die Evolution der Kooperation*, München, 2000, S. 67-79.

Ruhme von Vaterland und Vorgesetzten. Schlau, wie die Spezies Mensch ist, erkannten jene Selbstsüchtigen, dass sie sich selber keinen Gefallen taten, wenn sie dem Feind Unheil zufügten, weil sie ihn damit nur zu entsprechenden oder schärferen Gegenreaktionen provozierten. Entsprechend erblühten mannigfaltige Strategien von Vorbeischießen, unabgesprochener Waffenruhe, Tabuzonen usw. „Diesen Leuten war offenbar nicht klar, dass sie sich im Krieg befanden. Beide Seiten glaubten anscheinend an die Politik des ‚leben und leben lassen'", berichtete ehrlich entrüstet ein britischer Offizier, der denn auch den folgerichtigen Vorsatz fasste, „nach Übernahme der Stellung diese Dinge abzustellen".[23]

Betrachten wir diesen Fall etwas eingehender, bevor wir uns unserem tapferen Sachsen zuwenden. Der Colonel konstatierte bei seinen Soldaten Unverständnis dafür, „dass sie sich im Krieg befanden." Er unterstellte also, dass jenes dem Krieg unangemessene Verhalten aus mangelnder Einsicht der Männer in das Wesen des Kriegs resultierte, letztlich also aus Schafsdummheit. Dem Modell gemäß, wie es Q seinem S erklärte, möchte man meinen: Die Soldaten waren zu ignorant, um das Spiel „Krieg" den Regeln angemessen zu spielen.

Jedoch: Wer ist hier dumm? Wenn ein Spiel immer impliziert, dass man die Wahl hat, es mitzuspielen oder auch nicht, könnte man fragen, was es dann bedeuten würde, zu einem Spiel gezwungen zu sein, also eben keine Wahl zu haben. Die Antwort drängt sich auf: Wer von einer Lawine bedroht wird, der hat keine Wahl mehr, weil es für ihn um die Möglichkeit des Spielens überhaupt geht. Eine banale Migräne macht mich zu einem einsamen Tierchen, das sich in eine dunkle Höhle verkriecht und leidet – um vom endgültigen Ruf des Sensenman-

23 Halten wir dem *gentleman* immerhin zugute, dass diese sprechende Stilblüte der Übersetzung geschuldet sein mag.

nes gar nicht zu sprechen. Selbstredend gilt das genauso für den widrigen Fall, gewaltsam zu einem Spiel gezwungen zu werden, das für den „Spieler" wider Willen kein Spiel sein kann: Auch er hat keine Wahl. Derjenige dagegen, der ihn zwingt, ist entweder ein Zyniker – diesen schwierigen Sonderfall stellen wir zweckdienlich zurück – oder ein vorgesetzter Hüter der Dummheit, der meint, gerade sein Spiel sei der Absolute Ernst, der keine anderen Spiele auch nur zu denken zulassen dürfe. Er selbst nennt diesen Glauben für gewöhnlich „Realismus".

Der letzteren Spezies gehört offenbar unser Colonel an. Seine Ignoranz verkennt, dass jene Soldaten das Spiel „Krieg" wohl nur zu gut verstanden haben und gerade deswegen das Spiel „Kooperation" bevorzugen. Sie haben zu leben gewählt, also spielen sie. Der Offizier dagegen lebt den blutigen Ernst, der solche Wahlfreiheit um jeden Preis vereiteln muss, geht es doch um nicht weniger als seine soldatische Identität. Er zeigt sich hundsdumm in seiner kriegerischen Feindfixierung, und er zeigt sich schafsdumm in der Indolenz gegenüber dem Lebenswillen „seiner" Männer. Der Konflikt zwischen dem dummen, aber vorgesetzten Hüter der Regeln des Krieges und dem Untergebenen, der mit vielfältigen Strategien sich die Freiheit des Spielens erhält, indem er den Ernst durch Nicht-Ernst-Nehmen kurzerhand zum Spiel umdefiniert, ist nicht umsonst ein Sujet der Weltliteratur geworden. Zu nennen ist an erster Stelle natürlich der brave Josef Schwejk nebst seinem Freund, dem Sappeur Woditschka, welcher Schwejk vorschlägt, sich „nachm Krieg um sechs Uhr abend" beim „Kelch" zu treffen. Darauf entgegnet der rücksichtsvolle Schwejk: „Komm lieber um halb sieben, wenn ich mich irgendwo verspäten möcht." Als Gesinnungsbruder Schwejks präsentiert sich der Infanterist Rubinstein, überliefert in Salcia Landmann, *Der jüdische Witz*[24], S. 281:

> Vor der Schlacht tritt der erregte Offizier vor die Truppe und sagt feierlich:
> „Soldaten, jetzt geht es Mann gegen Mann!"
> Infanterist Rubinstein: „Zeigen Sie mir doch, bitte, welches mein Mann ist. Vielleicht kann ich mich gütlich mit ihm verständigen."

Auf den Einwand hin, solche Szenarien seien wünschenswert, aber leider unrealistisch, kann man nur entgegnen, dass *gentlemen agreements* im Ersten Weltkrieg wohl tatsächlich an der Tagesordnung waren. Offenbar stimulierte der Wille zum Leben die Kreativität des unwilligen Kanonenfutters, bessere, weil eigene Spiele zu entwickeln. Damit endlich nähern wir uns in gebotener Ehrerbietung unserem sächsischen Heroen. Axelrod, S. 77, zitiert wiederum einen *pretty* britischen Offizier, diesmal aber offenbar einen mit zivilem *common sense*:

> „Ich trank gerade Tee bei der Kompanie A, als wir lautes Geschrei hörten. Wir gingen nach draußen, um zu sehen, was vorgefallen war. Unsere Männer und die [sächsischen] Deutschen standen auf der Brustwehr. Plötzlich schlug eine Salve ein, die jedoch keinen Schaden anrichtete. Beide Seiten gingen natürlich in Deckung und unsere Leute fluchten über die Deutschen. Auf einmal kletterte ein mutiger Deutscher auf seine Brustwehr und rief „Wir bedauern das sehr.

[24] Olten / Freiburg/Br., 1960. – Den weltliterarischen Charme dieser Sammlung macht eben die Rubinsteinsche Verspieltheit aus – jene zivile Subversion, die die Dummheit des Geltenden jederzeit und überall unterläuft, aus hellsichtiger Not so sehr wie aus purer Spiellust.

Hoffentlich wurde niemand verletzt. Es war nicht unsere Schuld. Es war die verfluchte preußische Artillerie."

Plötzlich präsentiert sich Infanterist Rubinstein, der sich einer anderen Anekdote zufolge über feindliche Granaten erregt mit den Worten: „Sehen die denn nicht, dass hier Menschen sitzen?!", (vgl. Landmann, S. 288) gar nicht mehr so weltfremd, und auch Schwejk lugt aus dem Unterstand hervor. Der sächsische Soldat beweist buchstäblich *Zivil*courage, wenn er den Mut aufbringt, sich zugleich dem möglichen Vergeltungsfeuer der Gegenseite und der Repression seiner Vorgesetzten auszusetzen und dabei noch der Hoffnung Ausdruck verleiht, es möge niemand verletzt worden sein. Er könnte Rubinstein geheißen haben; jedenfalls hätte man ihn gerne gekannt. Mit Schwejk und mit Rubinstein spielt er anstelle der „Realität" des Krieges, dessen befehlshabende Spieler das Töten und Verstümmeln anderer Leute mindestens billigend in Kauf nehmen und oft genug als Hauptzweck verstehen, lieber ein anderes, zivileres Spiel, indem er eine andere Realität definiert. Überdies vollbringt er noch das dialektische Kunststück des so kühnen wie friedlichen Heldentums. Hat Rubinstein – wir wollen ihn so nennen, auf dass er wenigstens symbolisch der Namenlosigkeit entrissen werde – dafür einen Orden, vielleicht das Ritterkreuz, mit Eichenlaub, am Bande, in Gold und Lametta usw. erhalten? Wurde er gar befördert? Wurde ihm ein Völkerschlacht-, ein Hermanns-, ein Niederwalddenkmal errichtet? Auch in der Walhalla fehlt sein Name. Bestenfalls noch dürfte er in Form einer ernsten Rüge geadelt worden sein, falls frontferne Vorgesetzte von seiner Tat erfahren haben. Jedenfalls beweist Rubinstein, dass ein wirklicher Held auch in existenziellen Situationen mitunter frei ist, zu spielen, womöglich um sein Leben. Dass er zugleich vielen anderen Menschen den Heldentod erspart hat, dürfte außer Frage stehen. Möge er im Kreise zahlreicher Urenkel sanft und friedlich entschlummert sein.

Übrigens missverstünden Sie die Erläuterungen Qs im vorigen Kapitel, wenn Sie sie dahingehend interpretierten, dass ein Spiel immer das begriffliche Bewusstsein des Spielens voraussetze. Der Lehrsatz sollte, eingedenk Rubinsteins, dahingehend präzisiert werden, dass es als völlig unerheblich anzusehen ist, ob der Protagonist sein Spiel „Spiel" nennt oder nicht. Entscheidend ist allein, dass und wie er sich Möglichkeiten bewahrt, das eine Spiel zu verweigern oder zu unterlaufen und dafür ein anderes zu spielen. Rubinstein unterläuft den Absoluten Ernst. Er denkt, besser: lebt in Möglichkeiten, in Spielmöglichkeiten. Dabei sei fairerweise nicht unterschlagen, dass Rubinstein seinem nominell obersten Dienstherrn, dem König Friedrich August III., dem Letzten, alle Ehre machte. Jener nämlich soll, als mit der Dresdner Revolution der Operettenvorhang seiner Monarchie fiel, seine Abdankung mit dem unsterblichen Satz verkündet haben: „Nu machd doch eiorn Drägg alleene!" Als ihm daraufhin das Volk zujubelte, das den gudn Geenisch im Grunde doch von Herzen gern hatte, sagte er nur kopfschüttelnd: „Ihr seids mir ja scheene Rebbubligaaner..." Man möchte der unfreien wie der Freien Welt viele solcher Souveräne wünschen und ihnen viele solcher Untertanen, wie Rubinstein einer war.

Aber noch ein Weiteres lehrt uns der Soldat Rubinstein, dem wir den Friedensnobelpreis um so viel mehr gegönnt hätten als manchem Anzugträger, der seine Untertanen zur Abwechslung einmal vom Schlachtfest zurückhalten und sich als Friedensfürst feiern lässt, bevor er die nächste Vergeltungsaktion anordnet. Rubinstein hat nämlich begriffen, dass zum Spiel dazugehört, auch dem Mitspieler die Möglichkeit des Spielens zu lassen, kurz: „zu kooperieren". In seinem konkreten Fall ist es das „leben und leben lassen“, das den schneidigen Colonel so entrüstete. Das Bemerkenswerte am Fall Rubinstein ist dabei, dass er offenbar ehrliche Sorge empfindet ob der Möglichkeit, ein Gegner könne ernstlich geschädigt worden sein, könne gar – in unserer Terminologie – als Spielpartner verloren gehen. Uns dämmert mit Q: Die Moral des Spielens und Spielenlassens verlockt zum Projekt einer Ethik des Spielens, einer Fundierung transzendentaler ethischer Kategorien aus dem Wesen des Spiels heraus. Und, wer weiß, vielleicht findet sich einst ein wirklicher Ritter des Geistes, der solches ernsthaft in Angriff nimmt? Der die Formel findet, den Bann der Dummheits-Moral zu lösen? Wird dann endlich auch dem tapferen Rubinstein sein Kriegerdenkmal errichtet werden?

Sachdienliche und ernsthafte Auswertung. Atempause und Ausblick

Jeder Wanderer braucht gelegentlich eine Rast. Auch für uns ist hier der Zeitpunkt eines kurzen Innehaltens, Atemholens, Vorausschauens gekommen. Wir ernüchtern uns also, lassen Ironie und Ornament einmal beiseite und überblicken die Wegstrecke. Welches Panorama liegt hinter uns, welches eröffnet sich vorn?

Zu allererst sticht schmerzhaft ins Auge, dass uns der Weg ins Reich der Dummheit schnurstracks in Kriegsgebiet geführt hat. Ob wir selbst dabei Soldaten, Veteranen oder nur Korrespondenten sind, muss sich noch zeigen, aber immerhin verfestigt sich unsere anfängliche Ahnung zu etwas Wesentlichem:

Mars ist der Eingeborene Sohn der Dummheit.

Wir vermerken ferner, dass wir mit dem Projekt einer Ontologie der Dummheit unversehens aufs ethische Glatteis zu geraten drohen. Auf dessen prekärer Schräge werden wir uns der Schwerkraft des Moralins zu widersetzen haben, das uns jederzeit in den Schlund der Dummheit zu saugen trachtet. Immerhin würde der Versuch einer praktizierbaren Ethik – von dem wir weise die Finger lassen werden – voraussetzen, dass man sich über die Konstanten des Menschlichen Klarheit verschafft. Dazu kann eine Kartographierung der Dummheit recht nützlich sein, und folgern mag dann, wer kann. Immerhin dürfen wir uns bestätigt fühlen: Es gibt gute Gründe, über Dummheit zu sprechen.

Lassen wir also Utopia links liegen. Bleiben wir auf den Wegen der Dummheit. Wir begreifen immer deutlicher, dass wir sie nicht sturdumm geradeaus verfolgen können, sondern unser Ziel eher in unregelmäßigen, tastenden Spiralen einkreisen sollten.

Bereits mehrfach hatten wir präzisiert, dass es nicht um die Frage gehe: „Wer ist dumm?", sondern um die Annäherung an die Strukturen, die Facetten der Dummheit, an ihr „Wesen". Mit dem Fokus auf den Krieg, jene prototypisch dumme Struktur, haben wir glücklich einen autobahnähnlich ausgebauten Abschnitt des Weges gewählt und uns der Dummheit mit Vollgas angenähert. Krieg nämlich ist nicht allein die Folge der Dummheit Einzelner – das ist er selbstredend auch –, er ist vor allem eine übermenschliche, eine unmenschliche Lawine, die die Individuen verschlingt und verschüttet. Andererseits aber entstehen die dummen Strukturen, die der Krieg voraussetzt, aus dem Verhalten vieler Einzelner, durch deren dummes Mittun die Lawine am Ende erst losgetreten wird. Den Einzelnen je seiner Dummheit zu bezichtigen wäre so unfair wie langweilig, und Glashäuser sind fragil. Es gilt aber durchaus, die Arten der Dummheit auch des Einzelnen in Betracht zu ziehen und den ihnen gebührenden Platz im Herbarium der Dummheiten zu ermitteln. Die Wechselbeziehung psychologischer und sozialer Faktoren ist es, die uns interessieren sollte.

Nun hatten wir den Begriff des Krieges weit gefasst. Wenn wir nämlich die zahllosen Kriegs- und Kampf-Metaphern – „Krieg der Geschlechter", „Wahlkampf", „Familienfehde" – beim Wort nehmen, bemerken wir sofort, dass sie sich mit dem militärischen Krieg im entscheidenden Punkt decken: Sie sind militant. Sie spielen nicht. Ihnen geht es um wahr–falsch, gut–böse, ich–du, Gott–Teufel. Sie benennen die dualistische Existenz schlechthin.[25] Zugleich aber wohnt ihnen, wie dem Krieg, eine weitere, entscheidende Opposition inne: Sieg–Niederlage.

[25] Hier mag der kritische Leser einwenden, dass gerade der Wahlkampf in einer Medi(endem)okratie doch ein wunderbares Beispiel sei für das Gegen-

Es gibt in ihrem Kosmos nur Unter- und Überlegene, Stärkere und Schwächere, letztlich Herrscher und Beherrschte. Ihre Welt ist erstens binär und zweitens streng hierarchisch strukturiert. Wir verweisen auf den Blauen Mann.

Wenn denn der Krieg im engeren Sinne eine Struktur ist, deren Machtkonstellation den Spielern verwehrt, Spieler zu sein, indem sie sie zum Einsatz ihrer Spielmöglichkeit schlechthin – nämlich ihres Lebens – zwingt, gilt Analoges für jede soziale Konstellation, die sich absolut ernst nimmt und in hierarchischem Oben–Unten oder Wir–Die erstarrt. Der Absolute Ernst ist die Bedrohung wenn nicht des Lebens, so doch immer der Möglichkeiten des offenen Spiels eines freien Miteinander. Er hängt in unbedingter Treue am Status quo. Seine Welt ist kompromisslos monochrom. Er führt die Eine Wirklichkeit gegen die vielen Möglichkeiten ins Feld, die feldgraue Heilige Einfaltigkeit gegen die bunte Mannigfaltigkeit möglicher Götter. Ihm gilt nur sein zweiwertiges Ja-Nein, nicht die vielfachen Beziehungen und Wechselwirkungen, die ein Spiel ausmachen. Wir bleiben bei unserem Thema, dem prekären Verhältnis von Krieg und Spiel, und entsinnen uns des Helden aus dem vori-

teil, für das Überzeugungs*spiel* mit Positionen, die in Wahrheit nur aus strategischen Erwägungen eingenommen würden und im Grunde relativ austauschbar seien. Dabei könnte er aber übersehen haben, dass auch der Karrierekampf ein Kampf ist, bei dem es im schlimmsten Fall tatsächlich um Leben und Tod gehen kann. Barschel und Möllemann waren vielleicht nur Spitzen dieses Eisbergs. – Ferner stimmt es nachdenklich, dass ein stures Klammern an Ideen als „Überzeugung" und „Haltung" honoriert wird, während das Durchspielen von Möglichkeiten sofort unter Opportunismus-Verdacht gerät. Wir ahnen, dass es für einen Politik-Spieler verführerisch sein könnte, sich so dumm zu stellen, wie seine Wähler tatsächlich sind, und die Anschauung bestätigt die Ahnung aufs Schönste: Könnte es die Dummheit der Wähler sein, die einige Politiker erst zu Schauspielern von Überzeugungen macht? Ist es die Ahnung *dieser* schlechten Nachricht, ist es der Schimmer von Selbsterkenntnis, der dann wieder zu „Politikverdrossenheit" und Populismus beiträgt?

gen Kapitel, des tapferen Soldaten Rubinstein. Rubinstein war es gelungen, die tödlich dummen Regeln des Krieges zu unterminieren durch kooperative, verantwortungsvolle Subversion. Das setzt aber Gegner voraus, die nicht als Feinde agieren, sondern als Gegen- zugleich Mitspieler sind. Andernfalls könnte auch Rubinstein nicht spielen – wenn „sein Mann" nicht kooperiert, muss er selbst Krieg führen, wenn er denn überleben will. (Hier wäre anzumerken, dass die Freiheit zum aktiv handelnden Spiel niemals größer sein kann und fast immer kleiner sein muss als die letzte Freiheit, auch das real Unvermeidliche, dem man passiv und existenziell ausgeliefert ist, weiterhin als Spiel zu begreifen. Als großes literarisches Beispiel dieses Dennoch rufe man sich Stefan Zweigs „Schachnovelle" vor Augen: Selbst aus einer Situation absoluter Handlungsunfreiheit heraus – Isolationshaft – kann der Gefangene durch imaginiertes Schachspielen seine persönliche Autonomie retten. In Begnignis Film „Das Leben ist schön" praktiziert der Vater in äußerster Konsequenz die Selbstbehauptung auf Leben und Tod im freien Spielen, indem er seinem Sohn vorspielt, dass der reale grausige Ernst des Todeslagers ein Spiel sei: aber nur, um dem Sohn das Leben zu retten – das allerdings will er bedingungslos und ohne die Freiheit einer Wahl zu empfinden. Wie Scheherazade erzählen muss, so muss er zu spielen spielen, obwohl er es „besser" weiß. Wobei einzuschränken wäre, dass es sich um fiktionale Beispiele handelt. Allerdings gibt es auch reale. Die Gedichte, Lieder, Quartette, Opern, die in den Lagern *dennoch* geschrieben wurden, sollten wir nie vergessen, wenn wir über Rohheit gegen Freiheit reden.)

Wir kehren zurück in Rubinsteins Schützengraben und abstrahieren: Wenn *ein* notwendiger Spielpartner sich der Kooperation verweigert und auf Krieg besteht, kann das Spiel nicht gespielt werden. Daraus ergibt sich die ernüchternde Einsicht, dass wenige hundsdumme Krieger ein Spiel vieler Spielwilliger verderben und sie zum Krieg zwingen können. Wahrscheinlich funktioniert die Vielzahl aktueller Konflikte entsprechend. Wenige Fanatiker können einen Bürgerkrieg endlos am Schwelen halten und ein neurotischer Nachbar eine ganze Straße paralysieren. Robert Musils Interpretation der Rohheit als der ausübenden Form der Dummheit greift genau hier. – Als Extrakt können wir destillieren:

Individuelle Dummheit ist das *Verkennen der Möglichkeiten* eigener Spiele. Entsprechend ist eine dumme soziale Struktur eine Struktur, die *Spielmöglichkeiten beschränkt oder abtötet.* Als äußerster Fall wäre das Töten von Menschen, von „Lebens-Spielen" zu nennen. Prototypisch für solche Strukturen sind Krieg, Terror, Tyrannei und jede Art von Brutalität, von „Dummheits-Praxis". Zumeist ist Hundsdummheit der Kraftstoff solcher Strukturen; sie werden aber auch vom Zynismus erzeugt, dessen Brutalität seinem zynischen Spiel immanent ist. Auch das zerstörerische Potenzial schafsdummer Indolenz im Sinne fehlender Empathie sollte nicht unterschätzt werden. Ob hundsdumme oder zynische Motivation – die Dummheit brutalen Handelns und dessen Folgen bleiben sich im Ergebnis gleich. Den Zyniker *als Individuum* „dumm" zu nennen wäre gewaltsam argumentiert, aber seine Rohheit ist es allemal; auf das Problem des Zynikers müssen wir später eingehender zu sprechen kommen. – Woran wir sehen: Auch Spiele können dumme Strukturen erzeugen, deren sinnfälligste der Krieg ist.

Oder kürzer:

Es gibt dumme Spiele.

Wir abstrahieren weiter:

Eine soziale Struktur kann nur so undumm, so spielfähig sein wie die dümmsten Mitspieler. (Dass diese Formel unter dem Vorbehalt der Relevanz der dümmsten Glieder gilt, versteht sich.)

Oder radikaler:

Das Spiel ist immer so dumm wie das dümmste Spielelement.

Oder noch düsterer:

Die Dummheit ist immer stärker.

Krieg als inkarnierte Dummheit wäre also der dialektische Gegenbegriff zum Ästhetischen, zum Spiel. Wäre dann aber „Frieden" die adäquate Existenzform des Undummen? Das wäre zumindest zu simpel, zu schafsdumm. Hier sollten wir wiederum präzisieren: Jene Struktur der Dummheit, deren liebstes Kind der Ernst des Krieges ist, ist zwar die Hundsdummheit, und wir sagten bereits, dass sie es ist, die den meisten Anlass bietet, über das Phänomen der Dummheit mit existenziellem Anspruch nachzudenken. Andererseits sollte nie verdrängt werden, dass das Pastoralidyll der Schafsdummheit eine Dummheitsform ist, die einerseits idealtypisch von der Hundsdummheit unterschieden werden kann, die aber in der Realität sich mit dieser überlagert und verschränkt und sie oft genug ver- und bestärkt. Bereits am frühen Beispiel der Dummen Frau hatten wir gesehen, dass auch die Schafsdummheit in aller Unschuld so roh sein kann wie die Windschutzscheibe für das Tagpfauenauge. Und am Beispiel des pflichtbewussten Colonel hatten wir gesehen, wie Schafs- und Hundsdummheit in eins gehen können.

Einerseits ist es uns also um eine strukturelle Beschreibung, eine „Ontologie" der Dummheit zu tun. Andererseits müssen wir uns eingestehen, dass wir dabei um einige im weiteren Sinne psychologische Versuche nicht herumkommen. Und, auch das gestehen wir uns ein: Letztere bieten einigen Lustgewinn.

Wir werden also versuchen, unsere Dummheit in dreierlei Gestalt zu greifen:

1. *existenziell-individualpsychologisch;*
2. *kulturell-normativ: sozial;*
3. *hierarchisch-institutionell.*

Und derlei gewappnet passieren unsere Helden den Schlagbaum des Imperiums des Alifanfaron.

2. Ich und mein Ich. Die individuelle oder punktuelle Dummheit

Dummheit: Ein Existenzial?

Dummheit ist die Ignoranz im Spielen – so hatten wir unsere Bemühungen auf den Punkt gebracht. Weiterhin wissen wir, nach Metzeleien, Weltkriegen, Genoziden, Mitmensch-Ausbeutung, Mitwelt-Zerstörung, nach denen das Versagen der Menschheit als Krone der Schöpfung kaum noch widerlegt werden kann: Der Traum unserer Klassiker, durch „Bildung“ die leidenden Menschen von der Geißel ihrer Dummheit zu erlösen, dürfte wohl ausgeträumt sein. Dass Dummheit in unserem Sinne genuin menschlich sei, hatten wir bereits festgestellt. Unsere Frage wäre nun, ob wir Dutzendmenschen zu schafsdumm sind, um den hehren Ansprüche der Aufklärer genügen zu können, oder ob wir schlicht nicht willens sind, von unserer Dummheit zu lassen. Der Mensch sei nur(!) dann ganz Mensch, wenn er spiele, meinte Schiller: Aber wenn genau dem nicht so wäre?

Wir können die Alternative auch abstrakter formulieren: Ist Dummheit, wie wir sie verstehen, ein intellektueller Mangel – oder ist sie eine psychologische Konstante des Menschseins? Unser vorläufiges Modell bestand in der Unterscheidung von Schafs- und Hundsdummheit. Mangelnde Intelligenz wird sich ihres Mangels eben wegen dieses Mangels kaum bewusst werden können und hat das Privileg, selbstzufrieden blökend in sich zu ruhen, solange sie nicht von außen gestört wird. Hundsdummheit dagegen befindet sich im Dauerzustand der Verteidigung des Status quo oder des Angriffs für das Gute – Hundsdummheit bedeutet latenten Krieg. Dabei hatten wir angemerkt, dass diese Alternative keine absolute sein kann. „Die" nur Schafs- oder Hundsdummen schlechthin gibt es nicht. Das Modell ist ein Modell, das dem strukturellen Verstehen helfen soll, aber noch keine adäquate Beschreibung von Wirklichkeit. In der Terminologie unserer Dummheits-Analytik: Es ist ein Spiel-Zeug.

Schafsdummheit nämlich wird kaum jemals in sich ruhen dürfen, weil sie sich ständig mit Spielen konfrontiert und überfordert sieht – der Mensch ist selten ganz Schaf. Als Reaktion bleiben Rückzug oder Angriff: Das fremde Spiel wird zur Bedrohung, Gegenspieler zu Feinden, Schafsdummheit zu Hundsdummheit. Entsprechend nährt sich der Spielunwille der Hundsdummheit auch aus der schieren Überforderung durch Spiele: Ihr Dünger ist die Schafsdummheit. Wir sehen also: Intellekt und Psyche sind nicht zu trennen. Das liest sich so banal, dass man es als Satz kaum stehen lassen mag. Wenn wir uns aber an die Brockhaus-Definition von Dummheit oder an die Auffassungen des so genannten gesunden Menschenverstandes erinnern, bemerken wir, dass wir uns um Einiges davon entfernt haben. Wir könnten der Alltagsauffassung geradewegs widersprechen, indem wir sagen:

Höhere Dummheit ist immer auch eine psychische Disposition.

Wir fügen hinzu: Dummheit kann sich auf oberstem intellektuellen Niveau ereignen. Unser Kronzeugen-Beispiel sei nochmals der Krieg, hier wieder im engeren Sinne verstanden, dessen Motivation technischen Erfindergeistes der Menschheit von jeher gewaltigen „Fortschritt" bescherte. Ohne den Fanatismus ihrer Krieger wäre die Menschheit technologisch kaum dort, wo sie ist.[26] Und da ferner, auch das sagten wir bereits, das Raisonnement über niedrige Intelligenzquotienten eher unerquicklich ist, sind es die individualpsychologischen Seiten der Dummheit, die uns des Weiteren beschäftigen werden.

Bevor wir fortfahren mit dem Problem der je individuellen Dummheit, sollten wir noch einige Atemzüge lang die Geduld aufbringen, uns zu vergegenwärtigen, wo wir stehen. Dummheit sei Struktur, die es zu begreifen gelte, so hatten wir gefunden. Nicht allein die Dummheit der einzelnen Menschen wollten wir messen, sondern im Gegenteil das Phänomen von eben diesen Einzelnen zu abstrahieren lernen. Andererseits glauben wir an die Kraft von Beispielen, die unser aller wechselseitiges Leiden an der Dummheit erst sinnlich und dringlich machen. Wir konstatieren zudem: Immer wieder lenken uns diese Beispiele, so sehr wir das Gegenteil beteuern mögen, zur Betrachtung des Individuums, des Ich. Und wenn wir uns wieder einmal daran erinnern, dass Dummheit, wie wir sie bis hierher zu verstehen gelernt haben, etwas genuin Humanes ist, und da wir ferner wissen, dass wir unsere abendländische Existenz vereinzelter Ichs zwar kritisch reflektieren, aber nie selbst aus ihr heraustreten können, bietet es sich an, das Ich-Problem frontal anzugehen. Auch deswegen werden wir den folgenden Teil unserer Unternehmung je meiner Dummheit widmen, in der Zuversicht, von diesem Basislager aus weiter ins Reich der Dummheit vordringen zu können. Denn ein wenig mit uns selbst zu spielen wollen wir uns gönnen, angesichts eines so ernsten Themas.

26 „… aber morgen sind wir schon einen Schritt weiter", wird der Kenner anmerken; wir aber, die wir objektive Wahrheit wollen, enthalten uns aller Wertungen, entsinnen uns allenfalls dankbar der Wirkung des Aspirins nach unvernünftigem Genussmittelkonsum.

„Dumm ist, wer selbstlos handelt“? Die Fiktion vom heiligen Zyniker

Um die Dummheit des Einzelnen geht es uns also an dieser Stelle. Und dieser Einzelne, das wird in einer ihrem Selbstverständnis nach aufgeklärten Zeit niemand mehr abzustreiten wagen, ist zugleich ein biologisch-soziales Wesen: das *zoon politikon*. Dieses Spannungsfeld wird uns hier herausforden. Wir könnten in unseren Begriffen sagen: Das Wesen Mensch spielt ein Lebens-Spiel, in dessen Regelsystem ihm Möglichkeiten gegeben sind – sonst wäre das kein Spiel –, unter denen es dann gemäß seinen Lebens-Interessen wählt – sonst wäre es ein schlechter Spieler und womöglich bald letal ausgeschieden aus dem Spiel. In einer knappen Hypothese zusammengefasst:

Wer gegen seine vitalen Interessen handelt, handelt dumm.

Und sofort kommt uns ein schöner Verdacht. Wenn sich die Dummheit so einfach fassen ließe, könnten wir uns viel Mühe ersparen. Das Gegenteil persönlicher Dummheit wäre die optimale Wahrnehmung der Eigeninteressen unter allen Umständen, kühl und nihilistisch, ohne Rücksicht auf irgendetwas und irgendjemanden, ohne Gut oder Böse, das sich allein spielende Ich. Wir hätten die Formel der subjektiven Undummheit schlechthin: Es wäre das, was der Volksmund gemeinhin „Zynismus“ nennt.

Ganz so schlicht jedoch, wie es jetzt dasteht, können wir die Sache nicht auf sich beruhen lassen. Wir sollten Subjekt und Objekt nochmals überdenken, bevor wir unsere These passieren lassen: Was ist „wer“, also zum Beispiel „ich“? Und was sind wessen „Interessen“?

Die erste Frage ist umfassend genug, um uns während unserer Odyssee durch das Dummheits-Meer immer aufs Neue zu begegnen. Deswegen werden wir sie kurz zurückstellen und vorerst nur daran erinnern, dass „ich" als *zoon politikon* ein Individuum, ein Einzelner, aber keine Monade jenseits meines Du und meiner Welt ist. Das klingt nach einer Selbst-verständlichkeit. Aber es wird immer wieder vergessen, und die Folgen der ausübenden Ignoranz dessen sind leider alles andere als trivial.

Widmen wir also uns zuerst der zweiten Frage, der nach den Interessen dieser Einzelnen. Beginnen wir so schlicht wie möglich. „Interesse" im elementarsten, also biologischen Sinne des Individuums kann zunächst nur heißen: Körperliche Unversehrtheit, vulgo „Gesundheit". Wer gesund ist, scheint also, im Sinne unserer These, weniger dumm zu sein als ein Kränkerer. Hier allerdings müssen wir fair mit unserer These verfahren und anmerken: Von „handeln" war die Rede, von bewusster Vermeidung also. Dumm wäre also, wer sich nicht warm genug an- und folglich einen Schnupfen zuzieht. Dem werden viele Eltern gerne beipflichten. Was können wir andererseits folgender Charakterisierung entgegensetzen? „Die Tiroler sind schön, heiter, ehrlich, brav und von unergründlicher Geistesbeschränktheit. Sie sind eine gesunde Menschenrasse, vielleicht weil sie zu dumm sind, um krank sein zu können."[27] Tatsächlich lehrt die Alltagserfahrung, dass genau jene Mitmenschen, deren banale Dummheit ihrer Mitwelt – uns – die größte Pein

[27] Heinrich Heine, *Reise von München nach Genua*, S. 281f, in: *Reisebilder*, Hamburg, 1966, einer bedauernswert verstümmelten Ausgabe, die indes Verf. zu einem ungewöhnlich günstigen Preis antiquarisch erwerben konnte. – Die Tiroler seien damit getröstet, dass die Heine-Leser unter ihnen sich Hoffnung auf eine Ausnahmestellung in seiner Tirolerkunde machen dürfen – mögen sie dennoch gesund bleiben! –, während die Übrigen nicht alles wissen müssen.

bereitet, von einer bisweilen provozierenden Vitalität gesegnet zu sein scheinen. Umgekehrt ist Krankheit in der Literatur längst zur Chiffre für Sublimierung, Geist, Künstlertum geworden. Geistige und körperliche Potenz bilden schlechthin zwei Pole, die sich abzustoßen scheinen. Der Pöbel kopuliert sich früh und gern: Das weiß, wer sich, weil sexuell weniger libertär, himmelhoch überlegen und kultiviert dünkt. Wiederum verweisen wir auf die ungleichen Freundinnen des ersten Kapitels. Was also sind „Interessen"? Und wer ist hier wirklich dumm?

Unsere Aufgabe wird also darin bestehen, zu prüfen, ob die Interesse-These mit unseren Dummheits-Definitionen überhaupt in Einklang zu bringen ist. Wir erinnern uns: Schafsdummheit ist die Ignoranz, Hundsdummheit die beschränkte Verabsolutierung von Spielen. Im Umkehrschluss hieße das: Undummheit wäre das allgegenwärtige Spielbewusstsein bei gleichzeitiger Beherrschung der Spiele. Aus je meiner spielenden Perspektive wäre deren oberstes Spiel mein Lebensspiel, ohne das die anderen Spiele für mich nicht existierten, weil es mich nicht gäbe. Im Sinne meines Spielens müsste mein Lebensspiel absoluten Vorrang haben. Solch konsequent und ausschließlich interessengeleitetes Lebensspiel nennen wir unter Vermeidung vorschneller Gut-Böse-Zuordnungen wertungsfrei „Zynismus". Absoluter Zynismus: Mein nihilistisches Großes Spiel mit Freund und Feind und Kunst und Welt. Aber wäre das wirklich das Komplementär zur Dummheit? Prüfen wir es gründlich und womöglich frei von Vorurteilen.

Verweilen wir noch einen Augenblick am Beispiel „des Pöbels"[28], neutraler gesagt: einer sozial benachteiligten Schicht, der man pauschal, wenn man ehrlich ist, Merkmale überdurch-

[28] Das Bildungsbürgertum ist viel zu wohlerzogen, um sich dieses arroganten Wortes selbst in Gedanken zu bedienen. Aber auch Heuchelei vor dem Spiegel ändert nichts an unseren uneingestandenen Vorurteilen.

schnittlicher Schafsdummheit nicht rundweg absprechen kann (man gewähre wieder einmal die Generalisierung, Gegenbeispiele gibt es natürlich zur Genüge). Wenn diese Schicht sich traditionell emsiger fortpflanzt als aufstiegsfixierte Akademiker, heißt das, dass sie ihre reproduktiven Interessen erfolgreicher verfolgt. In unserer Terminologie: Sie beherrscht das Fortpflanzungsspiel besser, ist also in diesem Segment weniger dumm als manches Professorenkind. Allerdings ist uns dabei unvermerkt die Personifizierung einer Gruppe unterlaufen.[29] Manches Unterschichtkind nämlich, das mangels Sexualaufklärung das Verhütungsspiel nicht beherrscht und 15-jährig Mutter wird, würde kaum vorschnell zustimmen können, dass das „in seinem Interesse" geschieht. Und ob die Reproduktion „im Interesse" einer sozialen Gruppe liegt, ob der Begriff hier überhaupt angemessen ist oder wir nicht vielmehr in eine sozialdarwinistische Sackgasse gerannt sind: Wir dürfen zweifeln. Andererseits mag es sein, dass das „arme" Kind, das ohne sonstige berufliche etc. Perspektiven ungewollt zur Mutter wurde, darin eine Erfüllung erlebt, die vielen „klügeren" Mitmenschen versagt bleibt. Lag es also doch im Interesse der Mutter, nicht zu verhüten? Und liegt es in ihrem Interesse, zugunsten ihres Kindes auf Malle und Molle zu verzichten? Wir sind nicht zu entscheiden befugt. Alles, was wir sagen dürfen, ist: Was „Interessen" an sich sind, ist so schillernd wie eine Seifenblase, und die Frage danach ist so produktiv wie der Versuch, Hühnerbrühe mit der Gabel zu löffeln.

Zur Verdeutlichung des Interessen-Problems noch zwei Beispiele, eines zum Individuum, eines zum Kollektiv:

---

[29] Auf dem morastigen Untergrund solcher Fehlschlüsse können ganze Bestseller entstehen. Bemerkenswert, dass es Deutschland noch immer nicht gelungen ist, sich abzuschaffen.

1. Den Terroristen, der Flugzeuge in Wolkenkratzer steuert, müssen wir sicherlich im höchsten, im maßlosen Maße hundsdumm nennen: Was gibt es Dümmeres, als sogar die Spiel-Möglichkeiten des eigenen Lebens dem Fanatismus für „das Gute" zu opfern? Welch dummer Altruist! Aber handelt er „gegen seine Interessen"? Gegen seine engsten biologischen sicherlich; aber wenn er das noch könnte, müsste er ehrlicherweise zugeben, dass er natürlich „Interessen" verfolgt. Er erwartet eine Belohnung im Jenseits, handelt also ganz kaufmännisch sein Leben ein gegen ein besseres im himmlischen Bordell, und ob sein göttlicher Geschäftspartner den Vertrag dann auch einhält, ist nicht unser Metier. Nebenbei gewinnt der Selbst-Massenmörder eine Identität namens Ruhm, die er im Leben vielleicht nie hätte haben dürfen, denn dort wäre sie als Eitelkeit wohl Sünde gewesen: Er wird zum Märtyrer, wird verehrt und als heiliges Vorbild gepriesen, und dass er das nicht mehr miterleben kann, ist notwendig jenseits seiner Imagination: Wer könnte das eigene Nicht-Sein denken? – Welch dummer Egoist!

2. Die Menschheit als Ganzes hat sich infolge unfassbarer technologischer Errungenschaften erfolgreich wie kaum eine Spezies vermehrt und bereichert. Dieser Erfolg trägt ihr die Probleme von Überbevölkerung, drohendem ökologischen Kollaps und gegenseitiger globaler Bedrohung durch Massenmordmöglichkeiten früher ungekannter Effizienz ein. Penicillin und Plutonium sind siamesische Zwillinge.

Wir präzisieren: Die Definition von „Interesse" scheint zu allererst eine Frage der Perspektive zu sein. Wir können weiter zuspitzen: Die Frage von Egoismus und Altruismus hebt sich im perspektivischen Fluchtpunkt auf. Einerseits handle „ich" im letzten Sinne unvermeidlich interessengeleitet und egoistisch wie der „gute" Gotteskrieger. Selbst für eine zutiefst altruistisch handelnde Mutter Theresa liegt es auch im eigenen Interesse, Gutes für die Mitmenschen zu tun, einfach weil es ihr – unterstellen wir – zugleich selber „gut tut".[30] Andererseits bin „ich" als Teil einer Gruppe, Nation, Spezies usw. und in meiner (unterstellten) Teilnahme als *zoon politikon* tunlichst Altruist, wenn ich Egoist nicht aus den sozialen Spielen ausgestoßen werden möchte. *Innerhalb eines begrenzten Spieles*, aus einer bestimmten Perspektive heraus kann ich meine Interessen definieren und verfolgen, aber nicht „im Ganzen": dazu müsste ich dieses Ganze definieren können. Bin das „ich"? Mein Leben? Ist es „die Menschheit"? Der Kosmos? Gott? Oder dass meine Spülmaschine funktioniert? Und, n. b., wenn es bei genauerem Hinsehen so wenig Sinn ergibt, in diese Leerstelle entsprechend unserer Ausgangsthese „das vitale Eigen-Interesse des monadischen Individuums" einzusetzen, dann bemerken wir aufs Neue: So sehr es uns hier um je meine Dummheit geht, so wenig dürfen wir der Versuchung des einseitigen Messens individueller Dummheit erliegen, mag diese uns noch so aufdringlich am und im Wege stehen.[31]

Wir wollen allerdings auch nicht voreilig sein und unsere so griffige These schon jetzt mit dem Bade auskippen. Wir sehen zwar, dass ein starrer, absoluter Interessen-Begriff in die

[30] Sie meinen, in dieser Bemerkung eine zynische Verhöhnung karitativer Leistungen zu erkennen? Nein, ganz im Gegenteil, wie sich zeigen wird.

[31] Die Verabsolutierung des Individuums hat bekanntlich eine lange abendländische Tradition. Zugespitzt wurde sie durch die vulgärdarwinistsche Lehre von der Auslese der Stärksten („Nur die Harten komm' in'n Garten"), wie sie z. B. von Millionenerben zwecks Legitimation ihrer sozialen Stellung gern vertreten wird; für's Kollektiv greifen analog hundsdumme Begriffe wie „Herrenrasse". Dass man sich dabei auf „die Natur" beruft, hat eine eigene Ironie: man stelle sich „Natur" vor ohne Gemeinschaften, ohne Symbiose, ohne Kooperation. Es lag wohl im Zeitgeist, dass der Widerspruch des Naturforschers Pjotr Kropotkin gegen die einseitige Vereinnahmung Darwins – *Gegenseitige Hilfe in der Tier- und Menschenwelt*, erschienen 1902 – seinerzeit wenig Resonanz fand (Grafenau, 2011).

Irre führt. Andererseits: Kann uns das verwundern, zumal Starrheit und Absolutheitsanspuch ohnehin alle Alarmsirenen wider die Dummheit schrillen lassen sollten? Immerhin können wir gelten lassen, dass wir in jedem Spiel Interessen verfolgen, und sei es, zum Beispiel im Kunst-Spiel „etwas Schönes" zustande zu bringen.[32] Der Dichter ist am Sprachspiel interessiert, Mann/Frau (oder wer immer) am Sexualspiel, Mensch am Kommunikationsspiel, und diese Spiel-Interessen können sich interpenetrieren und stören, *auch wenn das selbe Ich sie spielt*: denn Ich kann zum Beispiel Dichter, Frau, schwarz, Mensch, *zoon* und vieles mehr gleichzeitig sein. Womöglich führt uns dieser Weg weiter.

Wenden wir uns nochmals dem Zynismus als möglichem Gegenentwurf zur Dummheit zu. Gewöhnlich verbindet man damit etwas diffus eine kalkulierende Eiseskälte, die mit sophistischer Gewitztheit das rechtfertigt, was mir nützt, und die scherzend ihre Opfer hinter sich wirft; Dummheit und Zynismus seien Skylla und Charybdis, zwischen denen wir zu lavieren hätten. Jenes „was mir nützt" allerdings ist der Punkt, über den wir gestolpert waren: Wenn Interessen eine Frage der Perspektive sind, ist es der Zynismus womöglich auch.

Betrachten wir irgendeinen alltäglichen Fall. Fritz schließt ein Geschäft mit seinem besten Freund Franz ab und haut ihn nach Strich und Faden über's Ohr. Ein Zyniker, wer freundschaftliches Vertrauen derart missbraucht! Freund Ferdinand dagegen verhält sich korrekt. Warum? Weil ihm „etwas an Franz liegt". Abstrakt gesagt: Freundschaft ist das Vertrauen in die eigene soziale Bedeutung für jemand Anderen, der auch mir im sozialen Sinne etwas bedeutet, eine Konstellation also, die

[32] Dem geneigten Leser sei es vorbehalten, hier über eventuelle Widersprüche zu Kants „interesselosem Wohlgefallen" an der Kunst zu meditieren.

aus dem Interesse beider Beteiligten lebt. Eine zynische Definition? Vielleicht. Aber womöglich besteht unser Zynismus nur darin, das auszusprechen, was im Alltag tunlichst nicht in Worten reflektiert wird. Denn was ist gegen das unterschwellige Kalkül zu sagen? Von der Liebe jedenfalls werden wir taktvoll schweigen. (Eingedenk der Tatsache, dass kein anderes Feld der Stultitiologie auch nur annähernd so akribisch beackert wurde, können wir uns das auch erlauben.)

In unseren Spiel-Termini stellt sich die Anordnung so dar: Franz, Fritz, Ferdinand spielen, durchaus „mit Interesse", das Spiel „Freundschaft". Dann interpenetriert das Geschäfts-Spiel dessen Regeln, und die Franz-Fritz-Freundschaft zerbricht, während bei Ferdinand das Interesse an der Freundschaft offensichtlich stärker bleibt. Im Sinne der Freundschaft handelt Fritz zynisch, im Sinne seiner Geschäfte spielt er. Wir finden bestätigt, was wir geahnt hatten: Zynismus ist eine moralische Kategorie, deren Feststellung von der Perspektive abhängt. Zynisch handelt für mich, wer mein Spiel kalkuliert (zer)stört oder die Zerstörung wenigstens in Kauf nimmt. Ob er „im eigenen Interesse" dumm handelt, ist eine völlig andere Kategorie; der vereinsamte Fritz jedenfalls könnte seine Dummheit bereuen. Was wir daran wiederum sehen können, ist zunächst: Zynismus ist nicht notwendig der Antipode der Dummheit, zynisches Handeln kann durchaus dumm sein.

Nach wie vor aber sollten wir im Blick behalten, dass der vorschnelle moralische Vorwurf von „Zynismus" bereits von einigen Dummheits-Viren infiziert sein könnte, indem er die „gute", weil eigene Position absolut setzt. Und der Alltag lehrt, dass oft genug den Leuten, die den Zynismusknüppel am eiferndsten schwingen – gegen Worte gerne noch viel entschiedener als gegen Taten –, dass also jenen Anti-Zynikern als besonders moralischen Menschen nicht nur eine Moral zu Gebote steht. Sehen wir uns also vor. Fassen wir den Zynismus wertungsfreier, als wir es gewohnt sind. Wir können davon ausgehen, dass die pejorative Wertung durch ein zumindest mittelbares eigenes Betroffensein ausgelöst wird. „Zyniker!" Mit solchem Vorwurf sagt der Urteilende über sein Befinden so viel wie über den Täter, und dagegen ist überhaupt nichts einzuwenden. Wenn wir aber abstrahieren wollen, müssen wir anerkennen, dass jede vorsätzliche und interessengeleitete störende Interpenetration von Spielen als „zynisch" oder synonym „böse" empfunden werden könnte – weil der störende Zyniker, so verstanden, ein Spieler ist: wie der Gestörte auch. *Gewusste* interessengeleitete Spiele sind demnach potenziell immer „zynisch", eben weil sie nicht moralisch definierte, sondern „nihilistische" Spiele sind. Die Frage ist allein, ob sich jemand an ihnen stört. Andererseits hatten wir am Beispiel Fritzens gesehen, dass auch Zynismus dumme Folgen haben kann, indem Fritz mit der Freundschaft ein Spiel zerstört, das er womöglich gerne weiter gespielt hätte. Fritz hat erstens übersehen, dass sich seine eigenen Spiele (Freund, Geschäftsmann) interpenetrieren und stören. Zweitens hat er nicht bedacht, dass sein Zynismus von anderen als solcher – konkret: als wissentliche Bosheit, als Spielverderben, als A-Sozialität – wahr genommen und womöglich sanktioniert wird. Ergo, im Sinne des *zoon politikon*: Ein schlechter Meta-Spieler und als solcher dumm ist, wer die Spiele Anderer unnötig beeinträchtigt.

Das extreme Beispiel des KZ-Kommandanten und liebevollen Familienvaters drängt sich sofort auf, angenommen, er wäre nicht einfach nur hundsdumm fanatisch. Massenmörder aus Ehrgeiz im Karriere-Spiel: Gibt es ein besseres Beispiel für Zynismus? Aber wenn der liebende Gatte und Vater es doch auch für die Seinen getan hat? Denen er ein Häuschen mit Garten bieten wollte? Man könnte indes den Spieß umdrehen und fragen: Ist eine Karrierefixiertheit, die über Leichen geht, nicht unzweideutig dumm, indem sie alle Relationen verliert, indem sie wahllos andere Spiele – andere Leben! – vernichtet in schafsdumm roher Unfähigkeit zur Empathie? Anders gesagt, wird nicht der Täter selber zum Gefangenen eines mörderischen Spiels, das genau darum kein Spiel mehr ist, weil es ihn wie seine Opfer in hundsdummer Absolutheit verschlingt, die auch ihm selber keine Wahl mehr lässt, das Spiel zu ändern? Denn Mord ist nicht revidierbar, mit ihm endet jedes Spiel unwiderruflich. Er ist buchstäblich der Ernst-Fall.

Wir können festhalten: Wenn sich der Mensch Spielmöglichkeiten beraubt, indem er eines seiner Spiele absolut setzt, verhält er sich in unserem Sinne dumm. Eine bestimmte, brutale Spielart des Zynismus ist demnach der Dummheit eng verschwistert, und wir erinnern uns an J. E. Erdmann und die Rohheit als ausübende Form der Dummheit[33]. Die Zerstörung von Spielmöglichkeiten – im extremsten Fall heißt das: von Leben – ist strukturell so dumm wie Krieg, auch wenn der zynische Täter womöglich im kurzfristigen eigenen Interesse clever handelt. Das Handeln unseres Massenmörders müssen wir folglich im schlimmsten Sinne spielverderbend, also dumm nennen. Unser Problem besteht genau in diesem Widerspruch dummer Strukturen gegen das schlaue Verhalten des zynischen Einzelnen, der sie „in seinem Interesse" erzeugt. Aus welcher Perspektive der brutal Handelnde sich auch persönlich dumm verhält, stellen wir für noch einen Augenblick hintan.

Die Idee eines undummen, sublimen Zynismus wäre damit allerdings noch immer nicht widerlegt. Wir erinnern an die falsche Opposition von Ego- und Altruismus und schlagen den Bogen zum Ausgangspunkt. Interessengeleitet ist im weiteren Sinne jeder Mensch in jedem Moment. Bei einem Lebewesen

[33] Nochmals: Bei Musil, *Dummheit*, S. 24f.

kann das gar nicht anders sein. Aber bedeutet das notwendig, dass der interessengeleitete Spieler auch der dumme Verderber der Spiele der Anderen sein muss?

Um uns das Weiterspielen mit solchen Gedanken etwas zu erleichtern, ziehen wir nochmals Robert Axelrod zu Rate. Sein Titel – „Die Evolution der Kooperation" – sagt genau, was sein Projekt ist: der mathematisch-soziologische Nachweis, dass in einer Gemeinschaft Gleicher diejenigen, die wechselseitig kooperieren, langfristig im Vorteil sind. Den Ausgangspunkt seiner Überlegungen bildet das Modell des Gefangenendilemmas, das so knapp wie möglich referiert aussieht wie folgt (vgl. Axelrod, S. 7f):

Zwei Komplizen A und B werden getrennt verhört. Jeder hat zwei Möglichkeiten: er kann den Anderen decken oder ihn ans Messer liefern. Daraus ergeben sich vier Kombinationen:

1. Wenn beide dicht halten, kommen sie mangels Beweisen glimpflich davon.
2. Wenn sich beide gegenseitig verpfeifen, werden sie zu einer langen Haftstrafe verurteilt.
3. und 4. Wenn einer dicht hält, aber der Andere ihn verpfeift, wird der Kronzeuge freigelassen und belohnt, aber sein loyaler Komplize aufgehängt.

Das Perfide dieser Versuchsanordnung liegt darin, dass es zwar in der Summe für beide am besten wäre, sie würden sich gegenseitig decken. Wenn aber jeder seinen persönlichen Vorteil rational bedenkt, muss er zum Ergebnis kommen, dass er besser fährt, wenn er den Komplizen ans Messer liefert: a) mein Komplize packt aus – ich sollte es ebenso machen, wenn ich nicht aufgehängt werden will; b) mein Komplize hält dicht – dann kann ich auspacken und die Belohnung einstreichen.

Da, wie wir annehmen, beide interessengeleitet denken, werden sie also im Gefängnis verschimmeln. Zynisch im banalen Sinne wäre es, wenn A wüsste, dass er seinem Komplizen vertrauen kann und ihn gerade deshalb an den Galgen brächte. An dieser Stelle allerdings merken wir mit Axelrod an, dass die Versuchsanordnung in dem Punkt alltagsfern ist, als man als *zoon politikon* Teil eines Netzes bleibt, das immer auf Kooperation angewiesen ist. Axelrod weist denn auch nach, dass bei der vielfachen Wiederholung einer entsprechenden Versuchsanordnung langfristig die am meisten profitieren, die zunächst einander vertrauen und ihrerseits das Vertrauen des Anderen nicht missbrauchen. Für uns bedeutet das: Dummer Zynismus wäre, wegen kurzfristiger Vorteile sich langfristige Nachteile einzuhandeln, nämlich Vertrauen zu zerstören; er liegt nahe an der Schafsdummheit, nämlich am Unvermögen, das Kooperations-Spiel zu begreifen. Schlauer (keineswegs auch „undummer"!) Zynismus dagegen würde dann gegen den Anderen handeln, wenn er abwägen könnte, dass er selbst auch längerfristig keinen Nachteil daraus hat; hier lugt eine Hundsdummheit hervor, die das Ich verabsolutiert, indem sie dem Spiel der Interaktion mit dem Anderen – und dem Anderen als Anderem sowieso – keinen Wert zuerkennt: eine solche Einstellung ist, bisweilen im schlimmsten Sinne, „unästhetisch". Der Wirt, der die Laufkundschaft schäbig behandelt, die smarte Telefonwerberin, die bei Nichtinteresse die Verbindung wortlos unterbricht, die Orlandi Furiosi des Straßenverkehrs sind kleine Alltagsbeispiele dessen, und im Grunde fällt auch der karrierefixierte Massenmörder unter diese Kategorie. Dass allzu zu häufig der größte Lump obenauf bleibt, schmerzt natürlich. Aber immerhin können wir uns damit trösten, dass jemand, der in diesem Sinne umfassend „zynisch" denkt und handelt, im Umkehrschluss an seinen Mitmenschen keine ungetrübte Freude haben dürfte. Den „Klugen" unter ihnen muss er, absolut rational, wie er ist, genau das Gleiche zutrauen wie sich selbst. Im Umgang mit ihnen bleibt ihm als Modus nur die komplementäre Dosis Paranoia. Sie werden ihm klassisch hundsdumm zu Gegnern, er ist umstellt von Feinden, mit denen er im permanenten Krieg liegt, und seine zynische Freiheit hat sich selbst aufgehoben. Gegenüber allen Anderen, den Naiven, Vertrauensseligen, Kooperationswilligen hielte er sich für sehr klug und überlegen, sie wären unserem Kommandanten wie diversen heutigen Erfolgsmenschen nur dumme arglose potenzielle Opfer und Werkzeuge seines Agierens, egal, wie nahe sie ihm – z. B. Familie, Freunde – der sozialen Konvention nach stünden. Läge diese psychopathische, eisige Vereinsamung wirklich „in seinem Interesse"?

Gehen wir ein letztes Mal zurück zu unserer Ausgangsthese: Dumm sei, wer gegen seine Interessen handle; und wir hatten mit dem Begriff des Interesses gespielt. Abschließend wollen wir das Gedankenspiel erweitern und uns der Frage nach dem „wer" zuwenden: Wer ist der, der um seine Interessen spielt?

Nochmals stützen wir uns auf Axelrod und das Gefangenendilemma. Und wieder verwenden wir ein möglichst einfaches Beispiel: Wenn A ein Auto benutzt, hat er Vorteile vor B + n, die das nicht tun: Auto zu fahren liegt in seinem Interesse. Wenn aber jeder Mensch diese Möglichkeit hätte und nutzte, könnte das in die ökologische, ökonomische, kulturelle Krise führen. A fragt sich andererseits: Alle handeln so – warum soll gerade ich der Dumme sein und am Bahnsteig frieren? Wir sehen: A handelt in seinem Interesse, aber da die Welt von vielen B + x bevölkert ist, werden die Folgen für A bis B + n ungleich nachteiliger ausfallen als wenn alle A + x Verzicht leisten würden. Das Individualinteresse steht auch hier gegen sein vitales Interesse als *zoon politikon*. Die Beispiele lassen sich steigern vom Ins-Schwimmbecken-Pinkeln bis zum Schachern mit Nukleartechnologie.

Die kollektive Schafs- und individuelle Hundsdummheit liegt in diesem Falle darin, das absolute Eigeninteresse als Maßstab des Handelns wider das allgemeine Interesse zu nehmen. Die Mitwelt, die leidet, weil entsprechend dem Gefangenendilemma sich alle so rücksichtslos verhalten wie ich, bin am Ende auch ich selber. Die Anfangsthese ließe sich also retten, indem man „ich" und „Interesse" ins Grenzenlose erweitert und schließlich im eigenen Interesse die ganze Welt umarmt. Wir könnten eine Ethik des transzendierten Interesses entwerfen: Wenn jeder in seinem weitesten Interesse handelt, wenn also jeder das Interessen-Spiel im Sinne eines sublimsten, in letzter Konsequenz paradox „guten" Zynismus zu spielen im Stande ist, dann kann eine globale Moral nach Gott am Horizont erscheinen. Wir wagen zu träumen, ganz wie vorher unser trunkener Q: Es wäre die personifizierte Undummheit, das absolut freie Spielen und Spielenlassen aller, der Über-Mensch jenseits der Oppositionen von Gut und Böse und Ich und Welt – wir würden Engel des reinen Zynismus.[34]

Womit der dumme Ikarus abstürzt, der die Tollkühnheit besaß, sich allzu hoch über das Menschliche zu erheben und von mehr sprechen zu wollen als nur von der Dummheit. Wir Menschen sind die Wesen, die über ihre Dummheit definiert sind – gerade wegen unserer situativen Freiheit, undumm zu spielen. Aber personifizierte Undummheit ist so unvorstellbar, so un-menschlich wie der Mensch ohne die Unfreiheiten von Stoffwechsel und Kommunikation und Sexualität und Sterb-

[34] Erasmus von Rotterdam, *Das Lob der Torheit*, in: Walther (Hg.), *Lob der Dummheit*, S. 211: „Ihr seht also wohl, was einträte, wenn alle Menschen weise wären: ein neuer Lehm und eine neue prometheische Töpferhand wären dann bald nötig."

lichkeit. So genuin menschlich die Dummheit ist, so genuin dumm ist der Mensch als solcher, so dumm sind wir und bleiben wir. Zynische Engel werden wir nie sein. Unser irdischer, egozentrischer, alltäglicher Zynismus, wie intelligent er auch agieren mag, bleibt tief in die Netze der Dummheit verstrickt. Die Idee vom sublimen nihilistischen Zynismus als komplementären Gegensatz zur Dummheit können wir getrost ad acta legen. Wir werden uns andere Zugänge ins Reich der Dummheit bahnen müssen. Unsere Vision war hybrid. Aber schön.

Angst, zum Ersten.
Wie dumm macht Angst?

So wir also verurteilt sind, der Spur der Dummheit weiter treu zu folgen, stehen zunächst einige Fragen auf der Agenda, die uns dumme Primaten betreffen. Da die Dummheit etwas genuin Menschliches ist, dürfen wir im Sinne unseres Herrn Q zuspitzen: Der Mensch ist das Wesen, das frei ist, dumm zu sein – wenn wir nämlich, Idealisten, die wir sind, dem Menschen so etwas wie Entscheidungsfreiheit zubilligen. Warum aber entscheidet er sich so häufig für das Dumme? Warum verweigert er den Apfel der Aufklärung? Der Sündenfall war unvermeidlich. Aber ist es die Hölle, die wir den Anderen sind, auch?

Es steht zu befürchten. Aber meiden wir vorschnelle Antworten. Wir wollten „psychologisch" vorgehen. Da wir aber keine Therapeuten, sondern nur Küchenpsychologen sind und nach „dem Wesen, das dumm sein kann" fragen wollten, müssen wir nicht allein psycho-, sondern vorgängig ontologisch werden. Und wenn man ontologisch werden und die Befindlichkeit menschlichen Daseins befragen will, verschafft man sich sinnvollerweise Autorität, indem man sich auf eine solche stützt. Die Entscheidung kann nicht schwer fallen. Wallen wir denn zur obersten Instanz in daseinsontologischer Hinsicht: Auf nach Todtnauberg!

Dünstig dräuten teutschem Thann Novembers Nebelschwaden. Angetan mit dem Ornat, in welchem einzig dem Orakel zu nähern sich geziemet, als da sei Kniebundhose, Lodenjacke, Bergschuhe, Karohemd, Gamsbart-Sepplhut, Wanderrucksack, Knotenstock, entstiegen die beiden Dummheitssucher ihrem Kraftfahrzeug. Nicht einfach war es, zwischen Tourist-

Information und Kaffeefahrt den einsam freien Parkplatz zu erlangen – aber entschädigt nicht heilge Waldesweihe solche Strapazen um viele Male? Indem sie sich zunächst einer Senioren-Seilschaft des DAV anschlossen, die furchtlos die heikle Südwestflanke des Stübenwasen (1386 m) in Angriff nahm, gewannen sie zügig an Höhe. Dann aber mussten sie sich gen Westen wenden. Nunmehr gestellt auf sich, jenseits aller Weg-Weiser, welche den Wanderer ent-sorgend weisen ins Man der Ver-Stellung seiner Geworfenheit, erreichten sie, nach infolge einiger Irrwege halbstündigen strapaziösen Marsches und endlicher Kehre wiederum gen Sonnenaufgang, das Orakel. Eine kurze Brotzeit erschien ihnen nun mehr als angemessen, um dann, solcherart gestärkt, zur Tat zu schreiten.

„Sage, Orakel, was ist's, das uns Arme gefangen hält im Kerker unsrer Dummheit?", hatte Q in Sütterlin auf den Zettel gemalt, den er nun in den Seitenschlitz einführte, nachdem er einen Bergkristall (brasilianischer Provenienz, aber alles brauchte das Orakel nicht zu wissen) in den Brunnen geworfen hatte. Für lange Sekunden geschah nichts. Dann intonierte ein digitales Piepsen das Gralssuche-Motiv aus „Parsifal":

und auf dem Display erschien: „Gabe wurde fehlerhaft eingeführt. Dem Brunnenstern mittig einführen. Danke!" Q seufzte und opferte weisungsgerecht den nächsten Kristall. Wieder vernahm man allein das Rauschen der Föhren, aber dann entstieg ein grünlicher Dunst dem Brunnen, es piepste nun das Gralsglockenmotiv:

und auf dem Display erschien: „Ihre Eingabe wird bearbeitet. Bitte gedulden Sie sich einen Moment. Danke!" Und eher noch als verhofft tönte aus Brunnens Dunkel dünne Stimme weisen Greises, vor großer Tiefe monoton geworden:

> Die existenziale Selbigkeit des Erschließens mit dem Erschlossenen, so zwar, dass in diesem die Welt als Welt, das In-sein als vereinzeltes, reines, geworfenes Seinkönnen erschlossen ist, macht deutlich, dass mit dem Phänomen der Angst eine ausgezeichnete Befindlichkeit Thema der Interpretation geworden ist.

Nachdem das Orakel verstummt und auch das Display erloschen war, verharrten sie lange in Ehrfurcht, bis S schüchtern zugab, dass er, sei er ehrlich, wenig mehr wisse als vorher. Nun hatte ihn Q zu schelten ob seiner Unwissenheit, der sogar entgangen sei, dass jener Satz auf Seite 190 des frühen Hauptwerks des Meisters zu finden sei, jedenfalls, wenn man der Tübinger Ausgabe von 1993 folge, die, in siebzehnter, ein unveränderter Nachdruck der fünfzehnten Auflage sei. S zeigte sich angemessen beeindruckt ob solchen Weltwissens, beharrte aber dennoch mit der ihm eigenen Starrsinnigkeit darauf, dass Q ihm den tieferen Sinn der heiligen Worte entschlüsseln möge, welchen sein eigener kleiner Verstand aus eigener Kraft kaum zu fassen imstande sei. Wiederum hatte er einige Rügen über sich ergehen zu lassen, allein auf sein mannhaftes Beharren hin musste auch Q endlich eingestehen, dass selbst ihm zumindest der allerletzte Sinn nicht völlig erhellt sei, was bei einem Orakel ja wenig Wunder nehmen könne, weil das ja gleichsam in seinem Wesen liege, und nach längerem Disput einigten sie sich endlich darauf, dass das Orakel möglicherweise gemeint haben könne, dass das Phänomen der menschlichen Angst ein Schlüssel zu ihrem Problem sein müsste. So sehr sie aber grübelten, eine weitergehende Enträtselung wollte nicht gelingen. Schließlich fassten sie sich ein Herz und befragten, unter Wiederholung des oben dargelegten Procedere, das Orakel aufs Neue, wobei sie in aller Ehrfurcht um etwas klarere Worte baten. Eine kalte Böe fuhr durch die Föhren, und die Stimme sprach:

> § 40: Die Grundbefindlichkeit der Angst als eine ausgezeichnete Erschlossenheit des Daseins.

Q drückte die Taste *Quellennachweis*. „S. 184", murmelte er lesend. Und die Stimme fuhr fort:

> Das, worum die Angst sich ängstet, enthüllt sich als das, wovor sie sich ängstet: das In-der-Welt-sein. Die Selbigkeit des Wovor der Angst und ihres Worum erstreckt sich sogar auf das Sichängsten selbst. Denn dieses ist als Befindlichkeit eine Grundart des In-der-Welt-seins. (SuZ, S. 190)

S war nun der Ansicht, das Orakel künde davon, dass der Mensch nun mal Angst habe in der Welt, denn passieren könne ja so mancherlei, und manchmal habe er eben auch Angst davor, Angst zu haben, wie man sich ja auch vor Wespen fürchte, wenn sie noch gar nicht gestochen hätten und im übrigen ganz ungefährlich seien, wenn man nicht wild herumfuchtele und keine Angst habe, aber gerade weil man Angst habe, passiere mit den Wespen das, wovor man Angst habe, nämlich: sie stächen, und Hunde könnten Angst ja auch riechen und bissen dann, was ihn hinwiederum ängstige, und er hätte noch viel länger so fortfahren können, hätte ihn nicht Q zur Ordnung gerufen ob seiner Leichtfertig- und Respektlosigkeit angesichts der Tiefe des Orakels; aber wiederum fiel es ihnen nicht leicht, sich zu einigen, was es denn nun wirklich gemeint haben könne, auch wenn S sich ganz im Stillen dachte, dass er so falsch womöglich gar nicht liege, wobei er sich zugleich dieser Anmaßung schämte, denn Dummheit und Stolz wachsen auf einem

Holz, das hatte er früh gelernt. So befragten sie das Orakel um ein Neues. Der Wind wurde stärker, und fernster Donner ließ den Boden eher erbeben, als dass er schon zu hören gewesen wäre. Dann erfolgte die dritte Antwort des Orakels:

> Die Angst vereinzelt das Dasein auf sein eigenstes In-der-Welt-sein, das wesenhaft auf Möglichkeiten sich entwirft. (SuZ, S. 187)

Indes, sie mussten sich einbekennen, dass das Orakel die klärende Antwort noch immer schuldig geblieben sei. S schlug vor, das Orakel wolle sagen, dass der Mensch denkt und Gott lenkt und dass es immer anders kommt als man meint und man dann mitunter ziemlich dumm dasteht, und davor hat man Angst, obwohl doch Irren menschlich ist, aber Q verwies ihn solcher Albernheiten mit aller Schärfe. Nach langem Grübeln beschloss er, das Orakel um ein weiteres Mal zu Rate zu ziehen, auch wenn ihm allmählich etwas unwohl wurde. Der Donner grollte lauter, der Horizont flackerte elektrisch, blutige Wolkenfetzen rasten über den Abendhimmel, als das Orakel sprach:

> (...) wovor die Angst sich ängstet, ist das In-der-Welt-sein selbst. (SuZ, S. 187)

Nun vertrat S die Auffassung, das Orakel sei nichts weiter als eine Todtnauberger Touristenfalle, wenn es gegen teure Bergkristalle, die schließlich nicht auf Bäumen wüchsen, nur kurze Sätze zu sagen wüsste, die dazu wenig Neues böten. Darauf wurde Q sehr ärgerlich und verbat sich solche Respektlosigkeiten, zumal das Orakel zunehmend unduldsamer würde, wie an mannigfaltigen Zeichen zu erkennen sei; ein Tor sei ferner, wer da vermeine, Worte solch unergründlicher Tiefe mit seinem bloßen, zudem ungebildeten Alltagsverstande auf die

Schnelle zu verstehen, denn die Auslegung brauche Ge-Duld, Ein-Fühlung, ja, lebenslange Ein-Arbeitung, von höchster philologischer Bildung und wissenschaftlicher Akribie gar nicht erst zu reden, aber zu allererst die ernsteste tiefste Meditation über den Sinn vom Sein. Nachdem sie denn eine Weile meditiert hatten, schlug S vor, das Orakel, wolle sagen, dass die Angst des Menschen ihn selber betreffe und nicht bloß, ob er genug fürs Wochenende eingekauft habe. Als Q ihn wiederum zum Schweigen bringen wollte, wurde S nun seinerseits aufmüpfig und beharrte auf seiner Meinung, bis beide, nach wiederum ausführlichem Wortwechsel, nicht umhin kamen, das Orakel ein fünftes Mal zu bemühen. Mittlerweile war die Dämmerung hereingebrochen. Der Sturmwind orgelte, bläuliche Blitze erhellten die Szenerie, Pauken und Donnerblech hatten bereits *mf cresc.* vorgeschrieben.

> Physiologische Auslösung von Angst wird nur möglich, weil das Dasein im Grunde seines Seins sich ängstet. (SuZ, S. 190)

sprach das Orakel, und S, wiewohl er sich allmählich recht unwohl in seiner Haut fühlte, triumphierte und meinte, dass er doch recht gehabt hätte mit seiner Auslegung. Angst habe man nämlich vor etwas, aber sich ängsten (wie das Orakel gelinde pretiös es nenne) würde man sich so oder so und wovor auch immer, und wenn es nicht die Wespen seien, sei es die abgelaufene Vollkaskoversicherung oder der bevorstehende Besuch der Schwiegereltern. Q indes wollte so schnell nicht klein beigeben, und auf ein Neues entspann sich ein langer und umständlicher Disput, dessen Verästelungen dem verehrten Leser erspart bleiben dürfen und an dessen Ende lediglich der Entschluss stehen konnte, das Orakel um eine letzte Klärung zu bitten. Mittlerweile war es sehr spät geworden. Nachtschwärze und Blitzesgrelle wechselten Schlag auf Schlag, der Donner preschte gleich apokalyptischen Reiterheeren heran, wie Hohngelächter toste der Sturm durch die Wipfel, Zweige prasselten herab, und das Orakel hub an:

> Das Aufgeben im Man und bei der besorgten „Welt" offenbart so etwas wie eine Flucht des Daseins vor ihm selbst als eigentliches Selbst-sein-können. (SuZ, S. 184)

Nun musste selbst Q sich eingestehen, dass S eine richtige Fährte gewiesen haben möge, so ungeschlacht seine Auslegung sich auch darstelle. Der Mensch habe Angst, und diese Angst ertrage sich leichter, wenn sie auch die Angst der Anderen sei. Geteiltes Leid sei halbes Leid, ergänzte S, aber Q überhörte den unpassenden Einwurf geflissentlich und exegierte weiter, der Mensch flüchte sich aus seiner „eigentlichen" Angst in die Be-Sorgungen, die „man" zu be-denken habe, womit man sich allerdings sein „eigentliches Selbst-sein-können" ver-stelle. In jeder Faser ihres Seyns erfuhren sie sich nun von des Orakels Weisheit durchglüht, unnennbare Schauder durchrieselten ihre Glieder, der Rhythmus ihrer Herzen und ihres Odems war im Kreisen der Sphären All-Eines geworden – allein blieb ihnen noch die Große Frage allen Daseins ver-borgen, die nämlich, was es auf sich habe eben mit jenem *„eigentlichen* Selbst-sein-können", von dem des Propheten Stimme künde. Nicht lange zögerten sie diesmal, im Hochgefühl, höchster Erleuchtung teilhaftig zu werden, die letzte Frage an das Orakel zu richten, auf dass der Sinn des Eigentlichen des Daseins ihnen ent-borgen werden möge. Kaum war die siebente Frage gestellt, schlug die Glocke zwölf Male, die Elemente entfesselten sich, Blitze blendeten und Donner krachten ungeschieden und unaufhörlich, Fichten knickten wie Zahnstocher, der Himmel feuerte Salven kalter scharfer Graupelgeschosse, und das Display zirpte: „Ihr Kredit ist aufgebraucht."

Während die beiden Wahrheitssucher in panischer Angst den Hang hinuntertaumelten, von irrem Gelächter und Peitschenknallen verfolgt sich wähnend – Samiel, hilf!, flüsterte S –, bohrte sich die dürre Greisenstimme in ihr Ohr, schien fast von innen zu kommen, dringlicher als alles infernalische Getöse:

> Das Man läßt den Mut zur Angst vor dem Tode nicht aufkommen. Die Herrschaft der öffentlichen Ausgelegtheit des Man hat auch schon über die Befindlichkeit entschieden, aus der sich die Stellung zum Tode bestimmen soll. In der Angst vor dem Tode wird das Dasein vor es selbst gebracht als überantwortet der unüberholbaren Möglichkeit. Das Man besorgt die Umkehrung dieser Angst in eine Furcht vor einem ankommenden Ereignis. (SuZ, S. 254)

Aber waren sie nun wirklich weiter gekommen? Der Meister sagt mit dem ihm eigenen Hinter-Sinn vieles über die Angst „vor" dem Tode und das Man, aber über die Dummheit als solche schweigt er sich aus. Warum nur? Wir hegen einen schlichten Verdacht: Dummheit ist ein viel zu profaner Gegenstand, als dass Großdenker mit ihr den Faltenwurf ihrer Lehre besudeln wollten. Die Kärrnerarbeit, des Meisters Weisheit in die Niederungen zu zerren und in ein Werk-Zeug der Stulti-Ontologie zu transformieren, die obliegt uns. Wir, die uns kein daseinsontologischer Pegasus, sondern nur die essayistische Rosinante trägt, wir haben zu fragen: Was hat Angst mit Dummheit zu tun?

Angst macht dumm, sagt Volkes Stimme. Indes kann sie damit schwerlich meinen, dass es dumm sei, wenn ein schmächtiger Zweitklässler einem raufboldigen Fünftklässler aus dem Weg geht aus Angst, verhauen zu werden: das wäre nur vernünftig. Angst muss also nicht per se dumm sein. Der

Meister seinerseits lehrt, dass die „öffentliche Ausgelegtheit des Man“ den „Mut zur Angst vor dem Tode gar nicht erst aufkommen“ lasse: Die Angst, von der er spricht, ist nicht die „dumme“ Furcht, sondern die „eigentliche“ Angst. Und „eigentlich“ ist sie, weil in ihr – unmeisterlich gesprochen – der Mensch seiner todsicheren Sterblichkeit gegenüber steht. Tod ist das ultimative Ende des Lebens-Spiels und als solches nicht spielfeindlich dumm, sondern spielimmanent. Anders gesagt: Der Mensch ist das Wesen, das seinen Tod antizipieren kann, und wider die Zeugung – die den Meister jedenfalls theoretisch weniger interessierte – ist der Tod der absolute Antipode des Daseins: das Nichtsein seines Seins. Dass die Zeitung wieder nicht gekommen ist oder der Nachbar trotz Kehrwoche die Treppe nicht geputzt hat, sind „Sorgen“, die durch die vorweggenommene Faktizität des Todes relativiert werden.

Weiterhin – man sehe die fortgesetzte Rekapitulation von Gemeinplätzen nach – ist das eigene Nichtsein der Kontrolle entzogen. Als Möglichkeit ist der eigene Tod in jedem Moment gegenwärtig, und dass diese Möglichkeit wann auch immer unwiderruflich Wirklichkeit werden wird, ist das Eine, was mir gewiss ist. Eine einzige Möglichkeit der Todesbeherrschung gibt es immerhin, die nämlich, den ungewissen Zeitpunkt ins Jetzt vorzuverlagern und damit selbst zu bestimmen: Allein der Frei-Tod böte die Chance selbstbestimmten Sterbens. Das wenigstens kann etwas sehr Tröstliches haben, solange es Möglichkeit bleibt.

Der Tod, das eigene Nicht-Sein, ist also das gewisse Undenkbare des Daseins (wie der Meister die lebendigen Menschen zu nennen beliebte) – „mein“ Tod ist mir so sicher wie paradox, weil er zugleich bedeutet, dass es kein Ich mehr gibt, das „mein“ sagen könnte und zu dem „mein“ Totsein gehören würde. Existenzialistisch gesagt: „Ich“ werde mir *absurd,* wenn ich „meine“ gegebene Endlichkeit zu denken versuche. Diesem

„Credo quia absurdum sum" mich zu stellen: das könnte die Eigentlichkeit bedeuten, die der Meister imaginiert.

Das klingt stark. Das hat Pathos. Aber was bedeutet es genauer? Nachdem die Frage nach absoluter Wahrheit seit einigen Jahrhunderten zu Alteisen gerostet ist, wissen wir allein: Der Mensch ist, wie alles „geworfene" Lebende, darauf angewiesen, sich Konzepte zu schaffen, um sich „in *seiner* Welt" zurechtfinden zu können, und, mag er nun Lastwagenfahrer oder Ordinarius der Philosophie sein, diese Konzepte „stellt" er *sich* „vor". (In Diskussionen über das Wesen dieses Vor-Stellens zu verfallen überlassen wir der Kognitionsforschung und hoffen auf Ihre Phantasie.) Das alte Problem der Metaphysiker, ob die Welt „wirklich" so sei wie unsere Modelle, oder auch nur, in wie weit sich unsere Vorstellungen untereinander ähneln, mag uns dabei völlig gleichgültig lassen. Entscheidend ist ausschließlich, dass sie funktionieren, und vor allem, dass unsere Kommunikation darüber funktioniert. (Auf diesen Punkt werden wir im dritten Teil zurückkommen.) Allerdings erweist sich hier die Absurdität der Existenz als veritables Ärgernis. Etwas wie mein Totsein, das ich mir nicht vorstellen kann, weil es bedeutet, dass „ich" und mit mir „meine" Welt nicht mehr ist, aber dessen ich mir zugleich gewiss sein muss, kann, wenn ich es recht bedenke, meine Kreise doch erheblich stören.

Eingestehen muss ich mir schließlich, dass mir keine treffendere Allegorie des Seins zum Tode in den Sinn kommen mag als das banale Gelten einer Straßenbahnfahrkarte. Unabgestempelt ist deren Wert so präexistent wie das Sein ungeborener Engel, die darauf warten, gezeugt zu werden. Ins Dasein geworfen wird sie in der befleckenden Empfängnis des Stempelns, die ihr ihre Gültigkeit durch „Entwertung" verleiht – buchstäblich „verleiht", denn mit Ende der Fahrt erstirbt diese Gültigkeit unwiderruflich. (Falls buddhistisch, hätte unsere recycelte Fahrkarte immerhin die Chance, sich als Balkenblatt zu reinkarnieren.) „Hier gekaufte Fahrscheine sind bereits entwertet", sagt uns, zum Beispiel, ein Hinweis in den Mainzer Straßenbahnen. Wo sonst würde offen Entwertetes zum Verkauf angeboten? Gibt es Absurderes, Menschlicheres als die Nicht-Mehr-Latenz infolge Be- durch Ent-Wertung, das Entwertete-Nunmehr- und daher Nur-Noch-Wertsein zum Ende, kurz: den Ent-End-Wert meiner Fahrkarte? Letztlich bleibt sie also Geschmackssache, die Wahl zwischen der Stabreimästhetik des Todtnauberger Grünen Hügels oder der Antwort des Sir Peter Ustinov auf die Frage nach seiner künftigen Grabinschrift: „Do not step onto the grass."

Bereits das Wissen um meine Sterblichkeit steht also vor meinem „objektiven" Weltbild wie ein Paravent. „Ich" kann seiner Welt nur paradox begegnen, indem es sie denkt, als wäre es unsterblich – es kann gar nicht anders. Doch nichts ist ungeheurer als der Mensch, und so schafft er sich Rettung aus der Erfahrung heraus, dass man seinen Tod vorläufig vermeidet, und zwar ständig und immer mit Erfolg. Die gegenteilige Erfahrung wird er nie machen: Zu denken, „ich" könnte „mich" anders erleben, wäre eben zutiefst absurd, weil „ich" dann nicht mehr da wäre.[35] So wäre es kaum zu empfehlen, im Berufsverkehr auf der A 1 zu radeln. Auch kann man es beim Möbelkauf zumeist vermeiden, im elektrischen Stuhl Probe zu sitzen. Wir können die Möglichkeit unseres Todes also offenbar doch beeinflussen, indem wir Handlungen unterlassen; die Freitod-Option bestätigt das nur im Umkehrschluss. Wir erleben den Tod ausschließlich als das, was uns nicht zustößt, weil wir es „aktiv" meiden. Wir kontrollieren ihn also – so lange wir leben. Falls

---

[35] *There are worse things than to die:* also sprach ein kerniger US-Republikaner, zu dessen Lebenserfahrung wir ihm nur gratulieren können. (Zumal es um das Leben anderer Leute ging.)

uns diese Tautologie nicht alles Unbehagen zu nehmen vermag, können wir ihn zudem statistisch fixieren, als unsere noch verbliebene wahrscheinliche Lebenserwartung. Am Beispiel der Statistik zeigt sich die ganze Tücke der alltäglichen begrifflichen Domestizierung des Phänomens Tod: Spezifizierende Faktoren einmal beiseite gelassen, gehe ich immer von der Zeit aus, die mir noch zustehen müsste entsprechend der durchschnittlichen Lebenserwartung der Gleichaltrigen. Wenn ich älter geworden bin und nun mein wahrscheinlichstes Sterbealter erneut berechne, hat es sich erhöht, da ich ein Stück Wegs glücklich bewältigt habe, während Mancher bereits auf der Strecke geblieben ist, was in der Statistik zu meinen Gunsten ausschlägt. Allzu leicht übersehe ich allerdings, dass ich irgendwann selbst zu diesen Manchen gehören und „vorzeitig" abtreten werde, falls ich nicht der absolut älteste Mensch werden sollte. Mein Todeszeitpunkt wird irgendwann eintreten ungeachtet aller mir statistisch noch zustehenden Lebenszeit, und jede Reklamation gegen diese Ungerechtigkeit ist ausgeschlossen. Ich kann mir eines wirklich sicher sein: Ich werde früher sterben, als es mir die Statistik *in jenem Moment* weissagt. Eine schöne Paradoxie also: Die Statistik kann nur funktionieren, weil sie mir am Ende etwas Falsches über mich mitteilen muss. Trotzdem lesen Dreißig- wie Achtzigjährige in den ihrem Alter zugedachten Tabellen und erfreuen sich der weiteren Jahre, die ihnen verheißen werden. Sind sie dumm?

Jedenfalls schaffen sie es vorläufig, den Abgrund des Absurden zu überbrücken. Dass die statistische Brücke einstürzen wird, indem sie hinübergehen, muss sie aktuell nicht wirklich bekümmern, denn „zu früh" stirbt man immer nur für die Nachwelt. Der Statistik jedenfalls gelingt es, den Tod planbar scheinen zu lassen und zugleich immer weiter aufzuschieben gegen unendlich – der Pfeil des Achill wird die Schildkröte „nie" einholen. Und so wir uns endlich das Absurde des Todes kommensurabel gemacht haben, können wir auch die Planung des restlichen Lebens in Angriff nehmen, als da wäre Häuser bauen, Söhne[36] zeugen und Lebensversicherungen abschließen.

Das, was der Meßkircher Meister Angst nennt, ist also etwas, das die Absurdität meiner Existenz und nur sie allein betrifft. „Furcht" vor und „Sorge" um etwas projizieren diese Angst auf Objekte außer mir, und dank ihrer beherrsche ich meine Sterblichkeit: Das ist die „Flucht", die der Meister meint. „Außen" – das ist zugleich die Wirklichkeit, die Welt, über die ich kommunizieren kann, und, sicherheitshalber sei es wiederholt, meine Wirklichkeit mag eine Andere sein als die meiner Nachbarin, aber das Sprechen darüber ist es nicht. Wir verstehen uns, oder glauben das immerhin.

So teilen wir unsere Sorgen, teilen sie uns mit. Die Regierung ist schlecht, die Opposition noch schlechter, das Benzin ist schon wieder teurer geworden und der Friedhofsgärtner arbeitet liederlich. Da kann man etwas tun oder lassen. Wir fürchten uns am liebsten gemeinsam, vor Klima, Krieg und Kreuzspinnen, denn geteilte Furcht ist halbe Furcht. Der Euro fällt? Oh weh, die Teuerung! Der Euro steigt? Oh weh, der Export leidet! Man kann feststellen, dass Objekte der Furcht geradezu gruppenspezifisch variieren. Wir sehen im einen Stadtteil die Furcht vor Krieg in Regenbogenpaceflaggen zur Schau gestellt, während im anderen antikleptomanische Schutzwälle die Furcht vor Einbrechern anzeigen. Nebeneinander wird man beides selten sehen. Falls ausnahmsweise doch, folgern wir: Dort drüben könnte ein Außenseiter wohnen, ein unberechenbarer Nonkonformist; gehen wir ihm lieber aus dem Weg. Eltern chauffieren ihre Kinder im Familienpanzer, um sie vor dem Straßenver-

[36] Schon gut, natürlich auch Töchter.

kehr zu bewahren, Schüler fürchten die nächste Klassenarbeit, Politiker die Wahl, Fluggäste die Kofferbombe. Ob diese Sorgen jeweils berechtigt sind oder nicht – das ist nicht die unsere. An dieser Stelle allerdings interessiert noch etwas Anderes: Meine Sorgen und Ängste (nicht mit der „eigentlichen" Angst zu verwechseln und daher im Plural verwendet: was wäre der Plural von Furcht?) könnten weit weniger individuell sein, als ich zu glauben gelernt habe. Wie sich in einer Sprachgemeinschaft Begriffe, Funktiolekte, Soziolekte herausmendeln, so tun es auch Ängste, und selbst falls wir nicht so weit gehen mögen, sie als arbiträr, als gleichsam beliebig austauschbar einzuschätzen, sollten wir uns doch eingestehen: Wie berechtigt unsere Sorgen im Einzelfall sein mögen, sie unterliegen fast immer auch der Konvention. Unsere Ängste, unsere Sorgen sind zum Gutteil Produkt der sozialen Konditionierung, und Hexenjagd, Massenhysterie, Rassenhass sind nur Explosionen dieser Latenz.

Wir können die Probe aufs Gegenexempel machen: „Ein großer Junge hat doch keine Angst mehr vor Gewittern!", oder „Jetzt bist du schon elf und hast immer noch Angst allein zu Hause!" – das sind Tadel, die zeigen, dass bestimmte Ängste ungehörig sind, weil unangemessen für ein Kind einer bestimmten Alters*gruppe*. Die Furcht vor der Lehrerin, die merkt, dass Klein-Anna vergessen hat, das Frühlingsgedicht in Schönschrift abzuschreiben und mit Blümchenrand zu verzieren, obwohl das doch Hausaufgabe war, wäre dagegen legitim. Ob diese Furcht der Situation angemessen wäre, ist dabei nicht die Frage. Sie wäre *normal*. Wer wünschte sich nicht ein normales Kind? Und wer wäre gerne anormal? Für Erwachsene gilt Gleiches: Man hat seine Ängste erlernt. Frauen dürfen sich im dunklen Wald fürchten, Männer nicht. In Deutschland gilt als reaktionär, wer sich nicht vor Kernkraftwerken fürchtet, in Frankreich für überspannt, wer es tut. In manchen Weltgegenden führt Virenfurcht zu einem Massenverbrauch von Chemikalien, vor denen unsereiner sich noch mehr fürchtet als vor den Viren selber.

In unseren Ängsten und Sorgen projiziert sich also der Schwindel angesichts des Ich-Absurden auf *gehörige* Nicht-Ich-Objekte. Dass solches Fürchten oft genug rational begründet ist, steht dabei außer Frage. Worauf es uns aber ankommt, ist: Nicht so sehr vor unserem Tod, nicht allein vor unserem Leid, unserem Schmerz an sich haben wir Furcht, sondern vor allem vor ihren Ursachen oder was wir dafür zu halten gelernt haben.[37] Diese Ursachen gilt es in den Griff zu bekommen. Sie sind unser Über-Feind. Wir sorgen vor, wir planen, wir vermeiden, wir gehen an gegen, wir bekämpfen das Gegen, auf das unsere Angst stößt; und je größer die Angst wird, um so mehr Anlässe zum Fürchten finden wir. Die skurrile ängstliche Ritualfixiertheit mancher Senioren, denen der naive Jüngere aufgrund ihrer Todesnähe stoische Altersweisheit zugetraut hätte (die es ja durchaus gibt), mag als Beispiel dienen. Leiden Sie unter Arachnophobie? Wenn ja, wer sind Ihre Gegner? Finden Sie sie im Keller? Ihres Bewusstseins? Kann man Ihr Leiden wirklich mit dem Besen kurieren? Mit Spray?

Und die Erfahrung lehrt, dass unsere Furcht in antiproportionalem Verhältnis zur tatsächlichen Gefahr steht. auch über Alltagsunfälle gehen wir achselzuckend hinweg. Flugzeugabstürze fürchten wir schon eher: Sie sind immerhin Nachrichten. Wir fühlen uns im Auto sicherer als im Flugzeug. Wir ängstigen uns vor Blitzschlag mehr als vor betrunkenen Autofahrern. Eine exotische Import-Spinne im Balkenblatt erschreckt stärker als

[37] Dass die angenommene Ursache nicht die tatsächliche sein muss, versteht sich. Ebenso entscheidend ist, wie gesagt, die Konditionierung. Ein junger Hund, der geschlagen wird, während draußen die Glocken läuten, mag gegenüber Glockengeläute ähnliche Bestrafungsängste entwickeln wie noch mancher Post-Christ gegen sündige Regungen seiner Psyche wie Physis.

die vertraute Zecke im Garten. Der Fuchsbandwurm versetzt uns in Schrecken, an die Bedrohung durch Herz- und Kreislauferkrankungen haben wir uns gewöhnt. Die statistisch gesehen exotische Chance, einem Terroranschlag zum Opfer zu fallen, kann die Herde in Panik versetzen und die rechtsstaatlichen, humanitären Fundamente „gefestigter" Demokratien wie Treibsand sich anfühlen lassen. Und die Furcht vor Durchmischung und Durchrassung[38] ist wenig überraschend dort am virilsten, wo es am wenigsten Fremde gibt. Wir kommen kaum umhin, uns einzugestehen: Die Pontonbrücken, die wir Sisyphosse immer von neuem über den Strudel des Absurden zu spannen trachten, unsere Schützengräben, unsere Offensiven gegen „den Feind", der uns Furcht macht, sind aus dem Stoff, aus dem die Dummheit ist. In letzter Konsequenz steht ein Ruf wie Donnerhall: „Macht kaputt, was euch kaputt macht" – das ist der Treibstoff im hundsdummen Krieg gegen Nachbarn, Flüchtlingswellen, Banken, blutsaugende Insekten und Rivalen.

Was die Sache nicht besser macht: Oft genug schafft erst die Furcht genau die Bedrohung, die sie fürchtet: Dem autosuggestiven *circulus vitiosus* der *self fulfilling prophecy* entkommt man kaum, sobald er einen in seinen Bann geschlagen hat. „Ich habe es gleich gesagt", vernehmen wir dann in uns selbst. Der Seiltänzer, den die Angst vor der Tiefe schwindeln macht, wird abstürzen, der lampenfiebernde Musiker sich verspielen, der Prüfungspaniker versagen, furchtsame Eltern neurotische Kinder aufziehen, der Terror-Bekrieger Terror provozieren. Der perfekte Mord? Schenke einem Hypochonder den Pschyrembel.

Furcht macht also dumm? Furcht schlägt womöglich um in potenzielle Aggression, die „die ausübende Form der Dumm-

[38] Die Formulierung wäre sicherlich vorsichtiger gewählt worden, könnte sich Verf. hier nicht berufen auf einen Verdienstvollen, nämlich Dr. Stoiber, weiland Ministerpräsident des Bayernvolkes und Beinahe-Bundeskanzler.

heit" und deren Metapher der Krieg ist? Law and order provozieren unfehlbar neue Gewalt? Zu Recht wird der kritische Leser hier einzuwenden haben, dass sich beileibe nicht jede Sorge und jede Furcht in kopflosen Aggressionen äußern muss. Der Abschluss einer Hausratsversicherung, die Sorge um den Arbeitsplatz, das Unwohlsein angesichts Meiers Rottweilers oder halbstark agierender Staatsmachos kann kaum schon als „kriegerischer" Akt diskreditiert werden. Wir müssen also präziser sein und uns auf unsere Ausgangsposition besinnen, der zufolge der Antagonist der Dummheit das Spiel ist. Damit wird die Sache deutlicher. Aggression oder nicht – Furcht schränkt die Möglichkeiten des Spielens ein. Sie zwingt uns in ein monokausales Denken, das allein nach dem äußeren Anlass unserer Furcht fragt und das meine Angst zähmt, indem es die Welt in ein Gatter aus Vor-Sorgen einhegt und mir so ihre Absurdität, die „eigentlich" meine eigene ist, vom Leibe zu halten trachtet.

Angst, zum Zweiten:
Ja, mach nur einen Plan!

Wir haben einen Traum. Dieser Traum ist die Beherrschung unserer Welt bis hin zu einem Zustand, in dem wir furchtfrei leben könnten. Und „furchtfrei leben“: Wie wir gesehen haben, kann das nichts Anderes meinen als „den Tod abgeschafft haben“. Natürlich sind wir nicht so unvernünftig, an eine solche Unsterblichkeit rational zu glauben: Wir gestatten uns ja nur einen kleinen Traum. Aber eine perfekte Kontrolle unserer Welt könnte den Tod zumindest so lange wie möglich vermeiden und aufschieben, vielleicht sogar, wer kann das vorher wissen, gegen unendlich lange. Nun leben wir in einer arbeitsteiligen Welt. Das Forschen nach dem Alterungsgen überlassen wir getrost den Experten. Uns obliegt es, unsere Welt so zu gestalten, dass wir möglichst alle Risiken eliminieren. Dazu müssen wir sie kennen und beherrschen.

Setzen wir unseren Tagtraum noch ein wenig fort. Wir träumen uns unsere Welt so, dass unsere Existenz keinerlei Unwägbarkeiten birgt. Das bedeutet nicht weniger als: Wir wären allwissend. Wir wüssten, welche Aktien an Wert verlieren werden, ob es sinnvoll ist, den Regenschirm mitzunehmen, ob unsere Liebelei etwas fürs Leben ist, ob der Komet Vokuhila in sechsundzwanzig Jahren drei Monaten vier Tagen dreihundertsiebenundsiebzig Minuten fünfzehn komma dreiperiode Sekunden[39] die Erde wirklich treffen wird. Wir wüssten, welch finstre Komplotte unser Konkurrent braut, wie hoch unsere Rente ausfallen wird, wie sich unsere Blutzuckerwerte entwickeln werden. Wir wüssten alles, was uns etwas angeht. Prä-

[39] Im Moment der Niederschrift, lieber Leser! Subtrahieren Sie die seitdem vergangene Zeitspanne, falls Ihnen die präzise Information am Herzen liegt.

ventiv wären wir omnipotent. Nun kehren wir zurück ins wache Präsens, beseligt noch und zugleich enttäuscht ob der entgangenen Wunscherfüllung. Wir meditieren: Wie könnten wir unserem Traum wenigstens nahe kommen? Oder, besser gesagt, was steht dem zuallererst im Wege?

Die Antwort fällt leicht: Es ist die Unsitte der Welt, sich ständig zu verändern. Gestern waren wir zu warm angezogen, heute zu dünn, weil es plötzlich herbstelte. Kaum hatten wir uns an ein Betriebssystem so weit möglich gewöhnt, erschien die segensreich verbesserte Version, ohne die wir nicht sein konnten. Und die Altersvorsorge? Wir ersehnen uns eine Welt, in der uns derlei Zumutungen erspart blieben. Wir würden aufwachsen, lernen, was man eben zu lernen hat, erwachsen werden, Beruf, Familie haben, ein Haus bauen – und wenn wir nicht gestorben sind, so leben wir hin bis ans Ende der Zeiten. Unser Leben bestünde also aus zwei Abschnitten: Dem des Werdens und dem des Angekommen-Seins. Letzteres ist das, was wir anstreben in unserem Gedankenspiel (so fad, zugegebenerweise, die Verwirklichung wäre). Aber wie sollen wir es je erreichen, wenn immer alles anders kommt? Wir überlegen, was es ist, das unser Ruhebedürfnis immer neu durchkreuzt und uns ängstet, und schließlich nennen wir den Täter beim Namen: Es ist die fatale Zeit, die Chronokratie, die uns wie im Hamsterrad gefangen hält, uns zwingt, immer weiter zu laufen gegen den Absturz.

Von Neuem duseln wir ein über unserer Grübelei, gestatten uns einen weiteren Traum, einen, der erfolgreich verfilmt wurde: Die Zeit drehe sich im Kreis. Wir geraten in eine Endlosschleife, in der uns jeder Tag die selbe Ausgangskonstellation bietet, und, nach ein paar solchen selben Tagen alles schon vorher wissend, können wir alles in unserem Sinne planen und steuern. Aber wir schrecken auf, etwas verstört diesmal, denn gerade das gefiele uns nicht wirklich. Was aber wollen wir denn? Was ist es, das uns an unserer zweiten Utopie missfällt? Unnötig, die Antwort zu inszenieren, weil sie viel zu simpel ist: Es ist die Kurzfristigkeit. Wir machen Pläne für den nächsten Sommerurlaub oder unser Eigenheim, und diese Pläne strukturieren unsere Zeit im Voraus. Denn, paradox: Unsere Zeit nehmen wir zwar als Fließen wahr, aber als Faktum ist sie ein Zustand; der Fluss fließt, aber bleibt immer ein Fluss. Wir können uns nicht außerhalb der Zeit denken. Für uns *ist* Zeit jederzeit. Die Utopie des zeitlos Immergleichen widerspräche fundamental unserer Erfahrung von Zeit und brächte unsere Welt zum Einsturz, die sie doch hatte ordnen sollen. Der Traum ist in einen Albtraum umgeschlagen.

Wir finden uns also vor im Spannungsfeld zwischen unseren Plänen, die wir „mit der Zeit" verwirklichen wollen, und dem Wunsch nach jener „zeitlosen" Kontinuität, ohne die jede Planung zur Groteske geraten muss. Konditioniert, wie wir sind, sehen wir zwar ein, dass wir gezwungen sind, „mit der Zeit zu gehen", aber uns selbst in unserer Weltzeit schaffen wir für die Ewigkeit, so gut wir es eben vermögen. Wir geben der Welt eine Ordnung, eignen uns Begriffe, Werte, Wahrheiten an, rammen Pflöcke ein, deren Statik der Dynamik der Zeit zu widerstehen hat, kurz, wir verschanzen uns hinter den Mauern unseres Weltwissens. Meinen wir die feste Burg unseres Weltglaubens einmal vollendet, wähnen wir uns „mit beiden Beinen auf dem Boden" und erfreuen uns unserer selbst.

Leider ist aber, wie gesagt, aus der menschlichen Existenz nicht wegzudenken, dass „mit der Zeit" jederzeit Anfechtungen um jene Mauern gespült werden, die sie untergraben wie die unerbittlich einlaufende Flut eine Sandburg am Strand. Im einfacheren Fall sind es Störungen, die ich kennen und benennen kann. Sie können meine Existenz vom Banalsten – undichte Waschmaschine, verspäteter Intercity – bis zum wirklich Gravierenden – Unfall, ernste Krankheit, Altern – betreffen; der schlichte Fall muss also keineswegs harmlos sein. Immerhin aber bietet die Objektivierbarkeit, das unmittelbar benennbare „Gegen", selbst im allerschlimmsten Falle den Trost, es wenigstens durch den Begriff bannen zu können. Die Bedrohung bleibt, aber sie ist planbar. Ich kann sie in die Architektur meiner Lebensburg einbeziehen, und sei sie denn tödlich.

Es gibt aber auch den anderen Fall. Etwas Namenloses nagt. Ich spüre, dass die Fundamente meiner Existenz, meines Ich auf Treibsand gegründet sind, aber ich kann nicht begreifen, von woher die Verunsicherung kommt. Ich weiß, dass es „den Feind" geben muss, aber ich kann ihn nicht orten. Ich kenne ihn nicht, weil ich ihm zu nahe stehe. Es ist *mein* Teufel, mein Bodenloses, die Schwärze meiner halbwachen Nächte. Banaler Alltagskleinkram wächst ins Monströse, lastet dumpf auf mir, erdrückt und erstickt mich. Die Ratio hilft nicht, lindert nicht mehr; sie ist verblasst. „Angst" ist nur das hilflose Wort für die Empfindung, dass mich in Wahrheit nichts Wesentliches von der Mücke trennt, die in der letzten Novembersonne tanzt. Vom Fernsten dämmert mir, dass die Festungsmauern meiner Ich-Welt ephemere Dünste, wo nicht gar schaumweiche Lebenslügen sein könnten, und haltlos möchte ich den Ozean der Zeit peitschen, der sie gleichgültig-sanft hinweg zu spülen anhebt. Des hellen Morgens dann erstelle ich als Erstes eine Liste meiner Be-Sorgungen.

Im Interesse meines gesunden Schlafs hänge ich um so mehr an meinen Vorurteilen. Am sichersten dürfte man sich, wie gesagt, fühlen, wenn die Welt sich immer so verhielte, wie man es aufgrund seines Vorwissens vorhersagen könnte, selbstverständlich immer unter der Prämisse der eigenen Unsterblichkeit. Reine Langeweile wäre immerhin ein sanftes Ruhekissen. Jede Unsicherheit rüttelt an unseren seelischen Fundamenten, und mancher schätzt es um seiner Seelenruhe willen überhaupt nicht, immer besser zu wissen, dass er nichts weiß. Dass uns die Welt nie die Planbarkeit gewähren kann, die unseren „eigentlichen" Ansprüchen genügen würde, bedeutet uns eine unablässige Kette von Frustrationen. Und da der Mensch sich für Frustrationen nicht für geschaffen hält, empfindet er sie mindestens als ungehörig, meidet sie, wo er kann, bekämpft vermeintliche Störenfriede, und das um so mehr, falls ihm dämmert, dass sie nur die Überbringer der Botschaft seiner eigenen Beschränktheit sein könnten. „Perkins war mit seiner Familie in einem Vergnügungspark in Ohio unterwegs. Als ein Gewitter aufzog, suchte sich der 44-Jährige keinen Unterstand und wurde vom Blitz getroffen. [...] Perkins verklagte den Park mit dem Argument, die Betreiber hätten die Touristen warnen sollen: ‚Besucher sollten sich nicht während eines Unwetters im Freien aufhalten.' Das Urteil steht noch aus."[40] Was ist die Willkür eines Blitzschlags gegen die Allmacht der Justiz? Anzumerken wäre nur, dass nicht, was konsequent gewesen wäre, der Blitz selber verklagt wurde – oder wenigstens der Wetterbericht, der versäumte, darauf hinzuweisen, dass Blitzschläge mitunter mit Gefahren für Leib und Leben verbunden sein können. Allen Freizeitparkbetreibern jedenfalls können wir dringend raten, fürderhin Buchen anzupflanzen, um im Falle weiterer derartiger Inzidentien den Erfinder des Sprichwortes „Eichen sollst du weichen, Buchen sollst du suchen" gerichtlich zur Rechenschaft ziehen zu können.

So die Welt als solche sich derart spröde gibt, wird man sich selbst die Bestätigung verschaffen, ohne die man nicht sein kann. Eine Kneipenszene: Herr A erklärt Herrn B seine obskure

[40] *Spiegel online*, Februar 2004. – Lachen wir nicht zu laut über Perkins: Womöglich verhält er sich gar nicht so dumm, sondern hat im Gegenteil das Spiel „Recht für alle Fälle" hinreichend begriffen: „Das Urteil steht noch aus", und wir dürfen gespannt sein.

Sicht der Dinge. Dann rückt er ihm so nahe, dass Herr B die Bierwärme seines Atems spürt, und versichert sich dann mit insistierender Aggressivität: „So isses doch? Sach doch mal: *So isses doch*?!" Jedes Aber wird er als scharfe Beleidigung auffassen, um so mehr, wenn er ahnt, dass es begründet sein könnte. Das als schlichte Eitelkeit abzutun, wäre bei weitem zu banal: Wer sich Herrn A nähert, wird die im Alkohol konservierte Angst riechen können. – Frau Herta Pusserle, halbjung, halbschlank, brünett (Naturwelle), kath., verw., pflegt die samstägliche Kehrwoche so rituell wie den Kirchgang, und wenn man sie fragt, warum sie den ohnehin blitzblanken Bürgersteig so ingrimmig poliert, sagt sie letztgültig: „Des g'hört so." Der Zweck liegt zwar vorgeblich in der Sauberkeit, der Sinn aber im Ritual, im Erfolgserlebnis der gelingenden Wiederholung, im Wissen, wo oben ist und wo unten in unserer schlimm und schlimmeren Welt. Wenn man aber versuchen würde, Frau Pusserle das darzulegen, würde sie nur mit den Achseln zucken und emsig-unwirsch fortfahren oder, falls sie gegen alle Erfahrung verstünde, den Aufklärer verachten und hassen wie den Gottseibeiuns.[41] [42]

---

41 Falls es Ihnen lieber ist, Frau P.s Sauberkeitsbedürfnis mit dem psychoanalytischen Modell des Analcharakters zu erklären: nichts spricht dagegen. Die Schmutzneurose ist jedenfalls eine Angst, die übertragbar ist und durch diversen geistigen Dreck in Furcht vor etwas nahezu Beliebigem, jedenfalls „Unreinem" katalysiert werden kann; auch dazu im dritten Teil mehr. Inwieweit sie frühkindlich erworben ist, wäre eine ganz andere, ergänzende Frage, die sich mit derjenigen nach der Angst durchaus nicht ins Gehege kommen muss.

42 Es wäre übrigens ein grobes Missverständnis und eine ausgesprochene Dummheit unsererseits, die Des-g'hört-so-Dummheit allein nichtakademischen Kleinbürgern zu unterstellen und diese deswegen zu verachten. Erstens ist es denkbar, dass Frau Pusserle, einfach weil des so g'hört, ihre alzheimerkranke Mutter mit einer Hingabe pflegt, die niemandem schlecht anstünde. Überichliches „Des g'hört so" dürfte zweitens manchen Mord verhütet haben. Vergessen wir drittens nie, dass sich Eigenschaften wie Zi-

Überhaupt bringt nichts den Geist der Weltfixierung besser auf den Punkt als jenes südwestdeutsche Sätzchen. So mitteilbar und allgemein „meine" Sorgen und „meine" Furcht sind, auf dass ich mich meiner versichere, so sehr sind uns unsere Regeln das, was uns in unserer Welt verankert. Ihre konkrete Zweckmäßigkeit ist nur der Anlass der Regeln, nicht ihr Grund. Der ganze Konservatismus der Menschheit ist in jenen drei Wörtlein komprimiert: Des g'hört so. Der Eine Gott, der die Welt erschuf, ist der Große Tautologe: „Ich bin, der ich bin." Oder, nach dem Ersten Axiom des Karl Valentin: „Natürlich ist des aso, sonst wär's ja net aso." Die Welt ist, wie sie ist, und weil sie ist, wie sie ist, ist sie gut, wie sie ist. Wir leben in der besten aller möglichen Welten, nicht, weil Gottes Güte sie so gut wie möglich erschaffen hat, sondern weil uns andere Welten – Angst machen, selbst wenn jemand sie nur zu denken riskiert: „Jemand" ist „böse"; er verunsichert uns. Die Wirklichkeit dagegen ist potenziell gut und zumal besser als alle Möglichkeiten. „Böse" wird uns die Welt erst, indem sie sich ändert. Die „gute alte" Zeit: dahin – wir gedenken mit Rührung des übersichtlichen 20. Jahrhunderts ungeachtet seiner Weltkriege, Völkermorde, Hungerkatastrophen, nicht anders als man damals

vilcourage, Einsatz für die Gemeinschaft und Ähnliches gerade bei den Pusserles und den noch Kleineren dieser Welt findet. Bekanntlich waren es eher Prostituierte als Professoren, die im Dritten Reich wie selbstverständlich wildfremde Juden retteten, weil „es sich einfach so gehörte": Deren Schlichtheit war so unvergleichlich undümmer als z. B. manches Identitäts-Geschwurbel jener wie unserer Zeit, und mit dem bescheidenen Helden Rubinstein hätten sie sich bestens verstanden. Viertens schließlich gedeiht, wie wir noch sehen werden, die Des-g'hört-so-Dummheit bis hinauf in die obersten Sphären des geistigen Lebens durchaus auf üppigem Humus. Frau Pusserle stehe hier als harmloser Prototyp, der uns so manche trotz (oder wegen) der Tarnung durch virtuoseste Eloquenz nicht immer sympathische Erscheinung besser durchschauen lässt.

aus sicherer Entfernung dem Feudalismus nachwinkte und noch früher sich nach der holden Ritterzeit zurück sehnte. „Bleib beim Alten“ warb einst eine sich christlich nennende Volkspartei und meinte damit nicht bloß ihren obersten Funktionsträger.[43] „Weiter so, Deutschland“, plakatierte die selbe Partei einige Jahrzehnte später, ohne dass dieses „so“ hätte näher spezifiziert werden müssen, und wiederum eine knappe Generation später warb deren bewährte Chefin und Kanzlerin mit dem schlagenden Satz „Sie kennen mich“. Unnötig zu erwähnen, dass jene Partei in allen Fällen ihr segensreiches Wirken fortsetzen durfte.

Wir sehen jedenfalls: Als feindlich wird nicht die Weltwirrnis als solche empfunden, sondern was immer uns zwingt, sie wahrzunehmen, indem es uns aus der warmen Höhle zerrt. Und falls dieser Feind diffus und ungreifbar bleibt, schaffen wir uns Abhilfe und gehen auf Hexenjagd. Man sollte nicht darauf hoffen, dagegen mit aufklärerischen Argumenten angehen zu können. Schon durch den Anspruch, den Guten ihr Böses, ihre Hexe nehmen zu wollen, wäre man unversehens selbst der Böse, denn man verbaut den Ausweg der Projektion. Das be-

---

[43] „Was damals Recht war, kann heute kein Unrecht sein“: so versuchte Jahrzehnte nach Kriegsende ein Ministerpräsident (rein zufällig auch jener Partei angehörig) schlimmem Wandel des Zeitgeists tapfer Einhalt zu gebieten, nachdem man seine vormalige Tätigkeit als Marineankläger angesichts einiger von ihm noch in letzter Kriegsminute geforderter Todesurteile meinte hinterfragen zu müssen. Für sein kindlich reines Herz spricht n. b. auch, dass ihm jener Verfall völkischen Rechtsempfindens trotz seiner brillanten Karriere als Nachkriegs-Demokrat verborgen geblieben zu sein scheint. Wie wäre sonst seine Verbitterung darüber zu erklären, dass manche sein Wirken im Wechsel der Zeiten für schwierig vereinbar gehalten haben mit seiner späteren Tätigkeit? – Dazu Landmann, S. 501: „Definition: Was ist Chuzpe? Wenn einer Vater und Mutter erschlägt und dann im Schlusswort des Angeklagten im Mordprozess mildernde Umstände erbittet, weil er elternlose Waise ist. Das ist Chuzpe.“

droht und ängstigt um so mehr. Falls man nicht das Glück hätte, als weltfremder Narr stigmatisiert zu werden, der ignoriert oder verlacht gegen die Mühlenflügel der Dummheit anrennt, falls man also ernst genommen würde, hätte man die Scheiterhaufen dummen Strohs zu fürchten. Dummheit besteht auf Regeln – je zweckfreier, um so sturer. Für ihre Regeln geht sie bis zum Äußersten, bis zum Krieg. Sie bedingen ihre Existenz. Sie geben ihr ihre Identitäten. Sie sind ihr Gutes. „Regeln sind dazu da, beachtet zu werden", wissen die uniformen Tauto-Logiker aller Couleur. Dem Generalfeldmarschall im Reiche der Dummheit sind wir bereits begegnet. Es ist „der Ernst des Lebens", und seine Parole, von klein auf haben wir's gelernt, lautet: Des g'hört so.[44]

Der einsame Kampf des Aufklärers gegen die Mühlen der Dummheit ist also tragisch vergebens. Indes, Hilfe kommt ihm von anderer, von vielleicht unerwarteter Seite: von der Welt selbst. Auch wenn man es sich erspart, etwa bis zur Witztheorie

[44] Schützenhilfe finden wir wieder einmal bei Jean Paul, *Von der Dumheit*, in: Walther (Hg.), *Lob der Dummheit*, S. 39f: „Deswegen ficht [der Dumme] mit patriotischem Mut für die Überlieferungen seiner Voreltern, und sucht alle Waffen aus dem Rüsthause der Bosheit und Dumheit hervor, um den rüstigen Feind des Alten zu schlagen. Jede neue Entdeckung raubt ihm seine Gewisheit, seine Ruhe, seinen Stolz, zerstört das Gebäude seines Wissens und wafnet ihn mit Mut gegen ihren Urheber. Sein kleiner Geist nährt sich von Kleinigkeiten; er verliert daher bei ieder Neuerung. Du glaubst gewisse Spinweben der Vorzeit zerstören zu dürfen; allein weist du nicht dass es Tiere gibt, die sich blos von diesen Geweben nähren? – Sein Ideensystem beschränkt sich auf eine kleine Anzahl Begriffe, die tief in ihm haften, weil sie in seiner Jugend ihren Weg durch den Rükken namen; die er für heilig hält, weil sie die Reliquien von dem Geiste seines Vaters sind und einen Teil seiner Erbschaft ausmachen. Sein Kopf ist eingeschränkt, seine Einbildungskraft tod, sein Verstand klein; sein Herz ist eben so eingeschränkt, eben so tod, eben so klein."

Bergsons[45] sich zu versteigen, kann man ohne Weiteres sagen: Die Welt ist nicht „so". Jederzeit erlebt man, wie Regeln zu Komik pervertieren, wie aus Regelsystemen unwillkommene Sub-Spielkulturen hervorwuchern, wie Erwartungen verblüfft werden, wie die Ordnung sich ebenso tragikomisch gegen das Chaos stemmt wie unser Herr Q gegen die Dummheit anstürmt. Gleiches mit Gleichem: Die wirksamste, weil absichtslose Waffe wider die Bastionen der angstbeißenden Hundsdummheit ist die allgegenwärtige Schafsdummheit.[46] Die letzte und beste Pointe folgt aus dem Gesetz, dass jedes System mit der Zunahme seiner Faktoren in Potenz anfälliger wird: Je pedantischer ich plane, desto sicherer lacht mir das Chaos infolge schafsdummen Überfordertseins durch die Kunterbuntheit der planfreien Welt. „Ordnung ist das halbe Leben": Sisyphos gegen den Zweiten Grundsatz der Thermodynamik. Kurz, „es" kommt meistens anders. Nicht die Welt an sich ist absurd, sie wird uns absurd durch unsere Regeln, Begriffe, Systeme, aus deren wohlumzäuntem Safaripark sie immer von Neuem schicksalhaft ausbricht und uns so auf uns selbst zurück wirft. Das Absurde der Welt kann uns abgründige Angst bedeuten. Zugleich aber vermag allein auf seinem Humus ein Unkrautchaos an Witz, Spiel, Zauber zu erblühen, das den mehr als nur die Ordnung Liebenden ihre Welt überhaupt erst erträglich, erst schön macht.

---

[45] Sollte Sie dieser Verweis in der Tat interessieren, sei Ihnen dazu André Glucksman, *Die Macht der Dummheit*, Stuttgart, 1985 (La bêtise, Paris, 1985) ans Herz gelegt; Bedenkenswertes über Komik sowie das Seinige zu Bergson hat er auf S. 172-178 zu sagen.

[46] Nochmals wollen wir uns vor Mr. Laurel & Mr. Hardy verneigen, denen es gelang, aus dieser Formel dionysische Komik zu zaubern.

Glück, zum Ersten:
Ich und Mein Glück

Unser Dasein ist absurd. Es ist absurd schon wegen der Gewissheit seines künftigen Nichtseins. Es steht weiterhin im Zwang, sich der Dynamik der Zeit zu unterwerfen und ist zugleich darauf angewiesen, sich Kontinuitäten zu schaffen: Begriffe, Gesetzmäßigkeiten, Regeln – Weltbilder. Daraus entsteht eine Spannung, ein Widerspruch. Wie aber bewältigt man Widersprüche, die man nicht aushalten mag? Man klammert störende Faktoren aus. Uns verlangt nach einer festen Bezugsgröße, einem Kontinuum. Da aber das Sein in der Zeit diesem Anspruch nicht genügen mag, konstruieren wir uns die Sache anders. Wir steigen in ein Flugzeug, setzen uns auf unseren gepolsterten Sitz und erfreuen uns der Welt, die wie ein Film unter uns vorüberzieht, ohne uns weiter zu behelligen. Natürlich wissen wir abstrakt, dass in Wahrheit auch wir es sind, die sich bewegen. Indes, sinnlich wahrnehmen können wir das kaum. Unseren Sitzplatz im Inertialsystem des Daseins nennen wir „Ich". Die Zeit läuft, die Welt rotiert, aber wir selbst, wir bleiben uns gleich in unserer Wahrnehmung. „Ist *der* alt geworden", denken beide Freunde, wenn sie sich nach vielen Jahren wieder treffen, vom jeweils anderen.

Allerdings bedarf Ich, um als Kontinuum zu funktionieren, ständiger Revisionen, denn natürlich nagt die Zeit faktisch auch an unserer Existenz. Nach bestimmten Zeiträumen oder einschneidenden Ereignissen und Krisen häutet man sich gleichsam und legt sich eine erneuerte Identität zu. „*Du* kannst noch nicht bis zehn zählen. Dazu bist *du* noch zu klein", sagt die Fünfjährige zum Dreijährigen. Stolze Eltern sehen ihre Welt zum Befremden ihrer alten Freunde durch die Brutpflege-Brille.

Den beflissenen Privatdozenten, der zum Professor berufen wird, umgibt alsbald eine Aureole von Würde und Macht, und der Emeritus verströmt die Weisheit dessen, der alles schon bewiesen hat. Wie die Flugreise gliedert sich eine durchschnittliche Biografie in Zwischenlandungen, zwischen denen der etwas monotone, statisch bewegte Normalzustand des Reisens liegt. Selbstredend haben wir diese Identitäten auch gleichzeitig. Polizeiobermeister B. ist zugleich Liebhaber, Ex, Vater, Sohn, Skatbruder, Schnauzbartträger, Steuerhinterzieher, Übergewichtiger – und in alledem „ganz er selbst“: „Selbst“ ist eine Sammlung von Rollen, die nacheinander und auch simultan gespielt werden, und Meine Individualität ist ihre Kombination nebst der Art, wie Ich sie in den immerhin möglichen Nuancen ausfülle.

Das wäre an sich nicht weiter bemerkenswert. „Ich“ ist der Lotse im Tower, der Start und Landung verschiedener Linienmaschinen überwacht. Zugleich aber ist es, wie gesagt, Reisender, und hier lauert Konfusion. „Ich“ nämlich strebt einen Status an, in dem Identität, biologische Bedürfnisse, externe Bedingungen usw. in eine optimale Balance gebracht sind. Diesen fiktiven Zustand nennt es „Glück“, und sein Ideal ist es, das Glück, einmal erreicht, nie wieder zu verlieren. Dauerhaftes Glück nämlich ist nichts Anderes als das, was wir oben den Traum vom Angekommensein genannt hatten. Und es ist das Freisein von Angst: „Und wenn sie nicht gestorben sind…“ Hier aber stört die Zeitlichkeit der Existenz doch erheblich. Meine ehemals große Liebe geht mir zunehmend auf die Nerven und hält mich „vom Wesentlichen“ ab, mein Traumberuf erweist sich als Albtraum, und der Schädel schmerzt. Wenn der Leidensdruck irgendwann groß genug ist, beschließe ich, im Interesse meines Glückes die Situation zu ändern. Nun analysiere ich meine Lage. Ich stelle fest, dass ich zwei Optionen habe. Erstens: Die Wirklichkeit ist schuld. Ich beende die Beziehung, wechsle den Job, schlucke zwei Aspirin. Zweitens: Die Ursache liegt in meinem Ich. Ich konsultiere einen Therapeuten, kehre reumütig in den Schoß der Alleinseligmachenden zurück oder gebe mich vertrauensvoll in die Hände des Ganzheits-Gurus Krishna Moneta, so oder so in der Hoffnung, die mir zustehende Dosis Glücks erwerben zu können.

Was aber bekomme ich? Wir umreißen hier vorerst als Holzschnitt, was an anderer Stelle Thema werden wird: Der Therapeut, falls er Verantwortungsbewusstsein hat, wird mir klarmachen, dass nicht er der bezahlte Lastesel meiner Sorgen sein kann; er wird mich dazu bringen wollen, mir selbst zu helfen, und er wird mir Hilfe zur Selbsthilfe bieten. Das wäre der mühseligste Weg, und seine Ergebnisse sind offen. Im Gegensatz dazu verlagert die Kirche den Fluchtpunkt nach außen, synchron („Allgegenwärtiger Gott") wie diachron („Leben nach dem Tode"); das Funktionieren hängt tautologisch von meinem Glauben ab. Der Heilsbringer schließlich, falls seine Lehre keine monotheistische ist (vgl. oben „Kirche"), weist mir den einfachsten Weg. Er gibt mir Rituale, mit denen Ich Mich und Meine Ganzheitlichkeit erfahre und die wahre erlösende Wirklichkeit wahr-nehme, und er erleichtert mich im Gegenzug von der Bürde meiner diesseitigen Güter noch viel konsequenter, als es Therapeut und Kirche tun.

Diese Optionen indes funktionieren nur zeitlich bedingt. Auch wenn ich die äußeren Bedingungen vorerst in meinem Sinne habe verbessern können, wird irgendwann die nächste Revision fällig sein. So rastlos wie analphabetisch arbeite ich an meiner Autobiografie, ein Sisyphos, wissend, dass der Ich-Stein nur auf dem Berggipfel aufgehoben wäre, und verkennend, dass gerade die Arbeit am Berg mein eigenes Selbst ist. Und gerade bei den erfahrensten Selbstfindern scheinen tiefste Zweifel geduldig Schlange zu sitzen im Vorzimmer des Ich, gewiss, bald Einlass zu finden. Das irisierende Dauerlächeln mancher

Beglückter spricht eine deutliche Sprache. „Schaut doch nur hin, wie glücklich ich bin!!" schreit es aus tiefster, panischer Angst.

Glück, zum Zweiten.
Der Auto-Pilot

„Wir streben nach der Sicherheit des Glücks für die Ewigkeit. Da wir aber nur im Augenblick glücklich sein können, müssen wir immer von Neuem um jene labile Balance ringen, die wir als Glück empfinden. ‚Dauerhaftes Glück' bleibt ein Oxymoron, und die Hoffnung auf die Dauer des Ephemeren ist der sicherste Weg ins Unglück."

Putzige Sentenzen! Lebensweisheiten nach der Jahrtausendwende, so lange schon wissenschaftlich widerlegt. Aber – fast schon wieder rührend, wenn man liest, wie naiv sie damals gedacht haben." Der alte Professor lächelte mild. „So fatalistisch! Nun ja, sie konnten noch nicht anders. Sie mussten es eben aushalten, wie's kam. Gelebt haben möchte ich damals nicht."

Solche und andere Gedankenfragmente gingen Professor Dr. Dr. h. c. mult. Quietivius durch den Kopf, als er, entspannungshalber, in dem Buch blätterte, das er im Nachlass seines lange verstorbenen Großonkels entdeckt hatte. Ein Kauz war das gewesen; alleinstehend, ein belesener Sonderling, wunderlich wie die Bücher, die er gesammelt und gehortet hatte. Quietivius hatte ihn als Kind noch erlebt; der kinderlose Onkel hatte dem wissbegierigen Neffen seine Bibliothek hinterlassen – wenigstens gut gemeint, Bücher waren auch damals schon Relikte der schlechten alten Zeit gewesen-, aber Quietivius war nie dazu gekommen, auch nur annähernd alles zu sichten. So beschränkte er sich darauf, ab und zu, wahllos und auf gut Glück das eine oder andere Buch in die Hand zu nehmen, und oft genug fand er Interessantes, immer aber Dokumente einer versunkenen Welt.

Wieder lächelte Quietivius. Ein „existenzielles" Problem war den Alten die Vergänglichkeit des Glücks gewesen! Wenn sein Großonkel noch erlebt hätte, wie sein eigener Neffe, er, Quietivius, Nobelpreisträger der Medizin, Emeritus der international führenden Universität Tallinn, schon vor fast 50 Jahren das „Problem" prinzipiell gelöst hatte! Ja – als „Existenzial des Menschen" oder mit ähnlichem Schwulst hatten es die damaligen Existenzphilosophen beschrieben. Anstatt der Tatsache ins Auge zu sehen, dass der Mensch nun einmal ein defizitäres Wesen ist, das genau dann optimal glücklich wird, wenn seine Defizite gegen Null eliminiert werden. Das aber war mit den Mitteln der modernen Biophysiologie nur noch eine Herausforderung der Umsetzung gewesen. Über vier Jahrzehnte war es nun her, dass in seinem Institut die ersten Prototypen erstellt worden waren, fünf Jahre nur hatte es dann gedauert, bis ein internationales Firmenkonsortium sich der Sache angenommen hatte, und seit über einem Dritteljahrhundert wurden die Dinger serienmäßig hergestellt. Schon bald hatte die Implantation weniger als ein Fläschchen gehobenen Rotweins gekostet, und längst wurden sie routinemäßig bei der Geburt installiert.

So simpel war die Idee gewesen! Aber so sind geniale Lösungen wohl immer, dachte Quietivius nicht ohne Selbstgefälligkeit. Er hatte einfach nur das, was bei Fahrzeugen seit vielen Jahrzehnten perfektioniert worden war, auf den Menschen übertragen: Den Auto-Piloten. „Wenn ‚Glück' bedeutet, alle denkbaren dynamischen Faktoren des Lebens biologisch zu optimieren, da maximales Glück nur unter optimalen biologischen Bedingungen eintritt", so hatte er sich damals gedacht, „dann muss der Mensch als Erstes über diese Bedingungen Bescheid wissen und sie kontrollieren können. Und das lässt sich biophysiologisch lösen. Alles andere ist schale Metaphysik, das uralte Gerede von Willensfreiheit und so weiter." Die ersten Modelle des Autopiloten hatten einfach nur genaueste Daten über alle körperinternen Vorgänge gesammelt. Bald aber hatte Quietivius sie dahingehend verfeinert, dass sie sich nicht allein auf die Anzeige dieser Daten beschränkten, sondern Folgerungen zogen, nicht anders als der Autopilot, der dem Fahrer Empfehlungen über die Route gibt. Glücklicherweise nämlich war die Neuroinformatik inzwischen hinreichend avanciert, um auch die Vorgänge dessen, was man früher mangels besseren Wissens „Seele" oder später, etwas verschämter, „Psyche" genannt hatte, lückenlos physiologisch definieren zu können bis ins kleinste Molekül und die letzte Synapse. Psychische Krankheiten, Depressionen, neurologische Defekte und Ähnliches gehörten ein für alle Mal der Vergangenheit an.

Der Autopilot funktionierte als „innere Stimme". Auf diese Erfindung war Quietivius besonders stolz, denn sie ließ den störrischen Menschen ihre Fiktion, sie könnten entscheiden. Quietivius, Menschenkenner, der er war, wusste nämlich, wie sehr die Leute an ihren Vorurteilen hängen, und so konnte ihn der anfängliche Widerstand nicht überraschen. Die kleingeistigen Verteidiger eines längst überholten Freiheitsbegriffs hatten sich natürlich verzweifelt gewehrt gegen den alternativ projektierten stummen Autopiloten, der die Menschen von Geburt an durch stumme Datensignale, das heißt wahrnehmungsbefreit gesteuert hätte. Dank der Inneren Stimme behielten die Bedenkenträger ihre geliebte „Freiheit", ohne dass das für das Ergebnis irgendeine Rolle spielte. Im Gehirn wird durch feinste elektrische Impulse das Hörzentrum aktiviert, so dass der Betreffende vermeint, eine sanfte Stimme zu vernehmen, die selbstredend seinen biologisch ermittelten Sympathiewerten laufend angepasst wird. Im Regelfall sagte der Autopilot dann Dinge wie: „Infolge des abgesunkenen Blutzuckerspiegels ist die Zufuhr von 35 Gramm Schokolade der Marke XY empfehlenswert" (die Wahl der Marke entspräche selbstredend dem physiologisch messbaren momentanen Lieblingsgeschmack des

Betreffenden), oder: „Sie sollten innerhalb der nächsten 40 Minuten zu Bett gehen. Von weiterer Nahrungsaufnahme ist im Interesse Ihrer Schlaftiefe dringend abzuraten", oder: „Ihre Testosteronwerte lassen die Wahl eines geeigneten Sexualpartners innerhalb der nächsten 24 Stunden für indiziert erscheinen. Im Fall der Nichterfüllung ist Selbstbefriedigung anzuraten. Die damit verbundene Endorphinausschüttung liegt im Interesse Ihres Wohlbefindens." Dabei war der Autopilot so mit dem Neuronennetz des Gehirns verknüpft, dass er mitlernte: Was der Mensch sinnlich wahrnahm, speicherte der Autopilot unmittelbar ab und integrierte es in sein Informationssystem. Er „wusste" also alles, was der Mensch auch wusste.

Die Sache war sogar einfacher gewesen, als Quietivius anfangs befürchtet hatte. Bald schon war die zielgenaue Implantation des nicht einmal sandkorngroßen Chip eine ambulante Sache von wenigen Minuten gewesen, die im Prinzip jeder Ärztinhelfer ausführen konnte. Mit einer Art Druckpistole wurde der Autopilot zielgenau und praktisch schmerzfrei platziert, und im Falle einer Fehlfunktion war er leicht zu deaktivieren. Anfangs, noch in der Geheimhaltungsphase, hatte es allerdings kleinere Anlaufschwierigkeiten gegeben; so hatte der Autopilot einen erotisch gehemmten Probanden davon überzeugt, er müsse die Sonne meiden, weil er ein Schneemann sei. Offenbar war die Metapherntransformation noch nicht völlig ausgereift gewesen. Quietivius schmunzelte sacht, als er daran zurückdachte.

Ernstere Schwierigkeiten aber hatte eine Hürde bereitet, auf die sein Assistent Sagazias schon früh hingewiesen hatte: Der Autopilot könne nur die Belange des Einzelnen, nicht aber der Gemeinschaft berücksichtigen, woraus sich am Ende für alle Individuen Probleme ergeben könnten, weil der Mensch des Menschen Wolf würde. Quietivius hatte auf den Einwand zunächst recht unwillig reagiert, aber nachdem der Autopilot einen südeuropäischen Zeitungszaren zur erfolgreichen Diktatorenlaufbahn angeleitet hatte, weil dessen Ego der Stabilisierung bedurfte, konnten solche Komplikationen nicht mehr marginalisiert werden.

Hand in Hand mit dieser war bald noch eine weitere Kinderkrankheit offenbar geworden. Der Autopilot konnte in der Entwicklungsphase zwar dem Individuum über sich Auskunft geben, aber er konnte Unvorhergesehenes nicht einplanen. Die Gefahr von Unfällen blieb also virulent, zumal 95 % insbesondere der männlichen Verkehrsteilnehmer sich für überdurchschnittlich gute Fahrer hielten und entsprechend agierten. Hier aber hatte sich Quietivius inspirieren lassen von der Idee der weltweiten Datenvernetzung, die in der Jugend seines Großonkels die Entwicklung der neuen Menschheit eingeleitet hatte. Damit waren im Prinzip auch jene Probleme zu lösen. Via Satellit konnte man die nächste Generation von Autopiloten vernetzen, untereinander wie mit anderen Informationsquellen, so dass jeder Zufall ausgeschlossen werden konnte. Der Autopilot lernte weiterhin, relevante von irrelevanten Informationen zu unterscheiden, und konnte schließlich dem Individuum jederzeit melden, was im nächsten Augenblick zu tun sei: „Bitte beachten Sie den Haufen Hundekot in der schlecht beleuchteten Gasse links, in die Sie im Begriff sind, einzubiegen." – „Die Schokolade der Marke XY in dem Geschäft, das Sie sonst auf unser Anraten bevorzugen, wird infolge ähnlicher Dispositionen bei einigen Ihrer Mitbürger morgen ausverkauft sein. Bitte sorgen Sie schon heute vor." – „Heute um 18 Uhr 35 werden Sie den genetisch und erotisch hochwertigsten der Ihnen potenziell verfügbaren Sexualpartner im ‚Himmel auf Erden' antreffen. Er wird an Tisch 32 sitzen und ebenfalls mit Ihnen rechnen. Der infolge Ihrer psychischen Disposition wünschenswerten Mutterschaft steht medizinisch nichts im Wege. Herzlichen Glückwunsch!" Die Autopiloten konnten sagen, wie lang ein Waldlauf im Optimalfall sein solle und gaben sofort die entsprechende Route an. Sie konnten Katzenjammer verhüten: „Der Genuss von Schnitzel mit Pommes Frites wird mehr als aufgewogen werden von der späteren Reue wegen übermäßiger Kalorienzufuhr. Die Bilanz Ihrer Lebensqualität wird am höchsten sein, wenn Sie Tomatensalat bestellen." Sie lernten abzuwägen, ob es im Interesse der psychischen Ausgeglichenheit anzuraten sei, sich des Abends zu betrinken oder ob die gesundheitlich negativen Folgen in der Glücksbilanz schwerer zu gewichten und infolge dessen vom Rausch abzuraten sei. Sie konnten aber auch Karrierestrategien, soziale Kontakte (vulgo „Freundschaften": Quietivius lächelte leicht sentimental), Ehen, selbst spirituelle Bedürfnisse optimal steuern: „Eine buddhistische Meditationsübung (alternativ drei Vaterunser) vor Arbeitsbeginn ist anzuraten." – „Ihr Vorgesetzter leidet unter physiologischen Problemen seines Intimlebens. Von einem allzu vitalen Auftreten ist folglich dringend abzuraten." – „Der Autopilot Ihrer Partnerin wird ihr Ihren Seitensprung im Interesse ihrer psychischen Konstitution verschweigen. Sie haben also freie Hand."

Zugleich löste sich mit der Vernetzung der Autopiloten auch das Problem asozialer, krimineller, machtbesessener Mitglieder der Gesellschaft. Da ihre Autopiloten den Mitmenschen Anweisungen über ein angemessenes Verhalten wider den potenziellen Verbrecher gegeben hätten – „infolge eines drohenden Genozids, der auch Sie betreffen würde, ist Tyrannenmord indiziert" – bewahrte die Destruktiven ihr Autopilot vor sozialer Defektion. Das war für Quietivius die eigentliche Pointe seiner Konstruktion. Sagazias, der recht begabt, aber ein notorischer Bedenkenträger war – „Glück? Normalerweise fühle ich mich nicht ‚glücklich' oder ‚unglücklich', ich *bin* einfach nur, wer auch immer", hatte er allen Ernstes einmal geäußert – Sagazias hatte ja, wie gesagt, vor einer Gesellschaft von monadischen Hedonisten gewarnt. Aber genau das Gegenteil war eingetreten, hatte eintreten müssen: die perfekte Gesellschaft. Das eigene optimale Glück, das war nun empirisch bewiesen, konnte nur im Zusammenspiel mit anderen optimal glücklichen Individuen optimal verwirklicht werden. Damit war Glück zur heiligsten Pflicht geworden: der schönste Pflichtbegriff, den die Menschheit je gekannt hatte! Falls denn auch die Glückssumme eines Individuums dauerhaft unterhalb einem bestimmten Schwellenwert lag, aktivierte sich automatisch das Letalprogramm – zwecks Vermeidung unnötiger Leiden des Einzelnen wie auch im Interesse der gesamtgesellschaftlichen Glücksbilanz.

Schwierigkeiten hatten freilich noch eine Zeitlang jene Ewiggestrigen und irrationalen Technikfeinde bereitet, die lieber unglücklich sein wollten als sich „fremdbestimmen" zu lassen, und die zu borniert gewesen waren, einzusehen, dass der Autopilot erst die wahre Selbstverwirklichung, die objektiv garantierte Selbstfindung, die Überwindung des alten metaphysischen Gegensatzes von Individuum und Gesellschaft bedeutete. Gegen Dummheit kämpfen Götter selbst vergebens, dachte Quietivius, voller Ingrimm noch nach so vielen Jahren. Nach qualvollem Detailgepussel war dann endlich per internationalem Plebiszit beschlossen worden, im Interesse einer konfliktfreien Welt die Implantation des Autopiloten für jedermann verbindlich zu machen. Krieg und Terror waren seitdem nur noch leere Worte aus einer düsteren Vorzeit. Eine Zeitlang zwar hatte es noch Versprengte gegeben, Eigenbrötler, die entgegen ihren eigenen Interessen handelten und (vergeblich) versuchten, ihren Autopiloten zu deaktivieren oder seine Informationen missachteten, bisweilen auch Jugendsekten, die „den Kick" suchten und immer das Gegenteil dessen taten, was der Autopilot geraten hatte. Mit der Perfektionierung des Autopiloten indes war es wiederum möglich geworden, durch Auswertung physiologischer Vorgänge solche Aktionen präventiv einzubeziehen. Der Autopilot konnte die Reaktionen der Betreffenden soweit berücksichtigen, dass er nicht die Anweisungen gab, die auszuführen waren, sondern die, die jenseits der unmittelbaren Absicht zur optimalen Aktion führen würden. Wenn der Autopilot wusste, dass sein Träger statt des für sein Glück ratsamen Tomatensalates nun gerade Schnitzel bestellen würde, konnte er beispielsweise raten: „Nach Abwägung der Nachteile erhöhter Blutfettwerte und der Vorteile der Endorphinausschüttung beim Verzehr eines Schnitzels ist der Order eines Schnitzels mit Pommes Frites einem Tomatensalat vorzuziehen" – und der Betreffende würde aus Trotz den eigentlich anzuratenden Tomatensalat bestellen und zudem noch Lustgewinn aus dem Bewusstsein seiner scheinbaren Entscheidungsfreiheit ziehen. Mit dieser Verfeinerung konnte man überdies die letzten Widerständler elegant ausmanövrieren. Quietivius kannte eben seinen homo sapiens sapiens. Der Autopilot bedeutete die perfekte Steuerung des Menschen im Interesse seines optimalen Glücks, ohne ihm die Illusion seiner Freiheit zu nehmen. „Man muss die Menschen eben zu ihrem Glück zwingen", dachte sich Quietivius und schmunzelte wieder. Selbst Sagazias hatte ja zugeben müssen, dass mit dem Autopiloten jede Diskussion über starken oder schwachen Staat, Leviathan oder Liberalismus, Ich oder Wir überholt war: Das absolute Ich und das absolute Wir waren Eins geworden: Das Ich wich dem Wich! Quietivius glühte vor Stolz, als er sich wieder einmal vergegenwärtigte: Erst durch den Autopiloten war der Mensch wahrhaft Mensch geworden. Der Autopilot war perfekte Kontrolle und Freiheit in Einem. Die Menschheit musste nicht mehr hierarchisch beherrscht werden, um sie im Zaum zu halten. Sie beherrschte sich selbst, und das tat sie perfekt. Jeder war optimal glücklich. Das größte Glück der größten Zahl, die beste aller möglichen Welten, ein paradiesisches Säkulum dämmerte herauf. Die Menschheit war glücklich. Die Welt war glücklich! Erlöst!!

„Erlöst" – das war in der Tat das letzte Wort, das Quietivius denken konnte, bevor ihm sein Autopilot sanft „Leben Sie wohl" wünschte und sich deaktivierte, bevor er einen stechenden Schmerz in der linken Brusthälfte verspürte, der ihm den Atem verschlug, der ihn panisch um sich schlagen ließ, bevor sein Gesicht bläulich anlief, er aus seinem Sessel zu Boden sank, sich erbrach, sich einnässte, sich krümmte wie ein verletztes Insekt, bevor er das Bewusstsein verlor, noch einige Minuten röchelte, bevor seine Seele seinen Körper zurückließ und, wer weiß das schon, ins Glück des Nirwana einging. Die Tatsache seines unvermeidlich und unmittelbar bevorstehenden Todes hatte ihm sein Autopilot verschweigen müssen im Interesse seines in der Summe optimalen Lebensglücks.

Macht, zum Ersten: Ohnmacht. Vom Barte eines Propheten

Wie bedauerten sich Q und S, in einer Gegenwart leben zu müssen, in der der Autopilot noch Utopie war! Leben ist Sein zum Tode, dem Tod entrinnt man nicht, und Existenz ist als solche und an sich absurd, nun gut, aber der Wunsch wenigstens nach lebenslangem, sicherem Glück anstelle der Abgründe existenzieller Unwägbarkeit muss doch keine Gotteslästerung bedeuten; darin wenigstens waren sie sich vollkommen einig. Bald auch verständigten sie sich darauf, dass, solange der Autopilot noch nicht verwirklicht sei, es nur darum gehen könne, die Um-Stände der eigenen Existenz so weit als möglich unter Kontrolle zu bekommen: „Es kömmt darauf an, nicht Spielball zu sein, sondern Ballspieler", dozierte Q und war sehr stolz auf diese Einsicht. Und „Vertrauen ist gut, Kontrolle ist besser", zitierte er eine Mausoleumsmumie. Absurde Existenz hie und paradoxer Wille zum Glück da – das Beste sei, so viel *Macht* wie möglich anzuhäufen, dann könne man die höllische Ohnmacht der Welt gegenüber, die ja doch zum größten relevanten Teil die Anderen seien, wenigstens so weit wie menschenmöglich unter Kontrolle bekommen. Ich brauche zu Meinem Selbstfindungs-Glück Macht; und erst mit der Macht habe man neben Angst und Glück den dritten entscheidenden Eckpunkt seiner Existenz benannt, so Q. Macht könne man also nie genug haben, und dem konnte S nur beistimmen.

Aber da es, wie Q ebenfalls ausführte, immer gut ist, sich durch die Meinungen möglichst großer Autoritäten abzusichern, beschlossen unsere furchtlosen Forscher, zum Sitz der Musen zu ziehen, wo, so Q, jener weise Schnurrbart be-haust sei, der, was Machtfragen angehe, noch größer und autoritativer sei als der Schwarzwaldschnurrbart; er sei sozusagen die

Mutter aller Schnurrbärte. So lösten sie bei Pegasus-Time-Tours eine narrenermäßigte Zeit-Raum-Fahrkarte nach Weimar, gönnten sich vom Bahnhof aus eine Droschke und läuteten alsbald am Portal der Villa Silberblick.

Die Tür öffnete sich, ein Türhüter empfing sie förmlich, frug nach ihrem Begehr, und nachdem sie ihm solches in knappen Worten eröffnet und auch die Terminbestätigung des Sekretärs, Herrn Dr. Steiner, vorgewiesen, bat er sie in einen schlichten Warteraum und um einige Minuten Geduld. Nachdem derer ungefähr zwölf verflossen, öffnete sich eine Seitentür, ein hochgewachsener blonder Butler trat hervor und zelebrierte erhobenen Kinnes ein wohltönendes „Frau Dr. Foerster lässt bitten". Mit einer angemessenen Geste lud er sie in einen geschmackvoll ausstaffierten Salon, in dem die blondtoupierte Gnädige sie selbst empfing. Eine Herrin war sie, in jeder Nuance ihrer Existenz. Die maßgeschneiderte reine weiße Schwesternuniform trug sie als Robe, als Krone das Häubchen. Ihr Panzer aus Würde gebot noch dem zynischsten Chefarzt Kusch. Nachdem sie unseren Zeitreisenden die etwas fleischige Hand zum angedeuteten Kusse gereicht und der Freude über ihr Erscheinen Ausdruck verliehen, sodann im Timbre einer Altblockflöte einige Anmerkungen über heißes Wetter und schlimme Zeit hatte verlauten lassen, regte sie an, die so leidigen wie unvermeidlichen Formalitäten gleich zu erledigen; Q und S konnten dem nur beistimmen, indes Q dennoch sich zur diskreten Frage nach dem Wesen derselben genötigt sah. Ein Lakai hüstelte und reichte auf einem Silbertablett einen Zettel:

Tarif pro Stunde RM 5, Kriegsveteranen, Kinder und Witwen zahlen den halben Preis, Nichtarier das Doppelte. Ermäßigte Gruppenführungen nur nach Voranmeldung. Unautorisiertes Photographieren ist zu unterlassen. Es wird gebeten, von der Verabreichung von Nahrung abzusehen, sofern diese nicht beim Aufsichtspersonal erworben und die Krankenfütterung genehmigt wurde. Die Hausordnung ist einzuhalten. Souvenirs sind am Ausgang erhältlich.

Nachdem unsere Helden ihren Obolus entrichten durften, bat die Gnädige, ihr zu folgen; nicht ohne sie in einfühlsamen Worten auf eine mögliche Enttäuschung ihres Anliegens, etwas über das Wesen von Macht zu erfahren, vorbereitet zu haben, segelte sie sodann die Treppe hinauf in einen Salon, und endlich standen sie vor dem Schnurrbart. Sie erstarrten in Ehrfurcht: Es war *der* Schnurrbart, *Er* – nicht irgendeiner, nicht der eines Feld-, Wald-, Wiesen-Monarchen oder -Diktators, sondern der, dem alle diese, wissend oder nicht, nacheiferten, dem sie dies und das zusammenhanglos und unverstehend nachplapperten und den sie alle doch immer nur wie dumme Grusel-Zerrspiegel nachäffen konnten. Weniger die schiere Größe dieses Schnurrbartes war eindrucksvoll – es war vor allem dessen Selbst, seine Identität, seine Persönlichkeit, ähnlich Gogols „Nase", die, einmal befreit von ihrem Träger, diesen auf der Karriereleiter weit unter sich lässt. Das Etwas, das sich hinter der Maske des Schnurrbarts verbarg, war weich und elend.

Halb saß, halb lag der Schnurrbart in einem mit Kissen aufgepolsterten Liegesessel und starrte glasig ins Nirgendwo; auf einem Sofa an einem gedrechselten Teetischchen langweilten sich zwei Pfleger, und der Sekretär stenografierte akribisch jedes Wort mit, das gesprochen wurde. Auch als unsere Forscher befangen grüßten und vorsichtig in Richtung seines Blickfeldes traten, schien der Schnurrbart sie in keiner Weise wahrzunehmen.

„Haben Sie keine Scheu!", flötete die Hausherrin. „Er freut sich immer über würdigen Besuch. Er zeigt es nur nicht gerne. Er hat nie zu viel von sich preisgeben wollen."

„Aber bekommt er überhaupt noch etwas mit?" erkundigte sich S vorsichtig-vorwitzig.

Ihr Blick umflorte sich. „Wer wüsste wohl, in welchen Welten er weilte? Aber ich bin sicher, er schaut Dinge, die nie ein Mensch geschaut hat. Dafür muss er nun büßen. Wie der Erlöser zu Golgatha…" Sie unterstrich ihre Worte durch rituelles Kopfnicken, bevor sie fortfuhr: „Er musste an seiner Stärke zerbrechen. Er war zu stark für die Schwachheit dieser Welt, und…" – „Ekel! Ekel!!", gurgelte es plötzlich aus dem Patienten; er bäumte sich auf und schien Anstalten zu machen, auf die Gnädige loszustürzen. Mit kundigem Griff drückten ihn die Pfleger in seine Kissen zurück. Nach wenigen Sekunden war der Anfall vorüber, und er glotzte ins Nichts wie zuvor. Mit einer Geste zweier Fingerspitzen bedeutete die Dame den Pflegern, sich wieder zu setzen. „Dr. Steiner, streichen Sie das", wies sie den Schreiber an. „Er kennt niemanden mehr", erläuterte sie dann und tupfte sich den rechten Augenwinkel. „Es ist alles sehr, sehr traurig."

„Nicht einmal Sie?", fragte Q voller Teilnahme. „Nicht einmal mich", nickte sie. „Sie haben es soeben gesehen. An helleren, sonnigen Tagen ist sein Zustand etwas ruhiger, aber an einem schwülen trüben Tag wie heute… Er ist schon den ganzen Morgen nicht mehr er selbst… So sanftmütig war er früher…" Ihr Kinn duplizierte sich pietahaft. Einfühlsam sagte ihr Q einige Artigkeiten über ihr schweres Los, das sie klaglos auf sich nehme, was zu vernehmen sie nicht unzufrieden schien, auch wenn ihr ihre Bescheidenheit Schweigen gebot. „Vor allem sein Werk zu verwalten gilt es", ergänzte sie schließlich. „Niemand sonst ist ihm so nahe gestanden, dass man ihm diese Verantwortung anvertrauen könnte. So hatte ich es auf mich zu nehmen. Und sein Werk ist so gefährlich! An mir allein ist es, die Entscheidung tragen zu müssen, was man der Menschheit überhaupt zumuten kann und wovor man sie schützen muss, bis sie einmal, eines fernen Tages, gereift sein wird… Er war zu groß für diese armen Menschen. Seine erhabene Einsamkeit wurde immer schrecklicher, und daran musste er am Ende zu Grunde gehen. Wenn das Wort ‚tragisch' je für einen Sterblichen zutreffend gewesen ist, dann ist das er."

„Aber er war doch schon immer von schwacher Gesundheit?", warf S ein, welche Taktlosigkeit er unter zwei missbilligenden Augenpaaren sogleich bedauerte.

„Er hat schrecklich gelitten. Schrecklich!", erklärte die Gnädige dann, „aber im tiefsten Inneren war er durch und durch gesund. Stark! Solch ein Geist kann nur aus innerster Gesundheit erwachsen!"

„Zu dumm, um krank zu sein. Zu dumm, um krank zu sein. Zu dumm…", begann der Schnurrbart lallend zu singen, und die Wärter strafften sich, aber die Rechte der Herrin gebot vorerst Gewährenlassen. „Jetzt erinnert er sich an früher. Das ist irgendein Zitat. Er hat es wohl ganz zuletzt noch gelesen, und jetzt kommt es ihm per Zufall wieder in den Kopf." Der leiernde Singsang hatte sich nun bis ins Mezzoforte gesteigert und begann das Gespräch zu überlagern, bis ihm ein scharfer Blick der Herrin Einhalt gebot.

„Befehlen können. Macht! Der Wille zur Macht ist es, der einzig den Kosmos antreibt. Überall fand er den Willen zur Macht hinter den Dingen. Er wollte immer das Starke. Das Ja-Sagende! Aber auch die Einsamkeit des Starken hat er erfahren müssen wie kein Anderer. Seine *absolute* Stärke, seine Gesundheit, das ist das, was ihn am Ende zerstören musste. Sie verstehen mich doch?"

„Durchaus", sagte S. „Sie meinen, seine Stärke war im Grunde seine Schwäche?"

Q schüttelte missbilligend den Kopf: „Seine Stärke war zu stark für die Welt. Darum haben ihn die Schwachen zurückgewiesen und am Ende zerstört", präzisierte er.

Die Oberin pflichtete bei: „Er hat es mir selbst gesagt: Man müsse die Menschheit vor ihm bewahren. Er musste seine Weg ganz allein gehen, sein Kreuz ganz allein tragen." Sie straffte sich. „Und hier ist nun sein Golgatha. Aber dereinst wird sein Geist wiederkehren: ‚Tot vor Unsterblichkeit' – das hat er selbst gesehen."

„Aber", beharrte S, starrsinnig wie je, „könnte es nicht auch anders herum sein? Dass sein Denken erst so wurde, weil er einsam und krank war? Nein, Verzeihung", korrigierte er sich schnell, „ich wollte vielmehr sagen, dass vielleicht Körper und Geist nicht zu trennen sind, also auch sein Denken und sein ganzes Leben? Ich meine, dass die absolute Stärke zugleich Schwäche und die absolute Gesundheit Krankheit und die Allmacht Ohnmacht ist – ich weiß nicht recht, wie ich das jetzt angemessen sagen soll, verzeihen Sie mir…" – „Schweigen ist Gold", murmelte Q, aber die Führerin zeigte sich nachsichtig. „Aus der Sicht der Schwachen mag das wohl so scheinen, und wir leben ja in einem Zeitalter der Schwäche. Der Dekadenz, Gott sei's geklagt. Aber wenn dereinst ein Tatmensch käme, der dem Verfall wehrte! Ein Mächtiger, ein – Wolf, der das Gegenteil bewiese durch sein einsames, unwiederholbares Sein! Nicht allein groß, sondern absolut. So wie sein Geist gewesen ist. Einer, der durch seine schiere Existenz beweist, dass die Große Gesundheit kein Wahn ist! Selbst er" – sie wies auf den Kranken und wählte nun den Ton todgeweihter Wagner-Miminnen – „selbst er ist daran zerbrochen. Selbst er war am Ende zu schwach, um Atlas zu sein." Für einen Augenblick hätte man glauben können, ein Zucken von Verachtung um ihre Mundwinkel zu ahnen. Sie straffte sich, einem gereizten Lama gleich, das Spucke sammelt. Ihr R grollte, und ihre vibrierende Stimme steigerte sich mehr und mehr in ein dunkles Staccato: „Allein sein Geist! Bis zuletzt war er seiner mächtig. Und dieser Geist wird weiterleben. Wiederkehren! Vollenden. Wie sehr auch der Leib leiden musste, in dem er eingekerkert war: Denn wenn die Wahrheit mit der Lüge von Jahrtausenden in Kampf tritt, werden wir Erschütterungen haben, einen Krampf von Erdbeben, eine Versetzung von Berg und Tal, wie dergleichen nie geträumt worden ist. Der Begriff der Politik ist dann gänzlich in einem Geisterkrieg aufgegangen, alle Machtgebilde der alten Gesellschaft sind in die Luft gesprengt – sie ruhen allesamt auf der Lüge: es wird Kriege geben, wie es noch keine auf Erden gegeben hat. Erst dann wird es auf Erden GRRROHSSE Politik –" Sie unterbrach sich, kräuselte die Stirn und schnupperte. Ein übler Geruch hatte sich im Zimmer verbreitet. Sie schoss einen blitzenden Seitenblick auf den Kranken ab, der selbstzufrieden grinste, befahl in Richtung der Pfleger „Übernehmen Sie bitte – Dr. Steiner, das und alles Folgende nicht notieren!", während sie die beiden Gäste zur Türe dirigierte, sich mehrfach und peinlich berührt entschuldigte und den Lakaien auf Q's vorsichtige Anfrage hin anwies, ihnen einen Teil des Betrages wegen vorzeitiger Beendigung der Visite zurückzuerstatten, und empfahl sich rasch. Noch von draußen hörten die Beiden den Kranken grässlich kreischen. „Wie ein Folteropfer", befand S.

„Wenn der Professor so schreit, gibt's Regen", belehrte sie der Droschkenkutscher.

„Was sie zuletzt gesagt hat, bevor es passierte, wie hat sie das gemeint?", wollte S noch wissen, als sie wieder in der Droschke saßen.

Entgegnete Q: „Wer kann das schon wissen? Auf jeden Fall wäre es sehr ungerecht und auch sehr dumm, den Großen Schnurrbart immer wörtlich-allzuwörtlich zu nehmen. Schade nur, dass wir nichts über Macht erfahren haben."

Macht, zum Zweiten: Ecce Homo. Vom Titan der Titanen

Was haben wir Stultitiologen also gelernt? Zwar haben wir einsehen können, wie absolute Identität via absolute Einsamkeit buchstäblich in die Irre führt (oder Irre über Einsamkeit in absolute Identität, aber das ist nur ein Huhn-Ei-Problem). Was aber dem Schnurrbart gefehlt haben könnte zu seinem Ich-Glück: waren es womöglich allein Geltung, Akzeptanz, Macht? Muss der Glaube an ein autonomes, machtvolles Ich also notwendig eine Form von Dummheit sein? Ist er nicht vielmehr das Wagnis des großen, des schönen Entwurfs? Das ist keine rhetorische Frage, sondern eine Hypothese, die überprüft werden muss. Wenn wir darüber befinden wollen, kommen wir nicht umhin, ein positives Beispiel zu geben. Sehen wir uns also um nach dem Großen Einzelnen, von dem die Gnädige Foersterin sprach, dem Einen also, der machtvoll Wirklichkeit schafft und umschafft und erfindet, der seinem Schicksal nicht mehr blind ausgeliefert ist, weil Er mit Seiner Welt Ball zu spielen gelernt hat. Wäre eine solche Existenz nicht das ultimative Ich in ihrer höchsten Potenz: Absolutes Glück durch absolute Geltung und Macht?

Nehmen wir denn die Laterne und suchen wir einen Menschen – kein leidendes fragiles Genie, das an seiner Ferne zur menschlichen Manufaktur-Töpferware zu Grunde geht, auch nicht, so verführerisch es die Auslegungen der Gnädigen Foersterin nahelegen, Monstren wie den Psychopathen Hitler[47], den

[47] In der Tat hätte Hitler als Beispiel nicht mehr den Vorteil des hier zu Lande nur mäßig dicht beschriebenen Blattes, an dessen Rand wir unsere Anmerkungen so frei kritzeln könnten, wie wir es im Folgenden beabsichtigen. Es läge mir indes mehr als fern, Sie davon abzuhalten, da und dort Namen wie Meier oder Müller oder den meinen oder Ihren eigenen einzusetzen.

Paranoiker Stalin, die Mördersphinx Mao: das sind Grenzfälle, die wir den Pathologen überlassen sollten. Wir aber, wir wollen etwas über unser normales menschliches Selbstverständnis lernen. Wir wollen der existenziellen Dummheit des Individuums auf die Spur kommen, und dazu muss „Ich" wissen, wie „ich" funktioniere. Ein Mensch – das bedeutet: Einer wie Du und ich, aber einer, dessen Name vom anonymen Eigennamen zum Zeichen geworden ist, ein Jedermann, der mehr als jedermann geworden ist und folglich das Privileg erworben hat, Sich groß schreiben zu dürfen jenseits von Gut und Böse. – Genauer gesagt: Wir suchen einen Macht-Haber, einen Politiker, der einer von uns Kleinen hätte sein können und sollen, der aber dennoch in der absoluten Macht sein absolutes Sein verwirklichen konnte. Wie formte er seine Welt? Wie schuf er sich? Wurde er glücklich? Und, vor allem: Blieb er dumm?

Vorgeschichte
Die Versuchsanordnung. Narzissens unschönes Spiegelbild

Nicolae Ceauşescu wurde geboren am 26. Januar 1918, als Sohn des alkoholkranken Kleinbauern Andruta und seiner Frau Alexandra Ceauşescu im 2000-Seelen-Flecken Scornicesti in der Kleinen Walachei. Am Ersten Weihnachtstag des Jahres 1989 starb der „Dracula der Karpaten" zusammen mit seiner Gemahlin Elena unter den Kugeln eines Exekutionskommandos und vor den Kameras der atemlosen Weltöffentlichkeit. Nicht „Geschichte" wollen wir erforschen, nicht als Historiker uns versuchen. Wir wollen lernen, wie aus einem Menschen ein verhasstes Monstrum wird, dessen Hinrichtung Millionen bejubeln, wollen begreifen, welche Wechselwirkung zwischen Macht und Wahrnehmung arbeiten mag: Wie könnte die Welt des Ceauşescu ausgesehen haben? Und am Ende wird uns dämmern, wie fatal wir irren, wenn wir die Ceauşescus weit weg in verarmten

Landen und uns vor ihnen sicher glauben, und, *last not least*, wenn Ich meine, Ceauşescu sei immer ein Anderer.[48]

Bereits der kleine Nicolae tat sich eher durch Kleinwüchsigkeit und Stottern hervor als durch intellektuelle Brillanz. „Niemand mochte diesen Jungen – und auch er mochte niemanden, suchte zu keinem die Nähe. Ideelle Dinge oder warme menschliche Züge waren dem Jungen fremd", charakterisierte ihn ein Onkel[49] – ein kontaktarmes Kind, womöglich gerade klug genug, sein Elend zu begreifen, so dass der Stachel saß und schmerzte. Als einzelgängerisch und jähzornig wurde er beschrieben. Immerhin erhielt der kleine Stotterer vier Jahre Dorfschulbildung; er lernte also, bei kaum überdurchschnittlichen Schulleistungen zwar, mindestens rudimentär rechnen, schreiben, lesen, bis er zehnjährig zu seiner älteren Schwester nach Bukarest verpflanzt wurde, um in der glitzernden Großstadt als Schusterlehrling zu arbeiten.

Boshaft wäre es nun, die ehrbare Profession des Schusters mit der Genesis von Diktatoren zu verknüpfen.[50] Betrachten

---

[48] Unsere folgenden Ausführungen stützen sich im Wesentlichen auf: Thomas Kunze, *Nicolae Ceauşescu. Eine Biographie*, Berlin, 2000. Kunze darf dort erzählen, wo wir verkürzen und überspringen müssen, und er muss sich die Interpretation versagen, wo wir spekulieren und assoziieren werden. Aufschlussreich ist sein Buch in vieler Hinsicht.

[49] Kunze, S. 21.

[50] Ganz wie das Schnauzbarttragen, das ja auch unbescholtenen Haus- und Polizeiobermeistern, Existenzphilosophen und anatolischen Gemüsehändlern zukömmt und mitunter gerade auch Maske dezidiert unschnauzbärtiger Charaktere sein kann. Zivilisten wie Einstein und Grass machten sich im gemütsvollen Schnurrbart-Pfeife-Image dem Generalissimus Stalin gemein. Verewigt als Machtemblem ist der Schnauzbart in Hergés bordurischem Tyrannen Pledszy-Gladz, dessen männliche Untertanen im Schatten seiner Statuen sämtlich riesige Schnurrbärte tragen und „beim Barte von Pledszy-Gladz" fluchen oder schwören.

wir es also im Zweifel als Zufall, dass das spätere Vorbild Josef W. Stalin als Sohn eines prügelsüchtigen georgischen Schusters aufwuchs, während Ceauşescu vom 11. Lebensjahre an diesen harten Beruf selbst erlernte und dabei von seinem Lehrherrn in die Mysterien des Marxismus-Leninismus initiiert ward. Man schrieb das Jahr 1929; in der Sowjetunion konsolidierte sich der Sozialismus, und Väterchen Stalin stellte die Weichen dahin, sich irgendwann gänzlich ungestört seiner Mission des Massenmordes widmen zu können. – Die weitere Geschichte ist rasch erzählt. Nico, an Körper wie Geist nach wie vor von mäßiger Imposanz, wuchs rasch hinein in die konspirativen Zirkel der Kommunistischen Partei Rumäniens. Zu dieser Partei ist nur soviel zu sagen, dass sie im bürgerlich-bäuerlich-korrupten Rumänien der 30er Jahre ein anämisches und hoffnungsloses Dasein fristete. Sie bestand aus ein paar versprengten Idealisten, Sektierern, Wirr- und Querköpfen, und ihre Segnung mit politischen Begabungen war so übersichtlich, dass auch der heran- und hereinwachsende Nicolae allmählich zu bescheidener Geltung gelangte.

Rekapitulieren wir kurz: Aus armseligem Elternhaus in der gottverlassenen Walachei, versoffener Vater, klein, stotternd, ungeliebt und einsam, wird Nicolae im Kindesalter in das mondäne „Paris des Ostens" zur Zeit der Weltwirtschaftskrise geworfen und zehnjährig zur Kinderarbeit gezwungen. Möchten Sie das erlebt haben? Unverhofft aber gerät dieses Stiefkind des Glücks in konspirative Strukturen, die ihm das Gefühl geben, einen Platz zu haben, eine Mission erfüllen zu dürfen, eine Rolle zu spielen, die ihn vom Kehricht der Mitmenschen unterscheidbar macht. Dem ungeliebten, entwurzelten Schusterbuben schenkt die Partei der Arbeiterklasse das Höchste überhaupt: Anerkennung, Geborgenheit, Identität, kurz: Heimat. Wie sollte er seiner Partei nicht verbunden sein?

Mit den Jahren also findet er in der Partei seinen Platz, verbringt die Zeit abwechselnd in konspirativer Illegalität und im Gefängnis, gewinnt hinter Gittern die besondere Gunst eines der wichtigsten Funktionäre, der späteren Stalin-Marionette Gheorghe Georgiu-Dej, der ihn wofür auch immer verwenden kann, und lernt 1939 die spätere First Lady kennen. Auch Elena Petrescus Herkunft sei in einigen Sätzen skizziert: Knapp drei Jahre älter als Nicolae, stammte sie ebenfalls vom Land; Petresti heißt ihr Geburtsort. Hier wurde sie wegen schwacher Leistungen nach der dritten Klasse aus der Volksschule exmatrikuliert. Daraufhin schickte man das Kind nach Bukarest, wo es in der Textilfabrik arbeiten musste. Für eine spätere Tätigkeit als Prostituierte finden sich Hin-, aber keine Beweise. Wenigstens scheint sie recht hübsch gewesen zu sein, immerhin darin also glücklicher als ihr späterer Gatte, der eher Charlies Tramp als Cary Grant ähnelte. Ganz wie Nicolae fand Elena in den Strukturen der RKP wohl eine Art Familienersatz. War diese Ehe „Liebe" im saturiert-bürgerlichen Sinne oder vielmehr die Schicksalsgemeinschaft zweier Underdogs? Beides vielleicht, und es tut auch nicht viel zur Sache.

Kaum ein weltgeschichtliches Ereignis dürfte mit solchem Grauen verbunden gewesen sein wie der Zweite Weltkrieg. Indes kann manchmal der vielen Eule der wenigen Nachtigall sein, und so sehen wir eine hoffnungslose apokryphe Politsekte ziemlich von heut' auf morgen, nämlich mit dem Vorrücken der brüderlichen Roten Armee im Jahre 1944, im Zentrum der Macht. Glücklich nun, wer von Anfang an dabei gewesen war! So wie Ceauşescu: Bereits ein Foto von 1944 zeigt ihn, die Huldigungen der Massen entgegennehmend, unter den Granden seiner Partei auf einem Balkon. Wüsste man nicht, was folgte, man könnte voller Sympathie aufseufzen: Wie gut, dass es Gerechtigkeit nicht erst im Himmel gibt! – In den Folgejahren konnte Ceauşescu dann beweisen, dass er, Einzelgänger hin oder her, dank Ehrgeiz und offenbaren Talents die Kunst des Networkens (das hässliche Wort mag, wenn überhaupt, dann hier am Platze sein) virtuos erlernt, auch den Instinkt für Machtverhältnisse sich erworben hatte, nach unten von sich abhängig und nach oben sich unentbehrlich machen konnte, so dass jenes Unterhalb immer mehr und das Oberhalb immer weniger wurde, bis er zunächst, getreu dem Vorbild seines ideellen Lehrmeisters Stalin, Cheforganisator der Partei und damit zweiter Mann und Kronprinz im Staate war, loyal untertan nur noch seinem Diktatoren-Mentor Georgiu-Dej, dessen Gnadensonne ihm unverändert leuchtete zum Preis nur dessen, dass er Georhiu-Dejs Witze über Stotterer geflissentlich wegzustecken hatte, womit schließlich die idealen Voraussetzungen gegeben gewesen sein dürften, dass, in einer Zeit, da das Wünschen noch geholfen hat, ein hässliches kleines Entlein nach dem frühzeitigen und von ihm sicherlich tief betrauerten Hinscheiden seines großen Förderers am 22. März 1965 zum Ersten Sekretär der RAP und damit zum Führer Rumäniens gemacht wurde.

Phase I
Der stotternde Volkstribun

Per aspera ad astra: Es geht doch. Versetzen wir uns in die Lage Eines, der nicht aus Kreisen stammt, in denen Macht unmittelbar erblich ist, auch nicht aus jenen, die sie sich kaufen können, ebenso wenig aus jenen, die Wissen anzusammeln und in Techniken der Macht umzumünzen wussten. Geliebt hatte das Kind keiner, gelacht hatten sie über ihn, aber er hatte es trotzdem geschafft – bis dorthin, wo niemand mehr sagen konnte (und durfte), dass daran etwas unverdient sei: Ein Heiliger, wer solch eine Karriere nicht einer Fügung seines Genies oder der Vorsehung, sondern zum Großteil schnödem Glück zuschriebe. Meint „Selbstbewusstsein", man habe ein stabiles, realistisches Bild von sich, von seinen Fähigkeiten, aber auch Schwächen? Dann können wir davon ausgehen, dass ein solcher Aufstieg zwar der Selbstwertschätzung, aber auf keinen Fall dem Selbstbewusstsein zuträglich sein kann. Stabil dürfte das Selbstbild eines solchen Aschenbrödels nicht sein – um so weniger, als er es immer wieder in schmeichelhafter Weise revidieren darf, was wohl kaum jemand verschmäht. Die existenzielle Erfahrung ist nicht „Ich bin, der ich bin", sondern „Ich bin immer noch mehr, als ich war". Wir stellen, vorgreifend und hypothetisch, die Formel mancher großen Karriere auf: Je kleiner das Selbstbewusstsein, desto größer das Selbstwertgefühl. Das Kometen-Ich ist kein Kontinuum, sondern eine Dynamik, die schicksalhaft auffährt bis in die Unendlichkeit des Oben, die man früher Gott zu nennen sich angewöhnt hatte; aber warum sollte Gott ein Anderer sein, wenn Ich sein Ebenbild bin? Und weiter: Falls Selbstbewusstsein, Selbstkonzept, realistisches Selbstbild, Selbsterkenntnis oder wie immer man das nennen mag, im Wesentlichen auf den Fundamenten der Kindheit ruhen (darin folgen wir den Annahmen der etablierten Psychologie): Was dürfen wir uns über einen getretenen kleinen Schusterlehrling denken, der Alleinherrscher geworden ist?

Jedenfalls begann alles gar nicht so schlecht. Ceaușescu tat nach seinem Regierungsantritt das, was jeder Herrscher tut, der a) das Erbe einer Schreckensherrschaft antritt und sich b) in der neuen Position erst noch bewähren muss: er zog das Zuckerbrot der Peitsche vor. Amnestien in Ungnade gefallener Parteigenossen, relative Freiheiten für die Künstler, erhöhte Produktion von Konsumgütern – die üblichen Stichpunkte. Volk seinerseits tat das, was Volk immer tut, wenn es auf Besserung hofft und dabei wenig zu verlieren hat: es jubelte. Die Granden der Partei ihrerseits wähnten ihre Machtbasis bis auf Weiteres stabil und ließen den Neuen als Primus inter pares gewähren. Der junge, reformfreudige Parteichef genoss bald eine Popularität, um die ihn mancher Ulbricht und Breschnew beneidet haben dürfte. Das Volk liebte ihn, oder wenigstens war es bereit, ihn zu lieben.

Aus der Sicht unseres Protagonisten wiederum konnte das nur bedeuten: Ich bin genial und gut, folglich habe ich Macht, folglich werde ich – endlich! – geliebt. Was auch anderes sollte ein einsamer Stotterer empfinden, dem nun das Volk, noch durchaus ohne Heuchelei, huldigt, und den die Medien der Welt als Sozialisten mit menschlichem Antlitz feiern? Allzumenschlich nahe muss ihm der unausgesprochene, kaum nur halb bewusste Kausalzirkel liegen: Je mehr Macht ich habe, um so mehr werde ich geliebt; geliebt werde ich, weil ich gut bin; also ist es gut, wenn ich Macht, besser, wenn ich mehr Macht, am besten, wenn ich Allmacht habe. Wenn der Biograf Kunze Ceauşescus anfänglichen Populismus *nur* als Mittel zum Zwecke der Konsolidierung der Macht deutet, fragt es sich, ob er nicht aus einem auch der Geltung und der Liebe bedürftigen Menschen ein eindimensionales Scheusal macht. Allerdings fügt es sich, wenn eins dem andern nützt: Je lauter das Volk jubelt, um so leichter kann ich meine Macht konsolidieren, und je mehr Macht ich habe, um so lauter jubelt das Volk. Der „Geliebte Führer“[51] erkennt sich als das soziale *perpetuum mobile*, das im Dienste des Guten nur aufwärts steigen kann. Das Volk

[51] Offizielles Attribut des nordkoreanischen Volkspartei-Thronerben Kim Jong Il, Sohn des Großen Führers Kim Il Sung, Vater des Genialen Führers Kim Jong Un. Wenigstens eine bescheidene Genugtuung mag es uns sein, dass sich die Sprache gegen solche Vereinnahmungen durchaus spröde zeigt, wodurch sie den propagiert Erhabenen fast unvermeidlich der nackten Lächerlichkeit preisgibt. Leider scheinen solche Kaiser meistens zu dumm zu sein, ob ihrer Nacktheit zu frösteln oder gar zu lachen.

andererseits, für das die Umstände nach der Schreckensherrschaft Gheorgiu-Dejs nur besser werden konnten, projizierte seine bescheidenen Hoffnungen auf den Nachfolger, und um so mehr, als er sie zu erfüllen schien. Ceauşescus Rolle war also zunächst eine durchaus dankbare. Hätte man die Macht einem Kleiderständer anstelle Ceauşescus übertragen und diesen auf die Ehrentribüne gestellt – das Volk hätte womöglich nicht leiser gejubelt, wobei man unter der Herrschaft eines Kleiderständers den Vorzug genießen dürfte, auch auf lange Sicht weder verfolgt noch gefoltert zu werden. Ceauşescu jedenfalls fiel es leicht, das Volk zufrieden zu stellen, und dessen Jubel befriedigte ihn: welch schöne Symbiose!

Aber welcher Herrscher ginge gern als Kleiderständer in die Geschichte ein? Auch Ceauşescu wollte das nicht, und so produzierte er, was jeder Mensch anstrebt: Identität. In seinem Fall hieß das: Nationale Identität und Unabhängigkeit. Die Merkmale auch dieses politischen Aspektes nehmen sich zunächst nicht einmal unsympathisch aus. Immer mehr distanzierte sich Ceauşescu vom ruhmreichen sowjetischen Brudervolk. Rumänien nahm, zum Ärger Ulbrichts, diplomatische Beziehungen zur BRD auf, ebenso zu dem im Ostblock geächteten Israel. 1968 hielt er in der Pose des Volkstribunen eine durchaus riskante Brandrede gegen den Einmarsch der Warschauer-Pakt-Truppen in die ČSSR: „Der Einmarsch der Truppen der fünf sozialistischen Staaten in die Tschechoslowakei ist ein großer Fehler, eine schwere Bedrohung für den Frieden in Europa und das Schicksal des Sozialismus in der Welt. Es ist ein beschämender Moment in der sozialistischen Bewegung.“ [52] Er bot seine Vermittlung im Vietnamkrieg wie in Nahost an, schlug gar die Auflösung der Militärblöcke vor. Selbst der Friedensno-

[52] Kunze, S. 178-179.

belpreis lag im Bereich des Möglichen. Die Belohnungen folgten auf dem Fuße, nämlich dem illustrer Staatsgäste, die Ceauşescu mit ihrem Besuch beehrten: 1967 Präsidentschaftsanwärter Richard Nixon, 1968 Charles de Gaulle, 1969 wiederum „Tricky Dick", nunmehr Mr. President, und Tschou-En-Lai war adabei (1966). Der Bauernsohn aus der Walachei erfüllte seine sozialistische Pflicht z. B. bei Krabbenmousse aus Florida, geröstetem Lendensteak vom Colorado-Rind, kalifornischen Gemüsen, mexikanischem Tomatensalat, Heidelbeeren aus New Jersey zu wahlweise 62er Chateau Lafitte-Rothschild oder 61er Cuvée Dom Perignon.[53] Ceauşescu war jemand in der Welt. Dabei vergaß er nicht, den Genossen Breschnew intensiv genug zu konsultieren, um ihn überzeugen zu können, dass alles nicht ganz so dramatisch zu nehmen sei. Er sei „kein solcher Idiot wie Dubček, der Chaos toleriert und die Konterrevolution provoziert".[54] Der Große Bruder dürfte es mit Erleichterung vernommen haben. Ob Ceauşescu sich dieser Worte noch entsinnen konnte, gut zwanzig Jahre später, angesichts des Exekutionskommandos?

Seine Politik des rumänischen Weges bescherte Ceauşescu den Höhepunkt seiner äußeren wie inneren Popularität. Als Tribun wurde er verehrt, als Außenpolitiker hofiert, alles schien ihm zu gelingen, und was er anfasste, wurde zu Gold. In diesen Jahren müssen wir uns Ceauşescu als fast glücklichen Menschen vorstellen.

[53] Ebd., S. 180-183.

[54] Kunze, S. 184f, Zitat S. 178. Der Autor macht sogar eine zynische Doppelrolle plausibel, die Ceauşescu bei der Niederschlagung des Prager Frühlings gespielt haben könnte (S. 178-179).

Phase II
Der Conducator

Glück, so hatten wir gefunden, ist ein ephemerer Zustand, in welchem man vergeblich das „Verweile doch" beschwört. Um so mehr muss das für einen Menschen gelten, dessen Biografie bis hierher eine unerhörte Dynamik geprägt hatte. Wir können unterstellen, dass für Ceaușescu, dessen Selbstbild der Aufstieg einer Rakete gewesen sein dürfte, Stillstand eine schwere narzisstische Kränkung bedeutet haben muss.

Im Sommer 1971 besuchte Ceaușescu seinen chinesischen Kollegen. Dort wurde er Zeuge dessen, was vielleicht nicht einmal Stalin erreicht hatte. Er traf auf ein volksrepublikanisches Gottkaisertum, das mit jeder Faser jedes Untertanen auf das Bild des Herrschers ausgerichtet war, einer lächelnden Sphinx, die lächelnd vielleicht 20.000.000, vielleicht auch, nach eigener stolzer Auskunft[55] 50.000.000 Menschen hatte verhungern lassen können – das Mehrfache der Einwohnerzahl Rumäniens –, was dann als „Großer Sprung nach vorn" verklärt wurde. Später gebot ein Lächeln dieses Gottes über Leben oder Tod seiner Untergötter, und die Täter waren nicht Geheime Staatspolizisten, deren Taten schamhaft beschwiegen wurden, sondern die enthusiastische Jugend, die jeden Wink des greisen Gottes Tat werden ließ. Abertausende und Millionen hatte sein

[55] Gerd Koenen, *Die großen Gesänge. Lenin, Stalin, Mao Tse-Tung. Führerkulte und Heldenmythen des 20. Jahrhunderts*, Frankfurt, 1991, Fußnote S. 410: „[Mao hatte Kaiser Haile Selassie von Äthiopien] empfangen und auf dessen direkte Frage, wie viel menschliche Opfer der Aufbau des Sozialismus in China wohl alles in allem gekostet habe, ohne Zögern gesagt: ‚Fünfzig Millionen'. Als Haile Selassie etwas verblüfft bemerkte, dass dies ja das Zweifache der Bevölkerung Äthiopiens sei, habe Mao (Haile Selassie zufolge) geantwortet: ‚Aber nur wenige Prozent der Bevölkerung Chinas.'" N. b. ist Mao im euroamerikanischen Geschichtsbewusstsein bis heute relativ besser beleumdet als das Gruselkabinett Hitler, Stalin, Pol Pot usw.

Fingerzeig erhöht oder gedemütigt, sein feines Lächeln hatte die Massen zur Gehirnwäsche, ins Bergwerk oder, eigentlich war es eins, direkt in den Tod gelächelt; Kulturrevolution hieß das. Und der Westen hatte wohlwollend zugesehen, die utopistische Linke, weil China weit genug weg war, um als Ideal stilisiert werden zu können, die realistische Rechte, weil der Große Steuermann den Sowjets ein willkommener Pfahl im Fleische war. Mao war nicht Politiker. Er war Pharao. Und Sein Name und Sein Antlitz waren nicht Eigenname oder Gesicht eines Sterblichen, sondern sie waren Zeichen. Und es begab sich, dass ein Sterblicher selbst wurde Zeichen, und wurde allgegenwärtiges und allerhöchstes und omnipotentes Zeichen, welches nur noch bezeichnet Sich Selbst: Ich Bin, Der Ich Bin.

Was war Ceauşescu dagegen? Ein Alleinherrscher, nun gut. Ein relativ beliebter, auch gut. Ein innenpolitisch wie diplomatisch höchst erfolgreicher, nicht zu leugnen. Dennoch: Ein stotternder Schusterbub.

Reisen bildet bekanntlich, und so hatte auch Ceauşescu etwas Wesentliches gelernt. Er hatte begriffen, dass er noch keineswegs ganz oben war. Im Innersten mag er sogar erleichtert gewesen sein. Vieles noch galt es zu vollbringen. Er hatte Perspektiven! Göttergattin Elena, die die Gottkaiserin Jiang Qing hatte kennenlernen dürfen,[56] mag das Ihre zu dieser Einsicht beigesteuert haben. Auch beider Weiterreise nach Pjöngjang zum Großen Führer Kim I. und seinem Eingeborenen Sohn Kim II. war der Diktatoren-Fortbildung sicher nicht abträglich.

Warum also, mag Ceauşescu empfunden haben, bin ich, der ich es vollbracht habe, aus hoffnungslosem Elend mich zum großen Sohne meines Volkes aufzuschwingen, weniger als Mao?! Weil mein Land kleiner ist als China? Wenn mir bisher

[56] Sinn für böse Ironie beweist die Historie darin, dass Elena das Schicksal Jiang Qings in Sturz und Verfemung zu kopieren hatte.

alles gelungen ist – was mir nicht in die Wiege gelegt wurde! –, wenn ich bisher alle und auch meine eigenen Erwartungen übertroffen habe: Warum bin ich weniger als Mao? Als Stalin? Weniger als Lenin? Marx & Engels? Spricht nicht mein ganzes wunderbares Werden dafür, dass ich in diese Reihe gehöre? Dass mein Name unsterblich wird und Zeichen für die Erlösung des Menschengeschlechts? Dass mich die Menschheit dafür lieben wird? Anbeten? – Nun, so etwas denkt man nicht einmal, jedenfalls nicht wörtlich. Aber um so qualvoller nagt der Narzisswurm sich durch die feinsten Hirnwindungen, quält und bohrt Tag und Nacht, immer und immer drückt die böse Last auf den Magen, und sobald es still wird, haucht ganz nah und warm die Stimme, die namenlose Furcht macht: Hässlicher kleiner Stotterer! Schuster, bleib bei deinen Leisten! Und oft klingt sie zum Verwechseln wie die Stimme der Gattin, die ihn als Einzige wirklich kennt und durchschaut, weil sie sich ineinander spiegeln und weil auch sie die böse Stimme vernimmt, lauter noch womöglich als er.

Dass Ceauşescu ein legitimer, ein guter Führer seines Volkes war, darin hatten ihn seine jubelnden Rumänen hinlänglich bestärkt. Dass er im Recht war, konnte zugleich nur heißen: Die, die anderer Meinung waren, waren im Unrecht. Inspiriert durch das Treffen mit Mao und vor dem Hintergrund seiner mittlerweile unangefochtenen Machtposition erkannte Ceauşescu, dass kollektive Führung, kulturelle Vielfalt, Meinungsfreiheit und Ähnliches ein unnützer Luxus waren, bestenfalls lästig, schlimmstenfalls schädlich, jedenfalls dekadent: *Er* tat doch das Gute, war doch der Gute! Gegner und Rivalen waren also böse. Und weil von Lehrer Mao lernen siegen lernen hieß, verkündete Ceauşescu bereits wenige Wochen nach seiner Asienreise die Politik des „Anhebens des ideologischen Bewusstseins in der vielseitig entwickelten sozialistischen Gesellschaft", um – was sonst? – den „Neuen Menschen" zu schaffen: Das

Staatliche Komitee für Kunst und Kultur unterstand fortan dem ZK der RKP, die „politisch-ideologische Arbeit" wurde radikal verstärkt, „Kosmopolitismus" wurde ganz in der Tradition des Gen. Stalin zum Schimpfwort, und „liberalistische, kleinbürgerliche, anarchistische Auffassungen" galt es abzuschaffen. Abgeschafft wurden bei der Gelegenheit auch gleich jene Kader, die die Politik der Freiheit zu wenig metaphorisch genommen hatten oder Ceauşescus Kreise anderweitig hätten stören können. Angeschafft hingegen wurden reichliche Mittel für die Geheimpolizei Securitate, und falls der Leser hier unwillkürlich-harmlos „Securitas" assoziiert, liegt er bedenklich nahe an der Wahrheit, denn mittels der Securitate versicherte sich Ceauşescu höchst effizient seiner Macht. Endlich konnte er sich ohne Umwege der vollkommenen Selbstverwirklichung widmen.

Bonjour, tristesse. So schlimm für Rumänien, so instruktiv für uns. Wer von uns hätte nicht den Traum geträumt, als Kind, als Erwachsener, allen lieben Mitmenschen turmhoch überlegen zu sein – und alle müssen hinsehen? Alle narzisstischen Kränkungen weit unter sich zu lassen? Beneidet zu werden, ohne beneiden zu müssen? Die peinlichen, kleinlichen Widerstände abschaffen zu können, die uns unsere Lebensträume, einen nach dem anderen, so unweigerlich ersticken? Um es diesmal nicht in den Kategorien von „Macht" zu sagen: Frei zu sein, man selbst zu sein? Er, Ceauşescu, war an diesem Punkt angelangt. Was er mit seinen unbegrenzten Möglichkeiten machte, aber mehr noch, was sie mit ihm machten: Das ist es, was uns Identitätssucher und Selbstverwirklicher interessieren sollte.

Was Menschen möglich ist, das ist mir möglich: Nichts anderes hatte Ceauşescu seit vierzig Jahren erfahren. Da er nun, Anfang der 70er Jahre, in seinem leider nicht sehr großen Land die unumschränkte Macht genoss, blieben seiner Selbstwerdung noch zwei Aufgaben, nämlich erstens die räumliche, die

Ausdehnung seiner Geltung auf den Rest des Globus, zweitens die zeitliche, die historische Transzendierung der eigenen Existenz. Was das heißt, werden wir sehen. Die erste Aufgabe jedenfalls stellte Ceauşescu vor keine große Herausforderung. Seine Reisefreudigkeit steigerte sich immer mehr. Allein 1973 bereiste er Iran, Pakistan, die Niederlande, Italien, die BRD, Jugoslawien, Lateinamerika, Marokko, die USA (Freund Nixon war gerade noch im Amt), natürlich die UdSSR, empfing den Kollegen Generalsekretär der UN Waldheim, durfte gar in Rom – ein gottloser Kommunist! – Seiner Heiligkeit den Fischerring küssen: Ceauşescu – der Weltpolitiker. Und nach wie vor wurde seine unkonventionelle Art, „zwischen" den Blöcken zu denken (ohne Moskau über Gebühr zu verärgern), allseits und vor allem im Westen hoch geschätzt: Ceauşescu – der Friedenspolitiker.

Schwieriger war die zweite Aufgabe. Dem Anschein nach schnurrte das Räderwerk in der ersten Hälfte der 70er. Die Wirtschaft boomte. Durch ein gigantisches Wohnungsbauprogramm sicherte sich Ceauşescu die Zuneigung seines Volkes und hinterließ zugleich Duftmarken in den Stadtbildern seines Reiches. Nicht zuletzt dank seiner außenpolitischen Erfolge wurde er verehrt. Man war wer in der Welt, es ging aufwärts, und kritische Gedanken oder kosmopolitische Kunst sind Luxus für ein paar Snobs, aber essen kann man sie, wie das lebenskluge Volk weiß, nicht. Ceauşescu jedenfalls wurde, sicherlich nicht gegen seinen Willen, als „Held der Sozialistischen Republik Rumänien" und Ähnliches geehrt, und im Rückblick wird sich Schmeichelei seiner Höflinge kaum von wahrer Verehrung unterscheiden lassen.

Indes weiß jeder aufrechte Marxist: Das mächtigste Reich ist das Reich der Ideen. Und da ferner niemand sich gerne „dumm" nennen lässt, will, was ein rechter sozialistischer Führer ist, auch als großer Theoretiker verehrt werden, heiße er nun

Mao oder Stalin, und falls ihm das Schreiben(-lassen) weniger liegt, dann hält er Reden, für die die Marathon-Metapher nur deswegen nicht passt, weil ihre Dauer die eines Marathonlaufs um ein Vielfaches übertrifft und prinzipiell bis in die chronologische wie ideelle Unendlichkeit abzielt, gleichsam chronisch wird und ideal als nie endender Redefluss zu denken ist, wie es dieser Satz nur allegorisch versinnlichen kann, der erst durch den irgendwann doch unvermeidlichen Punkt gewaltsam und gegen die Natur seiner expliziten wie immanenten Aussage widerwillig gestoppt werden wird, denn Schweigen kann auch Horror sein. Rekordhalter solch panischer Parteitagsreden war wohl der Máximo Líder Fidel Castro, der nur noch eigene Höchstleistungen (man hört von 19 Stunden) zu brechen hatte und damit zugleich seine über achtzig Jahre währende Jugendfrische unter Beweis stellte. Auch Narziss Ceauşescu hielt sich für Goldmund und stotterte nicht selten vier oder fünf Stunden lang, und dass seine gedruckten Reden wie auch sonstige Aus- und Einlassungen aller Art in 33 Bänden die Zierde des Sortiments aller rumänischen Buchhandlungen waren, versteht sich. „Holzsprache" nannten die Rumänen das. Sein Ingenium absonderte, unter dem frenetischen Jubel der Parteitagsdelegierten, luzide Formulierungen wie: „Die großen, auch in diesem Zeitabschnitt verzeichneten Leistungen führen mit Nachdruck die Richtigkeit der Politik unserer kommunistischen Partei vor Augen, die sich entschieden von der revolutionären materialistisch-dialektischen Weltanschauung leiten lässt und unbeirrt die allgemein gültigen Wahrheiten auf die konkreten Bedingungen in unserem Land anwendet. […] Die Partei [erfüllt] ehrenvoll ihre hohe historische Aufgabe, das rumänische Volk auf den Weg des Sozialismus und Kommunismus, des Wohlstandes und Glücks, der nationalen Unabhängigkeit und der Souveränität zu führen. Alles, was wir verwirklicht haben, ist das Ergebnis des heldenhaften und selbstlosen Schaffens unserer wunderbaren Arbeiterklasse, […] der wunderbaren Genossenschaftsbauern […] [und] unserer neuen mit der Arbeiterklasse und Bauernschaft eng verbundenen Intelligenz."[57] Für Ceauşescu mag immerhin sprechen, dass der Volksschulabsolvent im Zweifel nur den Text eines namenlosen Redenschreibers ablas. Immerhin: Während fünf Stunden wunderbarer Arbeiter- und Bauernleistungen mag den Delegierten ihr obligatorischer spontaner Jubel eine willkommene Abwechslung gewesen sein.

Hier wird der informierte Leser zu Recht einwenden, dass sich Ceauşescu darin kaum von anderen Ostblock-Satrapen unterschieden haben dürfte. An dieser Stelle aber betritt Elena die Bühne: die Gefährtin, deren Bildungsweg wie gesagt nach drei Jahren Volksschule ein ruhmloses Ende gefunden hatte. Elena hatte sich schon früh für eine Karriere als Chemikerin entschieden und, sobald Nicolae den ausreichenden Einfluss besaß, per „Fernstudium" den Titel einer Chemie-Ingenieurin erworben. Mit der zunehmenden Macht des Gatten ziemte ihr der Doktortitel, dessen Erwerb sie sich mit solcher Entschiedenheit widmete, dass ihr das lästige Verfassen einer Dissertation – „Die spezifische Polymerisation von Isopren" – dank eines Ghostwriters erspart werden konnte.[58] Von nun an erfreute Madame Ceauşescu die Welt mit immer neuen Fachpublikationen, die alsbald die Regale der Buchläden füllten, manch anonym bleiben müssendem Chemiker zu Schreib-Arbeit und Brot verholfen haben dürften und Elena die Glorifizierung als „Erste Wissenschaftlerin des Volkes" eintrugen. Passend dazu

---

[57] Kunze, S. 318.

[58] Nicolae selber begnügte sich mit einem auf gleichem Wege erworbenen einfachen Diplom der Wirtschaftsakademie: Er hatte ja seinen Volksschulabschluss. Dass Elena ihre Dissertation wenigstens gelesen hätte, ist nicht bekannt. Dabei ist sie kein Einzelfall; Dissertationsaffären aus jüngerer Zeit lassen ähnliche Zweifel aufkommen.

sammelte sie auf ihren zahllosen Auslandsreisen Ehrendoktorwürden wie andere Leute Rabattmarken, womit sie ihren Protokollbeamten anspruchsvolle Aufgaben stellte: Welche Universität kommt in Frage? Welche erklärt sich bereit? Und Elena durfte sich sagen: Wer fragt jetzt noch danach, dass die Genossin Dr.-Ing. Dr. h. c. mult. keinen Volksschulabschluss vorzuweisen hat! Selbstredend legte sie fortan auf die förmliche Titulierung peinlichen Wert.

Ansonsten sammelte Lady Ceauşescu, ebenfalls im Schweiße des Angesichts ihrer Protokollbeamten, Goldgeschenke. Denn darin waren sich die Ceauşescus einig, ihrem Genie war das Beste gerade gut genug. Wir erinnern uns: „Weil Ich der Beste bin, und das bestätigt mir Mein Volk jeden Tag, ist, was für Mich gut ist, auch gut für Mein Volk." Oder, in Kürze: *L'etat c'est moi.* Louis XIV. jedoch war noch auf Gott als Legitimator seines dynastischen Absolutismus angewiesen gewesen. Die Ceauşescus dagegen lebten im Bewusstsein ihrer *individuellen* Auserwähltheit (Nicolae) und *intellektuellen* Genies (Elena): Sie legitimierten sich durch sich selbst. Warum also sollten ihnen Paläste und Villen, Jachten und Wagenparks weniger angemessen sein als dem Sonnenkönig sein Versailles? Und es geschah also: „Die Einrichtung[en] waren geschmacklos und teuer. Dem Schönheitsgefühl der Präsidentenfamilie entsprachen schwere Kristalllüster an den Wänden, Porzellan-Nippes in schweren Eichenholzmöbeln, Baldachine über den Betten und schwanenförmige goldene Wasserhähne. [...] Selbstverständlich gab es in den Häusern und Palästen auch Geräte, die der rumänischen Bevölkerung wie Dinge aus Tausendundeiner Nacht erschienen. Für das Wohl des Conducators und seiner Frau war nichts zu teuer. 30 Mitarbeiter einer Möbelfabrik arbeiteten so beispielsweise fünf Jahre lang täglich an der Fertigstellung einer Prunk-Arbeitszimmereinrichtung für ‚des neuen Rumäniens Schöpfer'."[59]

Aber war man dem Ziel wirklich schon nahe gekommen? Wie weit war man schon Zeichen geworden?

Phase III
Der Titan der Titanen

„Na, wat will se denn?", sed de Butt. – „Ach", sed he, „se will warden as de lewe Gott." – „Ga man hen, se sitt all wedder in'n Pisspott." Daar sitten se noch hüt up dissen Dag.

Das Volk hatte den neuen Diktator gefeiert, weil er es verstanden hatte, Hoffnungen zu wecken. Nach und nach wurde seine Herrschaft immer autoritärer und unumschränkter, was aber dem wirtschaftlichen Erfolg und dem außenpolitischen Prestige seines Landes vorerst noch keinen Abbruch tat. Warum also das Lobpreisen einstellen?

Nun ist es mit dem Loben ein schwierig Ding. Wenig Lob frustriert, und ein frustrierter Diktator kann etwas für seine Umgebung durchaus Unerfreuliches und folglich nicht Wünschenswertes sein. Auch Ceauşescus Hofschranzen wussten das. Lob indessen entwertet sich selbst, denn Lob ist per se jenseits der Norm. Es ist das Gesetz der Dosierung von Drogen: Lob als Kontinuum muss sich permanent selbst übertreffen und so, fatalerweise, rückwirkend entwerten. Überdies kannte auch Ceauşescus einfühlsame Umwelt dessen Vorbilder Stalin und Mao, jene Geliebten Führer, Genialen Gärtner, Lehrer der Völker, und die Oden und Elogen, die ihnen gesungen worden waren. War es angemessen, über Ceauşescu kleiner zu sprechen? Opportunerweise wohl nicht. Zudem stellte sich das Problem

---

[59] Kunze, S. 249.

der historischen Abnutzung der Superlative. Wenn es schon vom Generalsekretär-Generalissimus-Genossen-Eins Stalin geheißen hatte, er sei größer als die Sonne, da die Sonne keine Weisheit habe[60] – was für Attribute standen dann dem Conducator zu? „Pünktlich zu jedem Ceauşescu-Geburtstag erschien ein ‚Omagiu' – ein mehrere Kilogramm wiegendes Buch mit Liedern und Gesängen auf den ‚großen Kommandanten'."[61] Ab 1974 lief die Metaphern-Maschine hemmungslos heiß. Lenin, Stalin, Mao, Marx waren Titanen gewesen? Ceauşescu konnte nichts anderes als „Titan der Titanen" sein. „Des Vaterlandes erster Diener", „Garant des Reichtums Rumäniens", „unerschütterlicher Verteidiger der granitstarken Einheit der Partei", „geliebter Führer und Wegweiser wirksamen Schaffens" – das waren Bilder zum Warmlaufen. Dann konnte man sich ins National-Mythologische steigern: „Schöpfer einer Epoche von nie gekannter Erneuerung", „Hüter unserer wertvollsten Schätze", „Trophäe unseres nationalen Stolzes", „süßester Kuss der Heimaterde", „des Volkes wertvollstes Wappen", „Prinz Zauber". Pantheistische Chinoiserien erblühten: „Gloriose Eiche aus Scornicesti", „Quelle des lebendigen Wassers", „Morgenstern", „der Große Mast", „Berg, der über dem Lande wächst", „Straße in die Zukunft", „Honig der Welt", und, besonders hübsch, „breitblättriger Nussbaum, in dessen Schutze ein unschuldiges Maiglöckchen blüht". Die poetische Krönung zum Gottkaiser war der konsequente Endpunkt: „Erbauer von allem, was gut und gerecht ist", „Stratege des Glücks", „Sohn

[60] Bescheidenheit sei die schlimmste Form der Eitelkeit, wusste schon La Rochefoucauld: Auf die Bitte des Generalissimus hin hatte der Autor Alexej Tolstoj in der selben Stalin-Biografie einige Sätze über die grandiose Bescheidenheit des Protagonisten nachzutragen. Eric Satie hatte es längst gewusst: „Was die Bescheidenheit angeht, bin ich der Größte!"

[61] Kunze, S. 234.

der Sonne", „der Auserwählte", „Jupiter der Karpaten", und schließlich, wir konnten es erwarten, „unser irdischer Gott".[62] „Ich wage es nicht, seinen Namen zu nennen. Aus Angst, seine Größe zu schmälern, wenn ich von ihm spreche. Doch die Geschichte verlangt es von mir. Wir alle sollen ihn lieben: Ihn, der den Sieg in der Schlacht für die Menschen verkörpert"[63] – so sang des Breitblättrigen Nussbaums Hofdichter Adrian Paunescu.

Dabei würde man Nicolae Ceauşescu womöglich sogar Unrecht tun, falls man ihm unterstellte, er habe solche Kotaus so umstandslos eingefordert wie seine Gattin ihre Titel, und das dichtende Volk habe nur gehorcht. Selbiger Panegyrikus Paunescu war es beispielsweise, der gleich nach der Revolution dem toten Ceauşescu heroisch nachrief: „Schaut ihn euch an, dieses unmenschliche Gesicht mit seinem altsteinzeitlichen Kiefer. Diesen Analphabeten, der uns alles lehren will wie eine lispelnde Schlange."[64] Woraus man n. b. ersehen kann, wie Diktatoren aufsteigen und untergehen können, während andere organische Materie naturgesetzlich immer oben schwimmt.

Indes, es bleibt ein Erdenrest, zu tragen peinlich. Auch ein Titan uriniert, obzwar stehend. So manisch man Titel sammeln mag und sich in den schönsten Elogen Absurdistans verherrlicht sieht: Das Feuermal des getretenen Schusterjungen juckt und brennt wie Nesseln und lässt sich niemals abwaschen, so panisch Narziss auch rubbeln mag – und Alle starren darauf. Die Leistung, vom stotternden Underdog zum Gott geworden zu sein: Ihr bleibt das Stigma der Minderwertigkeit eingraviert,

---

[62] Ebd., S. 235.

[63] Nach Kunze, S. 236.

[64] Ebd., S. 237.

und je höher man steigt, desto peinvoller schmerzt die Vergeblichkeit, es vor der Welt und vor sich selbst verleugnen zu wollen.[65] Wie die Menschheitsgeschichte hätte verlaufen dürfen, wären Wilhelms II. und Stalins Arme und Hitlers Hoden komplett gewesen – wir verzichten auf die Spekulation. Ceauşescu zwar war kein Metzgermeister stalinschen Formats; darin sollte man ihm Fairness gewähren. Allerdings war es auch im schönen neuen Rumänien Praxis, Uneinsichtigkeit in das Paradiesische von Prinz Zaubers Welt als Geisteskrankheit zu definieren, so dass sich die Sanatorien füllten, während der Justiz lästige Arbeit erspart blieb. Die (Über-)Lebens-Bedingungen[66] in diesen Anstalten dürften ungefähr so komfortabel gewesen sein wie die des sibirischen Gulag (falls ein satter Mitteleuropäer hier überhaupt zu Vergleichen befugt ist); jedenfalls garantierten sie wohl, dass niemand sie als geistig gesunder Mensch wieder verließ, womit sie die Bezeichnung „Irrenhaus" immerhin rechtfertigten. Mit kaltgestellten potenziellen Konkurrenten verfuhr Ceauşescu vorsichtiger als Stalin oder Mao. Zumeist wurden sie auf gutdotierten Sackgassen-Posten endgelagert, und nur bei besonderer Renitenz kam es zu mysteriösen Unfällen oder Suiziden. So oder so mag Ceauşescus schlimme Stimme gesäuselt haben: Sie hassen dich, sie heucheln aus Gier und Angst. Kleiner Stotterer: hüte dich vor den Iden des März! Dass sie dich lieben und loben, davon lebst du. Aber je größer ihr

[65] Ein grobes und unfaires Missverständnis wäre es, würde man Menschen aus kleinen Verhältnissen die Befähigung zu verantwortungsvollen Ämtern grundsätzlich absprechen. Wahrscheinlich spricht es für die Stabilität einer Gesellschaft, wenn der Sohn einer allein erziehenden Putzfrau zum Regierungschef aufsteigen kann, ohne dass, entgegen den Prophezeiungen der Opposition, der Staat sofort zusammenbricht.

[66] Wer seine Nachtruhe genaueren Beschreibungen opfern möchte, kann nachlesen bei Kunze, S. 208-211.

Lob, um so falscher sind sie. Gespenster lauern überall. Für jeden abgeschlagenen Schlangenkopf wachsen zehn nach. Aber wenn du aufhörst, sie zu köpfen, fressen sie dich unweigerlich. Man kann nicht aufhören, wenn man einmal begonnen hat zu köpfen, man muss weiter, weiter... Mit den schottischen Kollegen und seiner Lady hat es ein schlimmes Ende genommen... Die schamlosesten Lobsänger werden die ersten, lautesten Hassgesänge singen: Paunescu. Überall Paunescus, Dolch im Gewand. „Ich bin am Ende. Ich traue niemandem, nicht einmal mir selbst"[67] – das waren die Worte des greisen Großen Stalin gewesen, wenn er, grausiges Gespenst seiner selbst, durch die nächtlichen Gänge des Kreml geschlichen war. Allein war man; je lauter sie jubelten, desto grausamer allein... einsamer Schusterbub – Aber er, er, Ceauşescu: Er war noch nicht so weit! Das Volk liebte ihn! Es brauchte ihn! Allen Feinden zum Trotz! Gegen die Feinde, gegen das Böse, gegen die Gespenster – er musste sich schützen!

Und das tat der Conducator. Über die Securitate müssen hier keine unnötigen Sätze verloren werden. Konsultieren wir stattdessen fast kommentarlos Kunze, S. 180: „Da Ceauşescu an panischer Angst vor radioaktiver Verstrahlung litt, entwickelte das Institut für Atomphysik einen Füllfederhalter, der durch ein Signal erhöhte radioaktive Strahlung meldete. Die Experten verärgerten Ceauşescu allerdings, weil sie versäumt hatten, ihm die Funktionsweise des Gerätes ausreichend zu erläutern. Den furchtsamen Staatsmann überkam eines Tages eine panische Angst, da sein neues Schreibgerät ein Alarmsignal abgab. Es war aber lediglich mit einer periodisch zu erneuernden Substanz gefüllt, und der Ton ließ wissen, dass sie nachgefüllt werden musste." – S. 206f: „Aus Furcht vor Krankheiten mussten

[67] Von Chruschtschow überliefert; zitiert nach Maximilian Rubel, *Stalin*, Reinbek, 1975, S. 119.

Kinder, die Ceauşescu zu küssen gedachte, zuvor medizinisch untersucht werden. Bekam Ceauşescu Blumen überreicht, mussten diese zuvor desinfiziert werden, und nachdem Ceauşescu Hände geschüttelt hatte, wusch er sich mit Alkohol, um eventuelle Krankheitskeime zu vernichten. Am sensibelsten reagierte Ceauşescu auf Zugluft. [...] Da Ceauşescu ohnehin Probleme mit seinen Sprechorganen hatte, ordnete er das Vermeiden jeglicher Zugluft an. [...] Panik ergriff Nicolae Ceauşescu gleichermaßen bei dem Gedanken, vergiftet werden zu können. [...] Ion Mihai Pacepa [ein übergelaufener Geheimdienst-General] will wissen: ‚[1972] beschloss Ceauşescu, jedes Kleidungsstück nur noch für einen Tag zu tragen. Im gleichen Jahr wurden durch die Abteilung V der Securitate, welche seine persönliche Sicherheit verantwortete, Schneiderwerkstätten eingerichtet... Hier stellte man all die Sachen her, die Ceauşescu für die verschiedensten Anlässe benötigte: Kleidung fürs Büro, Leninmützen für Besuche in Fabriken, maßgeschneiderte Tweedmäntel, wattierte Winterjacken im sowjetischen Stil, Alltagsanzüge aus importierten britischen Stoffen und Jägermonturen im deutschen Stil...‘ Die Kleidungsstücke seien in versiegelten Plastikfolien in Ceauşescus Residenz geliefert worden. Einmal getragene Sachen habe man in unregelmäßigen Abschnitten verbrannt. Für Elena Ceauşescu sei eine ähnliche Regelung 1974 getroffen worden. [...] Die Furcht vor Vergiftungen ließ ihn auch einen Vorkoster beschäftigen, der Ceauşescu auf Reisen mit einem tragbaren Labor begleitete. Alle Nahrungsmittel wurden in versiegelten und gekühlten Containern selbst ins Ausland aus Bukarest mitgenommen und rund um die Uhr bewacht. Die Mahlzeiten bereiteten ausschließlich rumänische Köche vor. [...]“: Wir müssen uns Ceauşescu als unglücklichen Menschen vorstellen.

Konnte solch ein Mensch Vertrauen haben? Konnte es ihm gegenüber Offenheit geben? Gab es auch nur Einen, der den Titan nicht belog? Und: Wäre Anderes überhaupt denkbar gewesen, gesetzt, jemand hätte so viel Mut aufgebracht, ein rumänischer Marquis Posa? Es sei dahingestellt. Jedenfalls beschloss die Wirklichkeit, sich ganz dialektisch-hegelianisch nach den Ideen zu richten, nach dem titanischen Weltbild des Conducators und der Verkündigung des Neuen Rumänien. Das Volk sollte ihn lieben? Also liebte es ihn! Der Korrespondent Christian Schmidt-Häuer[68] berichtet: „[...] [Ich] entschuldigte mich für die 12-stündige Verspätung. ‚War mir klar' antwortete sie [die rumänische Journalistin], ‚über der Walachei liegt eine Nebelbank, die sich erst übermorgen auflösen soll. Aber wir müssen sofort zum Flughafen...' – ‚Warum? Es können doch gar keine Maschinen starten und landen...' – ‚Eben deshalb. Zehntausende werden gerade mit Bussen in Richtung Flughafen gefahren. Der Präsident kommt vom Schah aus Teheran zurück, frisch geschmückt mit einem Ehrendoktor...' Mehr wagte die Kollegin am Telefon nicht zu sagen. Wir fuhren. Wir sahen die umnebelten Kolonnen tastend und fröstelnd Spalier bilden, vom Flugplatz bis in die Stadt. Fähnchen wurden verteilt, die schon der Nebenmann nicht mehr sehen konnte. Ceauşescu kam nicht, sondern landete in Constanta am Schwarzen Meer, wie nicht anders zu erwarten. Aber wäre plötzlich ein kleines Loch in die Nebeldecke über Bukarest gerissen und der Präsident ohne Begrüßungsspalier zurückgekehrt, hätten Hunderte Hofschranzen Kopf und Kragen verloren. So wurden die 100.000 Menschen in ihre Betriebe zurückgekarrt, als sei nichts geschehen. Sie hatten an diesem Vormittag weder gejubelt noch gearbeitet. Schon am nächsten Tag wurde eine Näherin in den

[68] *Die Zeit*, 29. 1. 2004, S. 80.

Abendnachrichten vor laufender Kamera an den Pranger gestellt. Die Frau, die durch die ganze Stadt zu ihrem Werk fahren musste, war um wenige Minuten zu spät gekommen."

Selbst die Natur liebkoste Nicolae Ceaușescu. Sobald er auf Bärenjagd ging, posierten große zahme Tiere vor der Flinte, so dass der Jupiter der Karpaten vermöge seines jagdlichen Heldenmutes alsbald zu einem der erfolgreichsten Bärentöter aller Zeiten avancierte: „Forstbeamte erzählten, dass Ceaușescu sich jedes Mal wie ein Kind freute, wenn er sah, was er geschossen hatte."[69] Gab es noch etwas zu fragen für ihn? Alles war so klar und so einfach: Die Vorstellung hatte sich dem Willen unterworfen. Ceaușescus Welt war der Garten Eden, nach Seinem Willen. „[...] Nicht nur beim Waidwerk bauten heuchelnde Funktionäre ihrem Chef potemkinsche Dörfer auf. Der vorauseilende Gehorsam kannte keine Grenzen. Wenn Ceaușescu übers Land fuhr, sollte er keine mageren Rinder sehen. Ein Vorauskommando postierte wohlgenährte Kühe auf den Weiden. In Cluj-Napoca (Klausenburg) verschönte man einen Platz, an dem der ‚mehrfache Genius' vorbeikommen sollte, mit Tannen. Da die Bäume vergilbt waren, besprühte man sie mit grüner Farbe. Auf einer Obstplantage in Siebenbürgen, die den Besuch des Staatschefs erwartete, ließen lokale Parteifunktionäre zusätzliche Äpfel mit Draht an den Bäumen befestigen. Die Aufzählung derartiger Begebenheiten ließe sich beliebig fortsetzen."[70]

Was vermag der Mensch mehr? Die Welt ist Seine Schöpfung. Gott schied das Licht von der Finsternis. Schied die Elemente. Durch Sein schieres Wort bringt hervor die sozialistische Erde, die vor Ihm war ohne Form und leer, Äpfel und grüne

---

[69] Kunze, S. 254.

[70] Ebd.

Tannen und fettes Rindvieh. Und Er sprach: Die Walachei werde zum Garten Eden. Und also geschah es. Alles Andere wäre Blasphemie vor Ihm. Sein reiner Wille vermag die Wirklichkeit zu formen. Er ist der donquichotteske Gott. Wie sich die Wirklichkeit dem Löwenritter endlich unterwirft, nachdem er vordem so hoffnungslos wie unermüdlich gegen Mühlen und Schafsarmeen angerannt war (das Wunder vollbringen die Weisungen des hämischen Herzogpaares, aber was tut das zur Sache?), so besiegt auch des Bärenritters Wille die Widrigkeiten der Welt. Was ist noch Wirklichkeit, was real existierender Kafkaismus[71]? Für Ceauşescu war das Eins. Seine Welt war endlich Eins geworden, und er war ihr „irdischer Gott".

Was indes bleibt irdischen Göttern noch zu vollbringen? Zumal, wenn Zeit und Diabetes ihren Tribut fordern? Wenn dem Narziss aus jedem Spiegel Der mit der Sense entgegen tanzt? Wenn die Bilder immer raffinierter manipuliert werden müssen, damit das Volk den Knochenmann nicht ahnt? Wenn den Kameramännern der kalte Schweiß ausbricht ob dieser Aufgabe? Denn Götter wollen Ewigkeit.[72] Ewigkeit, der die ver-

71 Die Formulierung geht zurück auf den regimekritischen Intellektuellen Mircea Dinescu (vgl. Kunze, S. 236).

72 Josef Stalin war 1952–53 konsequenter verfahren als Ceauşescu. Auf eine schlechte Gesundheitsprognose hin (höchste Schlaganfallgefahr) hatte er erstens seinen Leibarzt dem Gulag überantwortet, aus dessen Insubordination zweitens auf eine landesweite Ärzteverschwörung geschlossen, die drittens – viele sowjetische Ärzte waren Juden – von der jüdisch-imperialistischen Weltverschwörung gesteuert sei. Im ganzen Imperium entfesselte sich eine Hexenjagd gegen Ärzte, und Pläne zur Deportation sämtlicher sowjetischer Juden sollen bereits vorgelegen haben. Zum Unglück des Generalissimus war auch der Sensenmann in das Komplott verwickelt. Stalin hätte sich postum durch den tödlichen Schlaganfall bestätigt fühlen dürfen: Wahrscheinlich war sein Tod ein jüdischer Arzt, den man nur rechtzeitig in die sibirischen Bergwerke hätte schicken müssen – und er, Stalin, wäre zuletzt Herr auch über das eigene (Nicht-) Sterben geworden („Leben" wäre hier das falsche Wort, weil es das Sterbenmüssen einschließt). – Vgl. dazu Elias

gängliche organische Materie nicht genügt: Graniten muss sie sein. Zu erschaffen ist Unvergängliches. Monumente gilt es zu errichten. Pyramiden. Mausoleen. Türme, die in den Himmel reichen und mitunter einstürzen und die Zungen verwirren und ihrer Erbauer wie ihrer Zerstörer Handeln auch. Da des Conducators weltpolitisches Renommee reziprok zur galoppierenden Potemkinisierung Rumäniens dahin schmolz, richtete sich seine Gestaltungswut nach innen. Sein Rumänien sollte stark sein. Sollte autark sein gegen jeden Einfluss aus der feindlichen Außen-Welt. Frei von Schulden. Rumänien förderte Öl für den Klassenfeind, während die Zimmertemperatur im winterlichen Bukarest bei 10 oder 12 Grad stagnierte. Ceauşescu ließ Getreide exportieren, während im irdischen Paradies das Brot ausging. Die zerstreute Hausfrau, die mit leerem Korb vor ihrer Haustür stand, fragte sich, ob sie gerade einkaufen gehen wolle oder schon zurückkehre. Die Rumänen hungerten, sie froren, aber, mit Hegel: Um so schlimmer für die Wirklichkeit. Ceauşescu erfuhr täglich aufs Neue: Seine Ideen wurden naturgesetzlich Wirklichkeit.

Was noch fehlte, war ein Monument zum Anfassen. Denn was ist ein Cheops, was ein Ceauşescu nicht ist? Und nochmals kam den Ceauşescus der Weltgeist zur Hilfe, in Gestalt des Erdbebens vom 4. März 1977, des schwersten in der Geschichte Rumäniens. Das Beben zerstörte einen Großteil der Bukarester Altstadt und schuf damit Raum für die Krönung des Ceauşescuschen Lebenswerks. Ceauşescus Glück: Ein Erdbeben ist unverdächtiger, als es zum Beispiel der Brand von Rom gewesen war, der dem singenden Imperator Nero zwar Raum für seine

---

Canetti, *Masse und Macht*, Düsseldorf, 1960, besonders die Kapitel „Überleben und Unverletzlichkeit" (S. 262-264), „Überleben als Leidenschaft" (S. 264-266), „Der Machthaber als Überlebender" (S. 266-269), „Abneigung von Machthabern gegen Überlebende. Herrscher und Nachfolger" (S. 279-283).

domus aurea verschaffte, ihn aber mittelbar Thron und Leben kostete. Bulldozer vollendeten, was das Beben ermöglicht hatte, und 1984 begann der Bau des „Palast des Volkes". Was jeder ästhetischen Kategorie spottet, referieren wir in Zahlen: 20.000 Arbeiter während 24 Stunden täglich; Raumvolumen: über 2.500.000 m^3; Baukosten: 2.000.000.000 US-Dollar. Während das Land verelendete, wollten sich die Ceauşescus mit 16.000 m^2 privaten Wohnraums bescheiden. Bis Ende 1989 war der architektonische Albtraum schon recht weit gediehen, und bis heute lässt er die Rumänen ratlos ob seiner Verwendbarkeit über die makabre Touristenattraktion hinaus. Ceauşescus Palast war größer als die Pyramiden, grandioser als der Kölner Dom, als Versailles, als der Taj Mahal, kolossaler als Stalins Bauten, als die Monumente Maos und Kims, als Manhattans Wolkenkratzer. Wohlauf, lasst uns eine Stadt und einen Turm bauen, dessen Spitze bis in den Himmel reiche, damit wir uns einen Namen machen: Er hatte es vollbracht. Er hatte den Kreis der Geschichte geschlossen, er hatte den Mythos erfüllt. Der Auserwählte hatte das Erbe Gottes angetreten.[73] Gott sei größenwahnsinnig geworden, flüsterten die Rumänen, er halte sich für Ceauşescu. So groß war der Titanentitan, dass er in seiner welthistorischen Großartigkeit in Sphären auffuhr, denen alles Menschliche so unendlich tiefer war, bis ihm Erdenreste ununterscheidbares, lästiges, gleichgültiges Gewusel waren, irgendwann nicht einmal mehr seiner Verachtung wert, bis endlich kein gewöhnlicher Sterblicher diese Großartigkeit noch im Entferntesten hätte ermessen können – bis irgendwann irgendwo in Rumänien ein

73 Wir wollen nicht behaupten, dass Ceauşescu Nietzscheaner gewesen sei. Er dürfte zu schlichten Gemüts gewesen sein, Nietzsche wenigstens auf dem Niveau eines *Also sprach Zarathustra* lesenden Oberstufenschülers misszuverstehen.

kleines Menschenkind das laut zu sagen wagte, was alle längst schon wussten: der Kaiser sei nackt.

Ceauşescu wehrte sich nicht und bettelte nicht um Gnade, als er gefesselt und vor das Exekutionskommando gestellt wurde. Er bewahrte Würde. Aber er weinte. Weinte der Diktator, der sterben musste? Oder weinte ein Mensch, den jetzt, angesichts des Todes, sein eigentliches Ich einholte, dem er sein Leben lang wider tieferes Wissen zu entkommen gehofft hatte: Hatte Narziss sich erkannt? Weinte hier Der, der sich zuletzt und endgültig als einsamer, verachteter, stotternder Schusterbube fand?

Der Midasfluch des absoluten Ich

Kaum eine Biografie ist ähnlich dankbar zu erzählen. Das tragische Dasein des Karpaten-Jupiters könnte Stoff sein für ein Drama, das kaum Fakten verändern, allenfalls Weniges stilisieren müsste.[74] Keine andere Cäsaren-Karriere, kein Nero, Louis, Stalin, Hitler stellt sich so idealtypisch dar wie die Ceauşescus. Kaum jemals dürfte einem in jeder Hinsicht durchschnittlichen Menschen die Möglichkeit gegeben gewesen sein zu einer solchen Ich-Verwirklichung. Dabei war Ceauşescu kein Kaisererbe, war auch kein entfesselter Psychopath wie Hitler, kein paranoider Sadist wie Stalin – er war Bio-Konfektionsware wie du und ich. Er ist Man – ist Wir.

Aber er wurde Zeichen, wurde Begriff. Er wurde „Literatur", anders zwar, als er selbst gehofft haben dürfte. „Gott" wollte er heißen, „Dracula" wurde sein letzter Name. Vom Moment seiner Machtübernahme an verläuft seine Entwicklung

74 – wie S. Eisensteins Film *Iwan der Schreckliche* über den starkhändigen Einiger Russlands (von Stalin goutiert), dessen hybride Macht unentrinnbar in tödliche Paranoia mündet (von Stalin weniger goutiert).

mit geradezu alttestamentarischer Wucht. Der Name Ceauşescu wurde zum Zeichen für bizarren Cäsarenwahn, der über Leichen geht, weil ihm die Realität der Leichen entgeht. Die Kaiser-und-Gott-Existenz erreicht eine Absolutheit, die die Absurdität der eigenen Existenz vereindeutigt und damit besiegt zu haben scheint – den absurden Preis aber zahlt die Mitwelt, die er nur als Umwelt, als Kulisse zu begreifen im Stande ist: Der real existierende Surrealismus Rumäniens wurde zum Spiegel der verdrängten existenziellen Angst des Ceauşescuschen Daseins. *L'etat: c'etait lui* – es ist auf eine gespenstisch psychologische Weise wahr.

Richard Avenarius hat in seiner Untersuchung *Der Größenwahn – Erscheinungsbilder und Entstehungsweise*[75] das Phänomen des Größenwahns als pathologische Symptomatik beschrieben. Seine Fälle allerdings hatten nie die Chance, ihre Welt zu verwirklichen: Der Preis ihrer Selbstverwirklichung war ihr Weltverlust. Die Ceauşescus dagegen werden aus genau einem Grunde nicht als krank definiert: Die Welt folgt ihnen. Die Bühne zum Beispiel der Schizophrenen ist ihre subjektive Vorstellungswelt. Die Bühne der Cäsaren jedoch ist die reale Welt, vor der sie ihr Ich-Spiel aufführen. Mag die Bühne auch immer absurder werden, so bleibt sie doch Realität. Das hybride Ich wird zur Literatur, zur Rolle, und nur darin findet es sich: Die Existenz als Als. Nero gerierte sich *als* Künstler (anscheinend, Peter Ustinov zum Trotz, nicht einmal ohne Qualität[76]) und gewann nebenbei, *als* Sportler, die Olympischen Spiele in sämtlichen

75 Berlin – Heidelberg – New York, 1979.

76 Ein Schelm, wer gerade darin den Hauptunterschied zu einem neueren Nachfolger Neros im Amte des römischen Regierungschefs sieht, der es ebenfalls liebte, sich als Dichter und Sänger zu produzieren – vermittels einer Medienmacht, deren Möglichkeiten Nero vor Neid hätten ergrünen lassen.

Disziplinen. Ludwig II. gondelte *als* Lohengrin durch seine Venusgrotte: der König als Wagner-Rolle. Hitler wie Stalin agierten *als* größte Feldherren aller Zeiten. (Hitler verlor den Krieg trotz Stalins Feldherrenkunst.) Ceauşescu posierte *als* heroischer Bärentöter. Mao verfasste *als* Dichter triviale Verse und *als* Philosoph seine – was sonst – „Bibel", und Gaddafi mochte ihm *als* Denker nicht nachstehen. Die Reihe ließe sich beliebig verlängern. Held – Künstler – Denker – Prophet: Die liebsten Rollen der Cäsaren, existenzielle Legitimation wohl weniger vor ihrem Volk als vor dem eigenen Ego. Das Ich ist absolut, die Welt ist allein Meine Bühne, und Ich habe das Recht, auf ihr aufzuführen, was immer Mir beliebt. Geisteskranke wie Cäsaren teilen sich mit vielen unauffälligen Mitmenschen die hundsdumme[77] Verkennung dessen, dass das Selbst immer ein Pas de deux aus Ich und Welt ist, der weder aufzulösen noch zu hierarchisieren ist. Das Cäsaren-Ich (wir könnten es mit dem selben Recht „Künstler-Ego" nennen): Es ist nichts anderes als das Selbst des egozentrischen Kleinkindes[78], das in Verbindung mit Macht zum hochexplosiven Stoff werden kann. Dass solch regressive Charaktere stets unter dem Zwang zur Machtausübung stehen, in allen Lebensbereichen: Es gehört ins Zentrum der grausigen Tragödie menschlicher Dummheit.

Vieles in Avenarius' Untersuchungen zum pathologischen Größenwahn scheint jedenfalls unmittelbar die Ceauşescus zu betreffen. Das Ego beider Ceauşescus mag von Kindheit an hinreichend verletzt worden sein. Avenarius begreift solchen Leidensdruck als wesentlichen Motor des Ausbruchs in megalo-

---

[77] Das Adjektiv gilt für Gesunde, von denen wir voraussetzen, dass sie eine Wahl haben, die Perspektive zu wechseln.

[78] Auf Ortega y Gasset und seine *Psychologie des verwöhnten Kindes* als Allegorie des modernen Massenmenschen werden wir noch zu sprechen kommen.

mane Fantasien.[79] Auch die Antagonisten Größenwahn und Paranoia spielen prominente Rollen bei Avenarius. Angesichts der Symptome der Megalomanie differenziert er:

> „Bei den im Zentrum des Ich [...] stehenden Größenthemen geht es um das, was einer *‚ist‘*, und zwar hinsichtlich seiner Eigentlichkeit und Werthaftigkeit als Mensch [‚Titan der Titanen‘, ‚Irdischer Gott‘]. Für den Abstammungs- und Geniewahn trifft das nicht mehr in der gleichen zentralen Bedeutung [...] zu [‚Mehrfacher Genius‘, ‚Erste Wissenschaftlerin Rumäniens‘ usf.]. Die folgenden Gruppen, deren Wahn von dem handelt, was einer *‚kann‘* (Macht) [‚Schöpfer des Neuen Rumänien‘, Palast des Volkes] und was einer *‚hat‘* (Reichtum) [goldene Wasserhähne, Paläste, Yachten] entsprechen [...] weiteren Stufen zur Peripherie hin. Am äußersten Rande des Ich, am wenigsten tief erlebt, steht dann das Bild der wahnhaften megalomanen Bruchstücke, eine Vielfalt heterogener Bilder von Großartigkeit, mit denen der Kranke vor sich und anderen seinen Wert und seine Wichtigkeit aufputzt [‚Prinz Zauber‘, ‚Honig der Welt‘, ‚Quelle des lebendigen Wassers‘, ‚Morgenstern‘, ‚breitblättriger Nussbaum‘, ‚Sohn der Sonne‘].“[80]

An dieser Stelle sollte der aufmerksame Leser einen scharfen Einwand gegen die Pathologisierung der Ceauşescus erheben. Was Avenarius analysiert, sind Wahnvorstellungen ohne Entsprechung in der Wirklichkeit. Die Ceauşescu-Attribute aber stammen von seinen Höflingen, nicht von ihm selbst. Daher wäre es, wie gesagt, im strengeren medizinischen Sinne offensichtlich unzulässig, ihn für megaloman zu erklären. Ceauşes-

79 Avenarius, S. 68ff, „Die Leidentlastungstendenz“.

80 Ebd., S. 37.

cus Cäsarenwahn konnte bizarre Blüten treiben, weil seine Umgebung ihnen den fettesten Dünger lieferte. Auf diesem Weg konnte es kein Zurück geben: Sobald Nicolae die absolute Macht hatte, war er Midas. Was er berührte, seine ganze rumänische Welt, verwandelte sich ihm in Ich, bis sein Selbst verhungert war. Der Rollenspieler war auf seiner Welt-Bühne gefangen, war lebenslänglich verurteilt, den eselsohrigen Diktator-Clown zu geben. Ob er das geahnt hat, es gar anders gewollt hätte, ob irgendein Cäsaren-Diktator es jemals anders wollte? Immerhin spricht manches dagegen, dass Ceauşescu ein nihilistischer Zyniker war, ein Roi Ubu, ein Göring gar, der angesichts des Nürnberger Tribunals geäußert haben soll, er habe „wenigstens 12 Jahre *anständig* gelebt“: Ceauşescus Tränen bei der Exekution sind vielmehr die traurige Version von Erich Mielkes tragikomisch fassungslosem „Ich liebe euch doch alle!“. Und seine Sendung, sein Auserwähltsein – wir finden das nicht allein in der megalomanen Gottesnähe der Fälle bei Avenarius gespiegelt. Wir erkennen es wieder im anachronistischen Gottesgnadentum Wilhelms II., in der psychopathischen Vorrsähung, auch in der gewaltsamen Weltordnungs-Mission eines George W. Bush, und im fanatischen Gotteskriegertum ohnehin. Wie diese und wie zahllose Namenlose scheint Ceauşescu dumm genug gewesen zu sein, an Sich und Seine Sendung zu glauben. Und wen erblicken wir im Spiegel?

Metaphorisch (und zu befürchten steht: mehr als das) gilt also: „Ceauşescu“ war ein kollektives Produkt. Und die Viren, die Rumänien mit dem Kafkaismus infizierten, hießen nicht nur Ceauşescu. Frei nach Musil: Wenn die Menschheit als Ganzes träumen könnte, müsste Ceauşescu entstehen – als Fleischwerdung des alttestamentarischen Gottesbegriffs. Das Cäsaren-Spiel funktioniert nie ohne Publikum. Ohne Publikum und ohne Stichwortgeber ist der beste Solo-Darsteller nicht mehr als ein Fall für Avenarius. Der regressiv-infantile Charakter will Macht – aber jede Macht braucht Mitspieler, die sie legitimieren: die Genossen Hofschranzen, die sogenannte Intelligenz, die Opportunisten aller Couleur, die den Auserwählten preisen, solange er ihnen nützt, und die den Dracula exekutieren, sobald er das nicht mehr tut. (Nur in Parenthese sei hier angemerkt, dass man mit einer beherzten Exekution hervorragend eine bisher leider unterdrückte demokratische Gesinnung demonstrieren kann: Es ist nur ein frommer Mythos, dass Blut schwer abzuwaschen sei. Das Blut des exekutierten Diktatorenpaares reinigte besser als Seife. Es wusch Spuren der Gefolgschaft fort. Der selbe General Victor – „Sieger" – Stanculescu, der Tage zuvor auf Befehl der Ceauşescus hin das Blutbad von Temesvar angeordnet hatte, war es auch, der ihre eigene Hinrichtung organisierte.[81] Vom Poeten Paunescu war bereits die Rede, stellvertretend nur für viele in aller Welt und zu allen Zeiten.)

Ist die rumänische Krankheit also Vergangenheit? Ist sie spezifisch rumänisch? Diktaturenspezifisch? Können wir uns darauf verlassen, dass *wir* besser sind – dass wir weniger dumm, dass wir wirklich anders sind als die Ceauşescus und ihre beflissenen Untertanen? Womit wir, Dikta- oder etwelche Toren, getrost zum dritten Teil unserer Untersuchung schreiten können.

[81] Kunze, S. 379ff.

3. Der Mensch ist des Menschen Lemming. Die kollektive oder horizontale Dummheit

Nichts gibt so sehr das
Gefühl der Unendlichkeit
als wie die Dummheit.

(Horvath)

Bildung macht den Menschen (wieder) gut: Das war der Traum der europäischen Aufklärung und der deutschen Klassiker gewesen. Gymnasialprofessoren hatten ihm zu Ehren Generationen künftiger Ingenieure und höherer Beamter und Herrenreiter den Eros altgriechischer Grammatik eingebläut. In den Ideologien des 20. Jahrhunderts war die Volks- bzw. Klassen-Bildung in ihrem doppelten Sinne zum Albtraum mutiert, doch noch die 68er klammerten sich hoffnungsfroh an den Strohhalm, man könne durch die Besserung der Verhältnisse (sozial) und des Bildungsstandes (individuell) auch den Menschen als solchen bessern. Der Mensch sei „eigentlich" gut, und Bildung habe die Aufgabe, ihn zu diesem Gutsein zu befreien und zu befähigen. Was „es" indes war, das ihn dem Paradies entfremdet hat – wir lassen es dahingestellt.

Denn ob der post-rousseausche gereinigte Tor einem Engel oder einem Schimpansen ähnlicher sähe, können wir nicht seriös entscheiden, auch wenn wir einen klaren Verdacht hegen. Auch auf das Marionettentheater-Paradoxon, gerade durch Bildung dem Sündenfall der Verbildung entgegenwirken und das verlorene Paradies rekonstituieren zu wollen, weisen wir nur als Kuriosum hin. Wir wollen vielmehr dem Bildungsgedanken zugute halten, dass er sich weigert, den Menschen von vornherein als des Menschen Affen zu sehen, sondern ihm die dumme Rohheit durch Bildung austreiben möchte.

Bildung also als Mittel gegen die Dummheit, deren Praxis die Rohheit ist: Das war ein schöner Gedanke gewesen in einer Zeit, als man noch glauben durfte, dass das Wünschen hülfe. Heute dagegen? Auf einen Bildungs-Impfstoff gegen das Virus der Dummheit ist weniger denn je zu hoffen nach den neueren und neuesten Ernüchterungen. Bildung veredelt den Menschen: aber wenn er gar nicht edel sein will? Wenn er sich in seiner selbstverschuldeten Unmündigkeit recht gemütlich eingerichtet hat? Wenn er an seinen trostreich dummen Vorurteilen klammert wie das Kind am Kuschelbär? Wenn er, in die Enge getrieben, seine Wunderwaffe wider die lästigen Aufklärer abfeuert, das Zauberwort „verkopft"? Denn „Faulheit und Feigheit sind die Ursachen, warum ein so großer Teil der Menschen […] gerne zeitlebens unmündig bleiben […]. Es ist so bequem, unmündig zu sein."[82]

Das Augustinische „credo, quia absurdum est" bringt es widerstrebend auf den Punkt: Wie der Mensch aus dem Paradies des Uterus ins Absurde seiner Welt geworfen wird, so führt kein Weg zurück in die Geborgenheit seliger Unmündigkeit, wenn man sie einmal verlassen hat. Und in einer Gesellschaft, die es nach Möglichkeit jedem freistellen will, nach seiner Façon selig zu werden, wird man auch ein Recht auf Unmündigkeit zugestehen müssen. Folglich liegt es uns Heutigen näher, „Autonomie" als freie Autofahrt für freie Bürger zu er-fahren, als die Metamorphose zur Schönen Seele auf uns zu nehmen. Ob andererseits die alte Zeit auch die gute, selbst nur die bessere war, dürfen wir bezweifeln. Wir wollen keine Litanei über den

82 Immanuel Kant, *Beantwortung der Frage: Was ist Aufklärung*, in: *Theorie-Werkausgabe* Band XI, Frankfurt, 1968, S. 53.

Verfall der Kultur anstimmen und nostalgisch betrauern, was noch nie durch institutionalisierte Bildung zu heilen war – die selbstverschuldete Un-Bildung, die Rohheit. Vielmehr werden wir untersuchen, was wir hier im weiteren Sinne „unsere Kultur" nennen wollen, nämlich einige intersubjektiv dumme Konstanten unseres Zusammenlebens und ihre prägende Rückwirkung auf uns Einzelne. Wir verlassen also das Gebiet des existenziell und allgemein Menschlichen und konzentrieren uns auf unsere moderne, aufgeklärte, liberale Dummheit.

Scheherazade

„Im Anfang war das Wort, und das Wort war bei Gott, und Gott war das Wort. Dasselbe war im Anfang bei Gott. Alle Dinge sind durch dasselbe gemacht, und ohne dasselbe ist nichts gemacht, was gemacht ist."

Wenn der größte Literat unter den Evangelisten seinen Text so beginnen lässt: Wie könnten wir so vermessen sein, das Gewicht der Worte leichtfertig zu übergehen? So behaupten wir geradewegs und im Vertrauen auf Johanni Autorität: So das Wort im Anfang war und Gott war, haben wir unsere Überlegungen über die Dummheit unserer Kultur vom Wort, von den Begriffen, von der Sprache her zu beginnen. Allzu episch zwar müssen wir uns nicht verbreiten, hat doch ein Essay das Privileg, Verzicht leisten zu dürfen auf das umständliche Referieren großer Schweifsterne wie de Saussure, Russell, Nietzsche (der rasierten Gesichtshälfte), Wittgenstein, Derrida und Anderer, die uns unausgesprochen den Weg weisen mögen, wie wir hier auch getrost ihren akademischen Kometenschweif ignorieren dürfen. Nicht die hinlänglich geläufige neuere Begriffskritik in ihren Verästelungen muss uns interessieren; erst recht nicht werden wir uns aufs Glatteis sprachphilosophischer Dekonstruktion wagen. Was wir suchen, ist ja lediglich ein Vergrößerungsglas, das uns beim Blick auf die Facetten der Dummheit nützlich sein kann. Wir wollen uns also vorerst auf wenige naive Gemeinplätze beschränken.

Unserer landläufigen Ansicht zufolge ist Sprache schlicht Ausdruck, Zeichen für etwas. Ein Ausdruck, so de Saussure, bezeichnet einen Inhalt: Einfacher geht es nicht. Wir wollen aber noch hinzufügen, dass dieses Modell (nicht für de Saussure, aber unserem Alltagsverständnis nach) den Schnellschluss provoziert, *es gäbe* per se einen Inhalt: Ein Ausdruck benennt ein

Etwas, das, um überhaupt ein Etwas sein zu können, wie auch immer „sein“ muss. Auch als „nicht da“ Seiendes „ist“ es wie auch immer, und selbst wenn ein Ausdruck für dieses Etwas „falsch“ wäre, benennt er doch „etwas“. Wichtig ist: Es gibt, so meinen wir, einen Inhalt, es gibt einen Ausdruck dafür, und beide sind streng getrennt in die Welt des Seins und die Welt der Worte. Der Einfachheit halber – nicht im strengen grammatikalischen Sinne – nennen wir dieses Etwas „Objekt“ und den Ausdruck dafür „Begriff“. Unsere Welt setzt sich aus Objekten zusammen, für die wir adäquate Begriffe haben.

Ferner ist Sprache das Werkzeug der Mitteilung. Wir können sinnvoll keine Begriffe verwenden, die der Andere nicht kennen kann. Folglich muss eine Sprachgemeinschaft für gemeinsame Objekte auch gemeinsame Begriffe haben. Und fröhlich folgern wir Menschenverstandler weiter: Wenn wir den selben Begriff haben, nehmen wir wohl auch das selbe Objekt wahr. Der philosophierende Unterprimaner indes denkt sich messerscharf: „Wie kann ich wissen, dass das, was für mich Blau ist, der Andere nicht als Grün sieht, das er nur Blau nennt? Wessen Blau ist also das richtige Blau?“ Er zweifelt an seiner Wahrnehmung und ihrer Mitteilbarkeit. Die prinzipielle Adäquatheit der Begriffe indes stellt er damit noch nicht offen in Frage. Wozu auch? Es gibt doch offensichtlich „Blau“, wenn ich den Himmel anschaue. Im Anfang war das Wort.

Wie auch immer haben wir uns darauf geeinigt, die Himmelsfarbe „Blau“ zu nennen, und wenn unser Gymnasiast grübelt, ob „Grün“ doch das angemessenere Wort sei, sei ihm das unbenommen. Was uns zu interessieren hat, ist: Der Wortlaut eines Begriffs[83] ist Konvention. Und eine Konvention ist etwas,

83 Begriff: Zunächst die kongruente Vorstellung dessen, was im Wort gemeint ist, also noch nicht notwendig der Wortlaut selber. Mein Begriff der Himmelsfarbe bleibt natürlich der gleiche, wenn ich an Stelle von blau *blue* oder

das ich zu befolgen habe. Wenn ich den blauen Himmel grün nenne, wird man mich mit Verständnislosigkeit sanktionieren, so wie ich, sollte ich meinen *coq au vin* ohne Besteck verzehren, kaum mit weiteren Einladungen zum *diner* werde rechnen können. Der junge Denker sei also getröstet: Ob der Himmel blau „ist", muss ihn gar nicht interessieren. Wir nennen ihn nun mal blau. Warum? Des g'hört so.

Aber was, so könnte Schüler Sancho dennoch und trotzig beharren, was ist eigentlich wahr an der Sprache, wenn wir gar nicht wissen können, ob unsere Begriffe die Wirklichkeit auch treffen! Die Antwort ist nicht schwierig: Ob ein Begriff von etwas „richtig" ist, kann uns völlig kühl lassen. „Begrifflich erkennen" meint allein: Mittels der Sprache zähmen wir uns unsere Welt. Wir zerlegen sie uns in handliche Objekte, machen sie uns kommensurabel, verständigen uns in Begriffen darüber, was sie „sei". Wir benennen nicht, was sie „objektiv" ist, sondern was sie *uns* ist – uns: der Sprachgemeinschaft, der Gemeinde der Sprechenden. Und selbstredend bestimmt umgekehrt der Gebrauch der Worte unsere Weltwahrnehmung. Nehmen wir beispielhaft das Geld, denn Geld in seiner Monovalenz ist eine so absolut ernste Angelegenheit wie der Eine Gott. Steigt der Brotpreis, sagt man zunächst: „Das Brot ist teurer geworden." Auch wenn Geld an sich kaum Kohlehydrate enthält, zumal, wenn man mit Kreditkarte zahlt, meint man also, das *Brot* sei nun teurer, umständlicher gesagt „mehr wert", denn Geld ist Geld und 100 Euro bleiben 100 Euro, solange ich den Schein im Portemonnaie oder die Summe auf dem Konto habe.[84] Dass der Geldwert erst einmal nur die lebenspraktische

bleu sage. Und übrigens war es hinterlistig von mir, den Johanneischen *logos* ohne Weiteres beim Lutherischen Wort zu nehmen: Im Anfang war – der Sinn? – die Kraft? – die Tat? Oder doch der (heilige) Geist, der Begriff, die platonische Idee?

84 „Nie war er so wertvoll wie heute": so wurde einst ein Schnaps beworben.

Allegorie einer hierarchischen *Relation*, einer fluiden Beziehung *zwischen* verschiedenen Waren ist, übersieht man, denn Zahlen sind objektiv und wahr. Wenn dann offizielle Statistiken von Inflation künden, spricht man von *Geld*entwertung, denn nun hat man wiederum schöne, sture, zweiwertige Zahlen: „Der Kaufkraftverlust im vergangenen Quartal betrug im Vergleich zum Vorjahreszeitraum 1,1 %." Was nicht falsch ist, aber den Relations-Charakter des Geldwerts ausblendet zu Gunsten einer binären Fixierung auf eine starre Summe.

Aber weder wollen wir uns in inkompetenter Kapitalkritik verlieren noch der Verlockung erliegen, weiter abzuschweifen und z. B. über das tiefsinnige Wort „Vorjahreszeitraum" zu meditieren. Wir fassen zusammen: Ein Begriff bezeichnet, aber dem Sprecher *bedeutet* er etwas. Allein dem Menschen als dem Ebenbilde Gottes ist die Welt im Wort gegeben, wie nur dem Menschen die Freiheit zur Un-Dummheit gegeben ist. Und nun beginnen wir zu fragen, ob hier eine tiefgründige Beziehung zu suchen wäre.

Halten wir nochmals fest: Sprache handelt nicht von irgendeinem Ding an sich, sondern von *unserer* Welt. Ob unsere Begriffe zugleich etwas „Objektives" „adäquat" benennen: Wir können es nicht wissen, und es kann uns so gleichgültig lassen wie nur irgend etwas. Schon die – in Worten gestellte – Frage an sich gibt keinen Sinn. Entscheidend ist etwas ganz Anderes: Die Sache funktioniert. Kindergartenkinder können sich „nach dem Essen im Sandkasten" verabreden, indem sie sich über Wo und Wann verständigen, ohne jemals über Sein und Zeit meditieren zu müssen. Und der Grund dieses Funktionierens ist nicht primär, dass die Welt notwendig so „ist" wie die Sprache, sondern dass wir eine gemeinsame Sprache sprechen: Wir kennen die sprachlichen Konventionen und ihre Konsequenzen für uns und befolgen sie dementsprechend.

Das Gleiche nochmals im Gedenken an Wittgenstein formuliert: Wir spielen ein Sprachspiel. Wir spielen, dass wir über „Welt" sprechen, und unser Spiel funktioniert, weil wir es nach gemeinsamen Regeln spielen. Und hier rufen wir uns kurz unsere Anmerkungen über Spiel, Spielen und Dummheit ins Gedächtnis: Ein Spiel und seine Regeln müssen ernst genommen und befolgt werden, damit das Spiel spielbar wird. Andererseits ist ein Spiel nur so lange kein dummes Spiel, wie sich die Spieler der Tatsache ihres freien Spielens bewusst sind. Wir sagten es: Das Spiel, nicht das Spielen muss ernst genommen werden. Die Verwechslung von Spielen und Ernst – wir nannten das versuchsweise den „Absoluten Ernst" – ist Hundsdummheit: der Mensch ist be-schränkt in seinen genuin menschlichen Möglichkeiten des Spielens. Auf das Sprachspiel gemünzt können wir also vorerst und noch bewusst abstrakt formuliert sagen: Wir spielen, eine „objektive" Welt zu benennen. Falls wir das ignorierten, falls wir *im Ernst* glaubten, die Welt, „die Wirklichkeit" und unsere Begriffe seien jenseits unserer Wahrnehmung notwendig und objektiv kongruent – das wäre Dummheit in ihrer begrifflich reinsten Form:

Begriffsdummheit ist die Verwechslung von Bezeichnen und Bedeuten.

Allerdings muss man hier sofort nachfassen. Wenn Spielen heißt, frei zu sein zum Spiel, ist zu fragen, wie frei wir eigentlich zum Sprechen sind. Dass wir *innerhalb* der Sprache nicht beliebig frei sind, liegt auf der Hand: Wir befolgen ihre Spielregeln – wie bei jedem Spiel. Allerdings gibt es, falls man nicht zufällig Bodhisattwa der soundsovielten Vollkommenheitsstufe ist, auch noch einfachere Übungen als das existenzielle Heraustreten aus der Sprache. Wir denken in Begriffen, sobald wir unser Denken bemerken. Wir sprechen über Sprache – in Worten.

Wir sind, wie es scheint, nicht ohne Weiteres in der Lage, willentlich aus dem Sprachspiel herauszutreten und etwas Anderes zu spielen. Wir Dutzendmenschen resignieren also und gestehen uns ein: Wir sind in der Sprache, und unsere Welt mit uns. Es spricht in mir. Der innere Monolog pausiert zwar mitunter, aber schon indem ich das registriere, spricht es weiter. „Es" kann sich ereignen, dass der Strom der Begriffe sich verlangsamt oder gar still wird, aber nicht „ich" kann ihn zum Stillstand bringen; mehr noch: sobald ich „ich" werde, fließt die Logorrhöe. Urlaub gibt es nur befristet. Musik z. B. kann den Wortfluss vorübergehend stillen, aber einen obszönen Brief, eine Ethik der Freimaurer, ein Rezept für Marillenknödel hätte auch Mozart nicht wortfrei komponieren können. Unaufhaltsam treiben mich Worte, Begriffe, Bedeutungen durch meine Welt, und das Ende des Bedeutungsstromes wäre das Ende des Ich: Scheherazade muss erzählen, solange der Sultan wacht. Indem die Bedeutungsmaschine unfehlbar läuft und Begriffe produziert, sobald ich mir meiner und meiner Welt bewusst bin, generiert sie letztlich das, was ich Wirklichkeit nenne. Und diese Annahme ist nicht argumentativ widerlegbar, denn dann müsste sie paradox durch Worte widerlegt werden.[85] Hypothetische performative Widerlegungen – Meditation, Mystik, Bewusstseinsveränderung aller Art – ignorieren wir hier wohlweislich: Dafür fehlen uns die Worte. Wir können nur andeuten, dass sie sich mit keinem Ich vertragen würden. Es bleibt die Behauptung: Inneres Schweigen ist „mir" unmöglich. So lange

[85] Zum Beispiel die Aufforderung: „Denk nicht an einen Elefanten." – „Bitte nicht gießen!", war auf dem Werbeschild für eine Zimmerpflanze in *Obi's Gartenparadies* zu lesen. Einem Freund verdankt Verf. den Hinweis, dass es nach Tilgung der üblichen Sprachschlamperei hätte heißen müssen: „Bitte nicht nicht zu gießen vergessen!" (Ob das wirklich hierher gehört, lassen wir offen, aber jedenfalls ist es hübsch.)

ich „ich“ bin, begreift und spricht es in mir, und dieser Fluss aus Begriffen und Worten erschafft „mir“ meine Welt: Im Anfang war das Wort.

Begriffliche Konvention und Kontrolle

Je meine Bedeutungsmaschine läuft als *perpetuum mobile.* Dass es uns schwierig wird, aus dem Spiel herauszutreten, muss aber längst nicht bedeuten, dass wir das Sprachspiel nicht als Spiel verstehen und wissend spielen können. Der Dummheits-Verdacht für die Gleichsetzung von Begriff und Wirklichkeit muss nach wie vor gelten, und zwar genau deshalb, weil wir Sprache im Sprachspielen über Sprache zu begreifen im Stande sind. Sprache ist ein Spiel, das (so wie hier) auch sich selbst zum Gegenstand nehmen kann – wie wir selbst uns Objekt sein können.

Betrachten wir diesen Punkt etwas genauer. Was hindert uns im Alltag daran, das Spiel der Sprache und des Sprechens zu begreifen? Wir können zunächst davon ausgehen, dass unsere Begriffe Konventionen, Spielregeln unterliegen, deren Missachtung die Sanktion des Unverständnisses nach sich zieht: Spielverderber werden ausgeschlossen. Unser Sprachspiel ist zu allererst ein intersubjektives Verstehensspiel. Ein Lyriker kann durchaus den rotgrün karierten Himmel besingen, aber auch das wäre nichts Anderes als eine kalkuliert dosierte Provokation der Verstehensgewohnheiten innerhalb des Sprachspiels. Selbst der Dadaist, der vorgibt, bedeutungsfrei, also konventionsfrei, gar herrschaftsfrei zu sprechen, „darf" das allein vor der Folie der Konventionalität: auch sein behauptetes Nicht-Bedeuten be-deutet unentrinnbar „etwas". Für Mimik und Gestik und sonstige Zeichen gilt selbstredend das Gleiche. Die einzige Chance, der Bedeutungsmaschine zu entkommen, ist Schweigen, und zwar das nicht demonstrative: das Verstummen des Eremiten, von dem niemand weiß. Da wir aber ehrliche Selbstbefrager sind, mussten wir bekennen: Auch wenn wir schweigen, spricht es in uns – und falls es in uns schwiege, könnten wir uns das nicht einmal selber sagen, weil sich schon damit das Schweigen verflüchtigen würde. Und, nochmals ehrlich gesagt: Ostentatives Schweigen schimmert zuweilen zwar golden als anti-beredte Pose von „Tiefe", aber das *zoon politikon*, das wir sind, zieht das redliche Silber des Redens solchem Katzengold allemal vor. Nicht jedes bedeutungsschwangere Scheinschweigen ist tief.

Bleiben wir also bei der Sprache des Alltags. Sie unterliegt, nochmals betonen wir es, der Konvention, dass wir für Sachverhalte, Wahrnehmungen, Mitteilungen usw., die wir für gleich halten, auch gleiche Begriffe verwenden. Unsere Wahrnehmung blau nennen wir „Blau", und das Objekt Stuhl nicht „Tisch". Des g'hört so, aber mit Dummheit hat das noch nichts zu tun, so wenig, wie es nicht dumm ist, dass beim Karo ohne Zwei Herzbube Kreuzas sticht. Verf. verlangte im tiefwürttembergischen Bäckerladen „eins von den im Kreis zusammengebackenen Brötchen da". Bäckereifachverkäuferin, empört: „Des isch a Jägerrad!" Der Name als solcher mag zwar putzig klingen, aber klassisch dumm ist erst seine fraglose Verabsolutierung. Wir bekleben unsere Welt mit Etiketten. „Das ist ein Tisch." – „Das ist ein Haus." – „Das ist ein Ball." – „Das ist ein Sachbuch." – „Das ist ein promovierter Philologe." – „Der Tod stellt aus versorgungsrechtlicher Sicht die stärkste Form der Dienstunfähigkeit dar." Das Kind, das das andere Kind auslacht, weil es ganz falsch „Möhre" anstatt „Gelbe Rübe" gesagt hat[86], der Skatbruder, der sich enragiert, weil der Schreiber das

[86] Gold, Weihrauch und Möhre brachten die Könige dem Jesulein, denkt sich ein Kind, das sich eine Vorstellung zu machen sucht: Gold ist wertvoll, Weihrauch nimmt man in Kauf, aber Möhren sind bekanntlich beste Babynahrung. Der Möhren-König ist so etwas wie die Tante, die Socken schenkt: Geld wäre willkommener, aber man mag sie trotzdem. Dummes Kind, lacht die große Schwester, die genau weiß, dass es „Myrrhe" heißen muss, ohne jemals daran zu denken, Dudens Fremdwörterlexikon zu konsultieren und

verlorene Handspiel *seinen* Regeln gemäß verdoppeln wollte, der Dozent der Philosophie, der allein die wortwörtliche, einzig und ausschließlich mögliche richtige Auslegung eines kanonischen Textes akzeptiert, der Gralshüter des Reindeutschen, der die biotopfremd wuchernden Anglizismen mit Stumpf und Stiel ausrotten möchte und in einem Rechtschreibreförmchen des Verfalls des Abendlandes gewahr wird, während ihn der jeweils aktuelle Völkermord nur pro forma berührt – qualitativ unterscheidet sie nichts. Regeln wie Begriffe sind ihnen nicht Zweck zum Spiel, sondern heiliger Fetisch.[87]

Verweilen wir noch einen Augenblick bei unserem Sprachpuristen. Im Grunde ist er ein eher harmloser Zeitgenosse, der außer seinem falsch parkenden Nachbarn allenfalls seinem Grundkurs Deutsch Unterprima (also der 12. Klasse, um gut deutsch zu bleiben[88]) das Leben wirklich schwer macht (hier z. B. würde er rotes „A" und schwungvolles „schwierig!" auf weißen Blattrand werfen). Symptomatisch ist er für uns als Vertreter eines interessanten Phänomens. Die allgemeine Begriffsdummheit, so hatten wir gefunden, besteht in der Verwechslung eines Spiels, das *unser* Spiel ist, mit der kongruenten Abbildung einer Wirklichkeit außer uns. Natürlich is des aso, sonst

das Wort mit einer Vorstellung zu verknüpfen. Das Wort korrekt aufsagen zu können, allein darauf kommt es an.

87 Sympathisch polemisch Ortega y Gasset, S. 166: „Alle Gegenstände, von denen die Wissenschaft, jede Wissenschaft, spricht, sind begrifflich, und begriffliche Gegenstände sind immer klar. So daß die Klarheit der Wissenschaft nicht so sehr in den Köpfen derer, die sie machen, als in den Gegenständen existiert, von denen sie reden."

88 Konzise auf den Punkt gebracht hat die ganze Tragik des Sprachpurismus Dr. phil Gerhard Polt: „England, das ist… das ist Tennis… das ist, äh, vollkommen was anders. Die Leute, die da Tennis anschaun, das ist – *culture*! Nicht wahr, *culture*, das ist, die ham ein ganz andres *level*, nicht? auf deutsch *Niveau* […]" – *Longline*, S. 202, in: *Menschenfresser*, Zürich, 1997, S. 202-205.

tät's ja net aso heißen, weiß der Valentinianer. „Ich sag's, wie's ist": Merksatz des Gemeinen Vulgärplatonismus. Der Sprachpurist dagegen gehört der Sub-Spezies des Gebildeten Vulgärplatonikers an. Er ist nicht naiv. Er denkt. Und als kritischer Kopf weiß er, dass unsere Begriffe unsere Weltwahrnehmung prägen. Daraus folgert der Teutono-Athener messerscharf: Unsere Welt ist das Produkt unserer Worte. Seit die *kids* im *net chatten*, geht die Kultur von *old europe* unrettbar vor die *dogs*.[89] Als weitere verbreitete Unterart sollte man ferner die Bewusstseinsgläubigen erwähnen. „Die Welt ist Produkt unseres Bewusstseins. Unsere Worte bestimmen unser Bewusstsein. Also bestimmen unsere Worte die Welt." Es ist ein Denkschritt mehr, aber kein anderes Resultat: Das Werkstück Wirklichkeit unterwirft sich dem Werkzeug Sprache, so oder so.

„Die Sprache bildet die Wirklichkeit ab" – „die Sprache macht unsere Wirklichkeit": Das sind die alternativen Verabsolutierungen des Sprachspiels. Die erste verabsolutiert den Inhalt, die zweite den Ausdruck. Einig sind sich beide im Idealismus, dass den Worten allein heiliger Ernst zukomme. Begriffe seien Brücken in eine metahumane, objektive Wirklichkeit, ob sie diese nun abbilden oder bestimmen. Und falls „die Wirklichkeit" sich gegen die Begriffe dennoch spröde ziert, sind wir instinktiv geneigt, mit Hegel zu sagen: Um so schlimmer für die Wirklichkeit. Am Ende, wir werden das noch genauer sehen, triumphiert die selbsterfüllende Prophezeiung der Bewusstseinsgläubigen: Die Wahrnehmung dessen, was wir „Welt" nennen, richtet sich nach den Begriffen – was gar nicht anders

---

89 Als ziemlich deutsche Erfindung wäre in diesem Kontext an die Unterscheidung von (seinsvergessener, angelsächsischer) „Zivilisation" versus (deutscher, wahrer) „Kultur" ungefähr seit der Zeit Wilhelms II. zu erinnern, deren Ausläufer in mancher neueren Amerikaskepsis noch immer spürbar sind. Dass die Verbreitung wahrer Kultur auch die Kreuzzüge von Bush II. legitimieren sollten, steht auf der ironischen Rückseite jenes Blattes.

sein kann, wenn wir an „die Wahrheit“ der Worte glauben. Die Wahrheit von Wirklichkeit und Welt ist eine Glaubensfrage. Der tautologische Wort-Gott erschafft sich selber: Im Anfang war das Wort.

Aber wie so oft müssen wir hier sanft relativieren. Wir merken an, dass Begriffsgläubigkeit wie Sprachpurismus nicht am Einzelnen hängen müssen. Ein Physiker muss sich *als Physiker* seiner fachspezifischen Sprache anvertrauen. Das muss, das sollte ihm aber nie das grundsätzliche Misstrauen seinen Prämissen gegenüber verstellen. Zu verleugnen, dass eine wissenschaftliche These – lies auch: ein Begriff – falsifizierbar sein muss, wenn sie relevant sein soll, wäre schlichtweg dumm. Umgekehrt hat es der Sprachphilosoph leicht, sprachskeptisch zu sein, so lange nicht sein Auto abgeschleppt wird, weil er den Begriff „Absolutes Halteverbot“ etwas zu pragmatisch dekonstruiert hat. Was die Welt „wirklich“ ist: Unsere Worte sagen nur, was sie begrifflich ist. Die Annahme „die Welt ist wie die Begriffe“ ist naiv, aber ebenso unzulässig ist der Umkehrschluss „die Begriffe können nur sich selbst begreifen“. Welt und Wort und Wahrnehmung – es bleibt ein unheilbares Durch-Einander, aus dessen Labyrinth wir uns klüglich heraushalten werden.

Stattdessen werden wir fortfahren mit dem Problem der Konvention. Man bezeichnet blau mit „Blau“ und Tisch mit „Tisch“, und wie „wahr“ diese Begriffe jenseits der sprachgemeinschaftlichen Konvention seien, ist schon als Frage falsch gestellt, weil sinnlos: Ist es „wahr“, dass man nach einer Sechs beim Mensch-ärgere-dich-nicht noch einmal würfeln darf? Es ist die gültige Regel – das allein ist von Belang.

Allerdings wurden harmlose Beispiele wie „Blau“ und „Tisch“ nicht ohne Hintersinn gewählt. Die Aussage „das ist ein Tisch“ hat auch deswegen den faden Beigeschmack erkenntnistheoretischer Proseminare, weil sie jedes Interesse des Aussagenden ausklammert. Durch die Hintertür schleicht sich unversehens jene abstrakte Begriffsgläubigkeit wieder ein, die wir längst ausgesperrt zu haben glaubten. Anders verhält es sich mit Konventionen, die unser Tun und Lassen steuern. Unser Sprachphilosoph im Halteverbot entkommt kaum der Einsicht, dass die begriffliche Konvention „Halteverbot" eine sehr konkrete pekuniäre Entsprechung hat. Er mag sie noch so brillant destruieren und entlarven, aber das ändert nichts daran, dass er ihr unterliegt. Ein Empiriker müsste hier sagen: Das Wort Halteverbot ist gegebenenfalls wahr. Und wir wissen, wann es Blau und wann es Tisch heißen muss, wir wissen, dass wir im Halteverbot Gefahr laufen, abgeschleppt zu werden – kurz, wir wissen, was wir wann zu sagen haben, und Worte sagen uns wiederum, was wir zu tun oder zu lassen haben. Wir können provozieren, Anweisungen missachten, gegen die Regeln verstoßen – aber wenn wir das vorsätzlich tun, erwarten wir Folgen, und auch sonst erwarten sie uns. Sanktioniert wird der Spielverderber. Mit Recht!

Unsere Beispiele „Blau/Tisch", „Geldwert" und „Halteverbot" indes waren Beispiele des abstrakten Ausdrucks bzw. des nichtsprachlichen Handelns und daher allenfalls zweidimensional. Die Sache erhält tiefere Perspektiven dadurch, dass es selbstverständlich auch Konventionen des Inhalts gibt, Vorschriften, Tabus. Und in Verbindung mit der erwähnten Dummheit, die Ausdruck und/oder Inhalt absolut setzt, entsteht jenes brisante Gemisch, auf das wir hinaus wollen. Sprachskepsis ist nämlich keineswegs etwas so Weltfremdes, wie unser alter Freund, der „Verkopft"-Rufer, wähnen mochte. Wenn nämlich jene unmittelbare Kongruenz von Ausdruck und Inhalt bestünde, hieße das: Was ich benenne, ist – was ich verschweige, ist nicht. So lächerlich das klingt: Für gewöhnlich verhalten wir uns genau in diesem Sinne. Denn im Anfang war das Wort.

Begriffe und Begriffsnetze nämlich sind es, nach denen wir uns unsere Welt bewohnbar machen und uns in ihr einrichten. In ihnen drückt sich *unsere Relation* zur Welt aus – sie sagen letztlich immer mit, wer wir sind in unseren sozialen Netzen. Ein falscher Zungenschlag kann der Deckel der Pandora-Büchse sein, der Korken der Flasche, in die der böse Geist nicht mehr zurück gezwungen werden kann. Die Sprachgemeinschaft weiß das, wir wissen es. Und wenn sich die Ahnung eines ungehörigen Andersseins unserer Weltrelation dennoch in unseren Hirnwindungen einnisten will, dann halten wir uns Augen, Ohren, Mund um so fester zu im Gottvertrauen, dass uns die „falsche" Wirklichkeit so übersieht, wie wir sie nicht benennen. Was wir zu sagen und zu denken haben, unterliegt – noch ohne Wertung sei das gesagt – dem Spiel der Konventionen. Aber wenn wir diese Konventionen dennoch ablehnten, weil wir lieber mit einer anderen Wirklichkeit spielten, wenn wir also nicht unbesehen an die konventionellen Begriffe, Gedanken usw. glaubten? Dann gäbe es drei Möglichkeiten: Zum Einen könnte man sich seinen Teil denken und diesbezüglich den Mund halten. Lebensklüger wäre es, und in der Regel verfährt man auch so. Zum Zweiten kann man dosiert provozieren und kalkuliert gegen die Regel verstoßen. Es ist zwar ein Spiel mit dem Feuer, aber eben doch nur ein Spiel, das oft genug belohnt wird mit dem Urteil: „Wie wunderbar unkonventionell! Ein Querdenker!" Dieser Typus ist der Hofnarr. Zum Dritten aber gibt es jene Von Der Traurigen Gestalt, die, im Irrtum befangen, es ginge um Wahrheit oder Ähnliches, ihre womöglich diskonventionellen Gedanken in aller Unschuld verkünden und dabei verkennen, wie sehr „Wahrheit" eine Konvention ist, deren Mühlenflügeln man nicht ungestraft in die Quere kommt. *„Ich* bin die Wahrheit", sagen sie: dafür ist ihnen das Kreuz bereitet. Sie haben, dummerweise, übersehen, dass ihre Wahrheit nichts weiter ist als eine Provokation. Und als Provokation wirkt sie paradoxerweise um so schärfer, je weniger sie so gemeint war: Nicht der Hofnarr, sondern der Unschuldige, der reine Tor ist es, der den Status quo wirklich herausfordert.

Werden wir konkreter, also beispielhaft: Der diffus renitente Schüler wird pflichtgemäß und ohne Leidenschaft abgestraft. Den überklugen Schüler aber, der des Meisters Autorität durch allzu wurzelbohrendes Interesse gefährdet, fürchtet und hasst ein gewisser Lehrertypus. Zwar nicht auf direktem Wege wird er ihn disziplinieren – das wäre unzulässig, denn der Konvention zufolge „geht es doch um die Sache". Aber es gibt ja auch sachfremde Gelegenheiten. Anlässlich einer solchen wird dem Schüler mit aller Härte zu zeigen sein, wo sein Platz ist, „im Interesse seiner sozialen Kompetenz", versteht sich. Und der Lehrer hat durchaus nicht Unrecht. Wenn der Schüler das Meta-Spiel begreift, wird er im späteren Leben weniger naiv sein und besser wissen, wann Schweigen Gold und Reden nicht nur nicht Silber ist.

Unser Sprechen ist an erster Stelle Kontrolle – Kontrolle der Wirklichkeit wie Selbst-Kontrolle der Sprachgemeinde. Wenn wir sagen, wir sprechen „über" etwas, sagen wir zugleich: Unser Sprechen bestimmt „über" etwas. Die Konvention des zu Sagenden drückt, mit einem Wort, ein *Machtverhältnis* aus. Macht handelt aus und entscheidet, wer wann was „zu sagen hat" oder besser schweigen sollte. Und kollektive Kontrolle, die auf lange Sicht immer stärker bleibt als alle individuellen Hierarchien, beherrscht unser Denken unendlich wirkungsvoller als jede ehrliche Zensur. Ceauşescus „Holzsprache" als bizarrer Versuch, die Macht auch der Worte zu gewinnen, stieß auf Gleichgültigkeit oder bitteren Hohn bei seinen Untertanen. Diktaturen mit mehr Rückhalt in der Bevölkerung können indes auch die Sprache formen: Man betrachte darauf hin *LTI. Die unbewältigte Sprache* von Viktor Klemperer (München, 1969) und bedenke dazu, wie lange noch mancher Sportpädagoge oder

Hauptfeldwebel seine Schützlinge nach wie vor und womöglich sogar ohne Hintergedanken „bis zur Vergasung" forderte. Wurde er auf den Ursprung der Metapher verwiesen, wird er sie tunlichst abgeschafft haben, weniger möglicherweise, weil er sie an sich für unangemessen hielt – denn „geschadet hat's ja niemandem" –, als aus Einsicht in ihre situative Inopportunität: Man sagt's halt nicht mehr. Und wer könnte es ihm verdenken? So unsere Bedeutungsmaschine aber allgemeinen wie unausgesprochen geltenden Präskriptionen zuwider läuft, und sei es nur, weil sie zu präzise arbeitet, fallen wir unversehens aus der Gemeinschaft der Sprechenden heraus, und falls wir hier nicht zu schweigen wissen, wird das alsbald geahndet werden, im harmlosen Fall durch Verständnislosigkeit.

Subjektiv gesehen generiert je meine Bedeutungsmaschine meine Welt. Diese Welt erscheint mir „richtig", weil meine Begriffe von ihr kohärent sind. Intersubjektiv indes dient unsere Begrifflichkeit der wechselweisen Versicherung, in der selben Welt zu sein und die selbe Wirklichkeit zu beherrschen. Abweichung, die sich nicht nur an der Oberfläche der Meinungen ereignet, wird sehr zu Recht als Verstörung, als Provokation, als Keim der Anarchie diagnostiziert werden. Möglichkeiten der Domestizierung indes gibt es zur Genüge: Wir kategorisieren („Ach so! Das ist *Kunst*!"), marginalisieren („Dummer Junge", „Armer Narr"), ignorieren, therapieren, sanktionieren. Gerade in einer offenen Gesellschaft gedeiht diese Graswurzel-Diktatur. Das reife *zoon politikon* weiß das nur zu gut. Und es verhält sich angemessen.

Doch auch, wenn ich zu schweigen verstehe, kann es, falls die Produkte meiner Bedeutungsmaschine diesem Angemessenen zuwider laufen, zu unangenehmen inneren Komplikationen kommen. Denn mit welcher Hybris kann ich überhaupt annehmen, allein gegen alle zu begreifen? Wie wirklich ist meine Wirklichkeit noch, wenn sie nicht die aller ist? Im Interesse meiner mentalen Gesundheit werde ich alles tun, meine Begriffe denen meiner sozialen Umwelt kompatibel zu machen. Ist mir das gelungen, weiß ich: Ich habe begriffen. Und was habe ich begriffen? Törichte Frage: Das Objektive. Die Wirklichkeit. Die Welt.

Damit schließt sich der Kreis. Denn wir hatten mit einem philosophischen Gemeinplatz angenommen, dass es Begriffe gibt und Welt gibt und beides wie auch immer verknotet ist, aber ob wir Wirklichkeit objektiv begreifen können, das ist eine falsch gestellte, weil paradoxe Frage: nach unserer Welt-Relation, unserem Sein in den Spielen der Sprache müssen wir fragen. Das Verkennen des Sprachspielens, die Vergötzung seiner Regeln und Begriffe hatten wir als dumm erkannt. Andererseits aber unterliegen wir als soziale Wesen dem mentalen Druck, Wirklichkeit als übersubjektiv zu begreifen und uns über sie zu verständigen, und entsprechend arbeitet die kollektive Bedeutungsmaschine. Vom Ernst des Spiels zum Ernst des Spielens ist es nur ein winziger Schritt, um so mehr, wenn wir aus dem Scheherazade-Spiel kaum willentlich heraustreten können. Nicht „die Wirklichkeit", sondern unsere soziale Existenz forciert uns, unsere Begriffe ernst, bedeutend, wirklich zu nehmen. Unter diesem Ernst gähnt der Schlund des existenziell Absurden, der Angst macht und in den nicht jeder Spieler gerne hineinsieht.

Der Ernst der begriffenen Welt schließlich ist nichts anderes als der Glaube an den Begriff. Begriffssysteme sind Spielzeuge des sozialen Konsens, Konvention, Konstitution, aber sie müssen als reines Abbild der Wirklichkeit geglaubt werden, um legitim zu sein. Im sozialen Kontext ist es lebensklug und opportun, an Begriffe zu glauben, sie zu verabsolutieren, zu vergötzen. Und falls uns das misslingt, stellen wir uns immerhin dumm, so wie sich der Geisteskranke gesund – aus seiner Sicht:

verrückt – stellt, um der Anstalt zu entgehen. Aus der Macht-Perspektive können wir zuspitzen, auf wessen Facetten wir noch des Öfteren zurückkommen werden:

> *Der Sprach-Gewalt der Sprachgemeinschaft immanent ist der Hang zur begrifflichen Dummheit.*

Vulgo: Denkt man wahrhaftig anders, ist Schweigen in der Tat Gold.

Der Begriff der Begriffe

„...und das Wort war bei Gott, und Gott war das Wort": Bis zum Überdruss des Sisyphos müssen wir diese Worte weiter wälzen, ihrer Gewalt gehorchend. Zwar sollten wir begriffen haben, dass alles, was wir sagen und denken, an erster Stelle Ausdruck unserer eigenen Standortbestimmung ist; jedes von uns „objektiv" Bezeichnete ist nur Funktion unserer Welt-Relation. Andererseits aber können wir das Sprachspiel nur spielen, indem wir spielimmanent die Regeln von Zeichen und Bezeichnetem befolgen. Auch dass „Inhalte" und „Gedanken" so richtig oder falsch am Platze sein könnten wie Begriffe, hatten wir angedacht. Was noch so frei in der Schwerelosigkeit des Reinen Geistes herumzuschweben und willentlich ent- oder verworfen zu werden scheint, ist immer schon von den Mühlen unausgesprochener Soziozensur fein gemahlen: Es kann gar nicht anders sein beim geselligen Wesen, das wir sind, und der sozialen Funktion der Sprache. Wie auf jeder Ebene der Performation gibt es auch im Sprachhandeln und -denken ein soziales Immunsystem, bestehend aus Ethik und Moral, aus Tabus und Über-Ichs. Die kollektiv selbstverschuldete Unmündigkeit des Richtig-Sprechens hatten wir zugespitzt zum „Hang zur begrifflichen Dummheit", und mit den Konsequenzen dessen wollen wir ein wenig herumspielen.

Wenn es Begriffe, Aussagen usw. gibt, die angemessen, also „richtig", und unangemessen, also „falsch" sind, muss die Sprachgemeinde ein Interesse daran haben, dass die ihr angemessenen Aussagen geglaubt werden: Sie müssen ernst genommen werden. Das situative Bewusstsein des Spielens und der Relativität seiner Regeln kann also schnell zu einem unernsten Spiel mit dem Feuer werden, das die Normen des Wahren in Brand zu setzen droht. Den einzigen fundamentalen Schutz gegen solche Nihilismus-Zündhölzchen böte das Tabu – ein Begriff, der anderen, der höheren Ursprungs ist als das Allzumenschliche, Erdenrestliche der Worte, das sich so trefflich relativieren lässt, ein Über-Begriff, eine Begriffs-Idee, die allein vermag, den Ernst unserer Wort-Existenzen auf sich als Fluchtpunkt hin auszurichten, zu begründen und zu bewahren, zu retten, zu erlösen: im Anfang war DAS WORT. Mit diesem Wort-An-Sich aber ist es zwangsläufig ein paradoxes Ding. Es ist ein Wort, das aber mehr ist als alle Worte, ein Begriff, der sich jenseits unserer Kantschen Wahrnehmungskategorien von Raum und Zeit erstreckt, ein *signifiant*, dem kein „wirklich" zu denkendes *signifié* entsprechen kann – kurz: eine rätselhafte Sache, die eine Menge Fragen provoziert. Dieser Über-Begriff kann viele Namen haben; unsere Vorfahren beispielsweise nannten das „Gott". Der so gedachte Gott aber kann nicht gegenständlich fassbar und nicht abbildbar sein. Es ist der tautologisch reine Begriff, der nur sich selber bedeutet. Zu sagen „Gott ist" wäre schon ein Schritt zu weit, so sehr, wie auch die Aussage „Gott ist nicht" ein religiöses Bekenntnis ist. Wollte man Gott gerecht werden, hätte man sein Sein selber offen, ihn sein-oder-nicht-sein zu lassen; und wollte man ihn suchen, käme man ihm womöglich mit einer gottfreien Mystik am nächsten, die mit allen Begriffen endlich auch Gott selbst zum Schweigen erlöst: Lassen wir Gott also seyn.

Aber lassen wir auch das unberufene Theologisieren. Das Fatale an der Sache nämlich ist, dass die Menschen so nicht sind. Sie wollen glauben, begriffen zu haben. Sollte jener Gott aber funktionieren, müsste er geglaubt werden, ohne dass sich die Gläubigen einen Begriff machen dürften:

„In dieser Kiste ist 'ne Katz."

„Tot oder lebend?"

„Darf ich nicht sagen."

„Dann lass doch mal sehen!"

„Unmöglich."

„Warum erzählst du's mir dann?"

„Wenn du's nicht trotzdem glaubst, ist's eh für die Katz." (Diese Ketzereien n. b. in fester Zuversicht auf die Selbstironie Gottes.)

Ganz landestypisch ging ein britischer Physiker das Dilemma an. Einer Zeitungsnotiz zufolge (*SZ*, 6. 4. 2004) hatte er nach einer Bestandsaufnahme des Guten in der Welt ermittelt, dass Gott mit einer objektiven Wahrscheinlichkeit von 67 % existiert. Als gläubiger Christ aber nahm er eine Wahrscheinlichkeit von 90 % an.

Ich-Bin-Der-Ich-Bin wachte denn auch eifersüchtig über das Zweite Gebot, das Bildnisverbot. „Du sollst dir kein Bildnis machen in irgendeiner Gestalt, weder von dem, was oben im Himmel, noch von dem, was unten auf Erden, noch von dem, was im Wasser ist", schrieb er seinem Volk vor: eine schockierende Subversion Gottes (in beabsichtigter Zweideutigkeit des Genitivs), ein Menetekel, das alle Monotheismen und Kirchen zur Absurdität verdammt. Seine Anbetung als Goldenes Rindvieh nimmt er denn auch ziemlich persönlich: „So spricht der Herr, der Gott Israels: Ein jeder gürte sein Schwert um die Lenden und gehe durch das Lager hin und her von einem Tor zum andern und erschlage seinen Bruder, Freund und Nächsten", also befiehlt Mose, und das folgende Pogrom fordert 3000 Menschenleben. Hier jedoch leistete sich Gott den Denkfehler, der schließlich ihm selbst zum Verhängnis werden musste, während sein Moloch „Glaube" irdische Heerscharen verschlang: Gott sanktioniert mit dem Zweiten Gebot ausdrücklich nicht seine eigene Abbildung und Anbetung, sondern die Konkurrenz, den gleichgestellten, ernsten Feind. Wäre er nur ein bisschen weise, könnte er darin *die eigene* Vergötzung als Aberglauben sanft belächeln und nachsichtig korrigieren. So aber degeneriert er zum Ich-Bin-Nicht-Dies-Sondern-Das. Folgerichtig muss er sich zeigen. Er muss sich offenbaren, sich behaupten, Bildnisverbot hin oder her. Die Katze aus der Schachtel bekommt Tigerpratzen. Gott wird zum bärtigen Mann mit Eigenschaften, der jeden Rivalen erbarmungslos zermalmt. Er zelebriert effektvolle pyromanische Kunststückchen, gebietet mit furchtbaren Mitteln Liebe oder was er dafür hält, bestraft Missachtung – „Sünde" – drakonisch (im Erdenken vielfältiger Plagen und Grausamkeiten ist er überaus kreativ) und entwickelt überhaupt alle Symptome der paranoiden Omnipotenzfantasien rasender Schrebergärtner mit einer Prise Zirkusdirektor. Der Name, der ursprünglich als Platzhalter eines Namenlosen gesetzt war und ebenso richtig oder falsch hätte „Goldenes Kalb", „Zampano" oder „Dr. Müller" lauten können, setzt sich selber absolut. Andere Namen bekriegt er – je ähnlicher sie ihm scheinen, um so fanatischer. „Gott" wird Herr Gott und Meta-Monarch, worüber er als letztes verfügt, ist Humor, und seine liebste Schmeichelei ist „Titan der Titanen". In Herrn Gott inkarniert sich der menschliche Größenwahn.[90]

Nun sollte man fairnesshalber nicht den Er-Sei-Oder-Auch-Nicht schmähen, sondern die Blasphemie derer, die ihn zur Kenntlichkeit verstümmelt, zum patriarchischen Popanz und moralischen Vorgartenzwerg, kurz: zu Ihresgleichen pervertiert haben. Man kann nur bewundern, wie erfolgreich sich ziemlich irdische Institutionen als Stellvertreter Gottes behaupten, indem sie ihn sich nach Nutz und Frommen zurechtschneidern. Ihr Gottesbild sagt nichts über Gott und alles über sie selber. Wir beschränken uns auf ein kleines Beispiel aus der *Süddeutschen Zeitung* vom 4.2.2004: „[Der Kölner Erzbischof Kardinal] Meisner hatte im Oktober in einem Vortrag gesagt, Homosexualität

90 „Stell dir vor, ich habe Gott gesehen!" – „Und wie sieht er aus?" – „Jung, schwarz, lesbisch."

sei in der Schöpfungsordnung ‚nicht vorgesehen'. […]". Nicht zuletzt zu Gunsten der Alleinseligmachenden wollen wir annehmen, dass Eminenz allein aus erfahrungsfreier, reiner Intuition sprach. Imaginieren wir also den Kardinal, gebeugt von der Wucht seiner Sendung und der Last seiner Jahre, wie er zu später Stunde einsam über der Korrektur der Schularbeit brütet, die der Liebe Gott heute früh bei ihm abliefern musste, und wie er darob sein graues Haupt wiegt und murmelt: „Bei Schafböcken? Bonobos? Pinguinen? Bedenklich, bedenklich... Aber wie kommt Er um Himmels Willen auf die Idee, sogar bei Menschen…?" (*bekreuzigt sich*). Bis nächste Woche wird Gott dann 100mal schreiben müssen: „Ich darf Homosexualität (*nach Belieben auch: Empfängnisverhütung, vorehelichen Geschlechtsverkehr, Kardinälinnen*) nicht in der Schöpfungsordnung vorsehen. Ich darf…" Doch wenn Gott einmal groß ist, wird er dem Kardinal seine Strenge danken. „Ihm verdanke ich, was aus mir geworden ist!", wird er sagen. „Was wäre meine Schöpfung ohne den Kardinal Meisner", wird er sagen. „Denn ohne Ihn hätte ich nie begriffen, dass der Zölibat in der Schöpfungsordnung vorgesehen ist", wird er sagen. Und der Sohn zur Rechten wird dem Vater andächtig lauschen, wenn der ihm von seinem kardinalen Lehrmeister erzählt.[91]

Die weniger skurrilen Folgen sind zu bekannt, als dass sie hier nochmals ausgebreitet werden müssten. Man könnte erzählen von Philistern, die erschlagen werden müssen, weil sie Philister sind; zu berichten wäre von Hexenjagden und Kreuzzügen und Terror gegen Un- und Andersgläubige, weil deren

[91] Deutlicher wird Jean Paul, *Von der Dumheit*, in: Walther (Hg.), *Lob der Dummheit*, S. 45: „Die Dumheit ist die Mutter des Aberglaubens, und ich glaube, sie hat sich blos das Kleid der Religion erborgt, um in einer gefälligern Gestalt zu erscheinen. Allein man lernet den Dummen am meisten kennen, wenn er heilig ist."

Herr Gott ein fremdes Namensschild an seiner Wohnungstür hat, vom clash of civilisations, dessen unzivilisierte Protagonisten sich über den Namen ihres Gottes definieren: Wie wütende Kater bekriegen sie ihr feindliches Spiegelbild, anstatt sich darin zu erkennen. Der sublime und ehrenwerte Rettungsversuch, den Menschen im „göttlichen" Menschensohn einen humanen Begriff zu geben wider die rohe Dummheit, und zugleich die göttliche Eigenschaftslosigkeit durch Ausklammern zu erretten, war vergebens, war die Quadratur des Quadrats. Gott war ja längst anthropomorph degeneriert, in Seinem Namen (oder, gleichviel, dem des göttlichen Augustus) kreuzigte man besten Gewissens, und Sein Gesicht spiegelte beklemmend, was die Menschen von ihrer Spezies, seinem Abbild immerhin, erwarten durften: mehr Ceauşescu als Christus. Das Feuer von Sodom und Gomorrha fiel auch in Coventry und Hamburg und Hiroshima, Philister heißen Juden und Zigeuner und Tutsi und Christen und Muslime und Jesiden, Gläubige bekriegen Ungläubige und Gute Böse, ich bin stolz, Deutscher zu sein (wahlweise: zwei Ohren und zwei Gesäßbacken zu haben), Allah hat mir aufgetragen – kurz, die Menschen beweisen sich jederzeit unverdrossen, dass sie, ob mit, ob ohne Gott, dumm genug sind, ihresgleichen schon im Hier und Jetzt die Hölle zu bereiten.

Möchten Sie einwenden, dass beispielsweise der Zweite Weltkrieg kein Glaubenskrieg gewesen sei? Dazu ist nur lapidar anzumerken, dass Gott Namens- und Eigenschaftsveränderungen erfahren kann, die sich nicht auf Jehova oder Allah oder Baal beschränken müssen. Er kann „Wahrheit" heißen, „Nation", „Rasse", „Klasse", „Rendite", „Effizienz" und so weiter, und gemäß den Gesetzen der Dummheit wachsen der Hydra, sobald ihr das Haupt abgeschlagen wurde, umgehend neue Köpfe nach. Glauben wir nicht, wir hätten Gott abgeschafft, weil wir ihm einen neuen Namen gegeben haben: So einfach wird der Zauberlehrling den Geist nicht los. (Zumal die jeweiligen Namen Gottes den jeweiligen Machthabern von je her recht nützlich waren: spielen Sie es nach Belieben an den gerade aufgezählten Begriffen durch.) Nietzsches toller Mensch in seinem panischen Glauben irrte. Die Menschen haben es nicht geschafft, Gott zu töten. Der *Name* „Gott“ mag in Europa moribund geworden sein, aber das Phänomen des Absoluten ist so vital wie je. Und wir werden den Verdacht nicht los, dass es, wenn es doch einmal ein humanes Antlitz zeigt, das vor allem aus Schwäche, aus Machtlosigkeit tut – wenn nämlich eine seiner aktuellen Metamorphosen im Säuglings- oder im Greisenstadium steht. Zwar könnten wir einen mildernden Umstand anerkennen; ob aber die Bilanz für einen Freispruch „Gottes“ ausreichen würde? Wenigstens für Bewährung?

Der zweiwertige Gott

Zwei Grundstrukturen des Begriffs-Gottes gilt es abschließend zu bedenken. Von der ersten, der scheinbar so harmlosen Absolutsetzung des Begriffs, waren wir ausgegangen. Eine zweite, ebenso wichtige ist damit eng verbunden und uns Dummheitssuchern längst wohlvertraut: Der Glaube an Gut und Böse. Schon der alte Gott ist gut, um das Böse bekriegen zu können – die Götzen des Aberglaubens als äußeren, den Teufel als inneren Feind. Damit entspricht Gott einer semantischen Grundfigur der Sprache, sofern sie ernstlich „Wirklichkeit" zu fassen beansprucht: Jedes Das-ist hat sein Also-ist-es-nicht, jedes Größer sein Kleiner, jedes Wahr sein Unwahr, jede Wirklichkeit ihre Unmöglichkeit. Auf der Ebene, die uns selber betrifft, der der Qualität und der Werte, hat das Richtig sein Falsch, das Besser sein Schlechter und das Gut sein Bös. Wir begreifen: Sobald wir Begriffssysteme welcher Art auch immer verabsolutieren und das Wort – Logos, Reinen Geist, Ding an sich, Wahrheit oder was auch immer – in den Anfang setzen, schafft sich unsere Dummheit mittelbar das Gottes-Sprachspiel. (An Gottes Namen, wie gesagt, liegt nichts: als Saulus zum Paulus wurde, mutierte allein der Anfangsbuchstabe.) Und Gott, in welcher Begriffs-Gestalt auch immer, ist als einziger darauf angewiesen, als Anti-Spiel verkannt und tödlich ernst genommen zu werden. Zumal das aufgeklärte, begriffsgelenkte 20. Jahrhundert erlebte im Namen seiner Begriffsgötter Verbrechen, vor denen selbst der alte bärtige Rachegott hätte erröten müssen, wären sie in seinem Namen geschehen. Nichts beschreibt die Tragödie der Geburt Gottes aus dem Geiste der Begriffe knapper als Jesu Diktum in der Bergpredigt nach Matth. 5, 37: „Eure Rede aber sei: Ja, ja; nein, nein. Was darüber ist, das ist vom [!] Übel." Und wir seufzen mit Friedrich Nietzsche, der traf, was heute so virulent ist wie je: „Die ‚Vernunft' in der Sprache: oh was für eine alte betrügerische Weibsperson! Ich fürchte, wir werden Gott nicht los, weil wir noch an die Grammatik glauben…"[92]

Wir aber wollen das Wesen Gottes nun unemotionaler, sachlicher, kurz: zeitgemäßer bannen. Wir unterlassen das Anrennen gegen immer neue Chimären, sondern betrachten die dauernde Struktur, wie sie einfach und klar vor uns liegt: Das Ich-Bin-Der-Ich-Bin begründet sich nur aus sich selbst. Es kann „nichts Anderes" sein. Es kann nicht einmal „etwas" sein – schon das wäre ein Bildnis Gottes und in der Konsequenz seine Perversion, wie wir sie soeben skizziert hatten. Es ist weder, noch ist es nicht. Sein Spiegelbild findet es allein im Kosmos der Logik: Was 1 ist, ist vollkommen unspezifisch, aber 1 ist 1 und nicht 0, so wie gut nicht böse ist. Kurz gesagt: „Gott" ist *binär*. Nirgendwo offenbart sich sein Sein klarer als in digitalen 0-1-Folgen. Gott ist die Wahrheit und das Wort, aber kein sozial relationales Wesen, und die letzte Konsequenz Gottes ist seine Digitalisierung. Als Software kann Gott endlich zum Ding erlöst werden, in deren Möglichkeiten er sich zeigen kann. Er ist der reine, logische Geist: beten wir zur Vision einer Gottschöpfung durch programmierbare, binär versachlichte Intelligenz. Sollten wir die Messias-Formel noch nicht gefunden haben: seien wir zuversichtlich. Die Schwingungsverhältnisse eines Posaunenseptetts digital zu simulieren ist uns bereits ein Kinderspiel.

Falls wir jedenfalls die paradiesischen Perspektiven des digitalen Gottes ermessen wollen, dürfen wir uns erinnern an unsere Utopie vom Auto-Piloten. Und lassen wir allen stupiden Antitechnizismus fahren dahin: Nicht ein technisches Medium, ein Fernseher, Auto, Computer ist dumm, und auch die Sprache

[92] *Götzendämmerung*, KSA VI, München, 1988, S. 78.

ist es nicht. In der Sprache aber offenbart sich die Dummheit in ihren reinsten Formen. Symptom unserer Dummheit ist, wie wir sie ge- und missbrauchen – wie sehr wir jederzeit vergessen, dass sie nicht mehr als ein Spielzeug ist, das wir Dummen uns geschaffen haben. Ein schönes Beispiel ist das Projekt juristischer Sprache, alles und jedes zu definieren: die Karikatur der klassischen Metaphysik. „Ein guter Jurist und auch sonst mäßigen Verstandes": Ludwig Thoma traf den Nerv. Denn „Kunst im Sinne des Gesetzes ist …" – das hat eine ganz eigene Poesie. Der Sündenfall in die Begriffsdummheit beginnt mit dem Glauben an eine allumfassende Sag- und Darstellbarkeit „der Welt" und schließlich an das Wort, das im Anfang war und das nicht soziales Medium, sondern Gott ist. Dumm ist nicht die Farbe, sondern der Schmierer: Das Bildnisverbot war einer der zeitlos undümmsten Gedanken der Menschheit, und der schicksalhafte Verstoß dagegen im Wort-Bild gründet in unserer genuinen Allzumenschlichkeit. In der Binarität unserer wörtlich genommenen Objektsprache jedenfalls verbirgt sich jederzeit die listigdumme Opposition von Wahr–Falsch, Gut–Böse, Gott–Teufel. Die Konsequenzen – die Diktate des Eindeutigen, Monokausalen – werden uns noch hinreichend beschäftigen. Beispiele für die folgende These wuchern in solcher Fülle, dass uns die Beschränkung schwer werden wird:

> *Ein wesentliches Symptom der Dummheit ist der Glaube an die Zweiwertigkeit unserer Wirklichkeit: „Was ist, kann man sagen. Folglich ist nicht, was man nicht sagen kann. Jeder Begriff muss seine kongruente Wirklichkeit haben; sonst gäbe es ihn nicht."*

Anders gesagt: Rationalismus ist Glaube ohne „Gott". – Falls wir mit dieser Skizze Manches aus der traditionellen Metaphysik ins Kraftfeld der Dummheit gerückt hätten: für unsere Dulcinea, deren Name Undummheit ist, gönnen wir uns diese

Narrheit gern, denn was hätten wir zu verlieren? Anders als den berufenen Philosophen geht es uns nicht um Wahrheit, sondern nur um Dummheit, und alles, was wir zeigen wollen, ist, wie der Apfel vom Baume der Erkenntnis den Menschen zum Menschen macht: Also strafte Gott Adam und schlug ihn mit der Geißel der Dummheit bis ans Ende seiner Tage und der Tage seiner Kinder und Kindeskinder bis ins letzte Glied. Und was uns am Glauben an die Wahrheit der Begriffe interessiert, ist natürlich ihr Wert für die Ontologie der Dummheit. Das manichäische Gut-Böse hatten wir als das Hauptmerkmal der Hundsdummheit gekennzeichnet, und was nun über die Dummheit des Begriffsglaubens zu sagen war, ist nichts Anderes als ein Indiz dessen. Die Begriffsvergötzung, die sich in „Gott" am beredtesten offenbart, die aber im Alltäglichen nicht weniger üppig blüht als in der frommen Dogmatik, erkennen wir als Zeichen des Ich–Gut – Anders–Bös. Der Mensch ist des Menschen sprechender Hund, und nur, wenn er den gleichen Begriffen huldigt, kann er zum Rudel gehören. Offensichtlich wird die Sprache, indem sie zum Jargon erstarrt, zum *junk-speech*, das geistiges Völlegefühl ohne Nährwert hervorruft. Das pubertäre Denglish drängt sich als Beispiel auf, aber der *new-age*-Kauderwelsch oder der *new economy slang* und manches mehr fallen in die gleiche Kategorie: Du bist, was du sprichst.

Damit indes – wir werden sehen, wie – tritt von Neuem ein Begriff ins Rampenlicht, der zwar auch nur ein Wort ist, dem aber Gott letztlich seine Existenz verdankt, der in unserer Tragikomödie der Dummheit von Anfang an eine Hauptrolle spielen durfte, und der nun, als Metamorphose Gottes, seinen größten Auftritt haben wird: Ich.

Der Egotheist

Der Mensch schuf sich Gott nach seinem Bilde, behauptet ein altes Ondit. Verf. dagegen, nach allem, was bisher über Ich und Gott zu sagen war, befürchtet, dass die Dinge komplizierter liegen. „Und der Mensch schuf Sich nach Seines Gottes Bilde" könnte uns vielleicht eine Arbeitshypothese sein. Aber bevor wir vorschnell urteilen, denken wir kurz zurück an den zweiten Teil unserer Expedition, der uns in die Provinzen der Dummheit des Individuums geführt hatte. Drei wesentliche Perspektiven hatten wir dem Ich unterstellt: die existenzielle Angst, den Wunsch nach unvergänglichem Glück, das Streben nach Kontrolle und Macht. Und anhand dieser Wegweiser wollen wir uns erneut vortasten. (Wir merken hier nur an, dass ein fahrender Ritter stabile Begriffsbehausungen wie „Über-Ich, Ich, Es" zwar meiden muss, sie ihm aber weniger fremd sind, als ihm lieb sein kann. So sieht er sie wohl, macht aber einen um so größeren Bogen.)

Da wir mit Gott ohnehin in der Gegend waren, werden wir dem Weg des zweiten Teiles diesmal rückwärts folgen und von der Seite des absoluten Ich her beginnen, an den Bereich des Glücks nur streifen, um uns von dort aus ins Land der Angst und der Feindschaftsprojektionen des verdrängten Absurden zu wagen.

Ich bin, der Er gewesen ist

„Heimlich glauben die meisten, Gott existiere bloß, damit sie erschaffen wurden", bemerkte Jean Paul vor zweihundert Jahren.[93] Wir spitzen das nun einen kleinen Schritt weiter zu

93 *Flegeljahre*, Frankfurt/Main, 1986, S. 499.

und sagen: „Natürlich gibt es Gott! Wer sonst sollte etwas so Wunderbares und Einmaliges wie Mich erschaffen haben?" Es säße zum Beispiel – natürlich rein fiktional – ein dank unerschrockener Hofberichterstattung erfolgsverwöhnter journalistischer Silberrücken in einer Talkshow, in der es um „Glauben" ginge. Dort erklärte er dann, dass ihn (neben seiner Charakterstärke, versteht sich) allein sein Gottvertrauen unfehlbar dorthin getragen habe, wo er jetzt sei, nämlich ziemlich weit nach oben. So gesehen ist Gott etwas ziemlich Nützliches. (Und den hungernden N****kindlein – nein, das ist unfair, er wüsste sich natürlich korrekt auszudrücken – könnte unser guter Mensch wohl empfehlen, ein inbrünstiges „Bis hierher hat mich Gott gebracht in seiner großen Güte" zu intonieren, „denn etwas wird Er sich schon dabei gedacht haben, wie sich an Mir unfehlbar zeigt; Gott wird schon wissen, warum er sie und nicht Mich verwirft und ausspeiet" – aber das ab der Klammer sagt er nicht laut, denn so unklug ist er beileibe nicht.) Freuen wir uns mit ihm über seine post-calvinistische Erlösung von der Theodizee![94] Und staunen wir über Gottes Gleichmut; an dessen Stelle hätten wir längst einen deftigen Blitz geschleudert. Was also wäre Er ohne – Possessivpronomen: – Seinen Gott? Der Mensch, so hatten wir vermutet, sucht die begriffliche Letztbegründung – Gott –, aber offenbar geht es unserem beispielhaften Mann vor allem darum, sich seiner eigenen, zufälligen, bedrohlich absurden Existenz zu versichern und sie dank zweckmäßiger Verwendung Gottes zu legitimieren. Wohl dem, der sich in seinen behaglichen Glauben so selbstgewiss einrichten konnte wie unser gottbegnadeter Erfolgsmann!

---

[94] Über diese im weiteren Sinne puritanische Auflösung der Theodizee könnte sich unser journalistischer Theologe, gäbe es ihn denn, informieren bei Max Weber, *Die protestantische Ethik und der Geist des Kapitalismus*, in: Ders., *Gesammelte Schriften*, Band I, Tübingen, 1988, S. 198ff.

Allerdings wird mit der zunehmenden Fadenscheinigkeit Gottes im Abendlande die Frage brennend, was oder wer die drohende Leerstelle füllen könnte, falls man solch fromme Chuzpe nicht aufbringt. Denn die Konsequenz, die Jean Pauls Gottesbeweis provoziert, lässt sich kaum umschiffen: Wenn ich selbst der Grund und die Rechtfertigung für Gottes Dasein bin, braucht Gott mich – aber wozu brauche ich ihn noch? Gott war nichts weiter als ein Umweg zu mir, und auf Seinen Platz kann ich letztlich auch Mich setzen. Der oft beklagte „Hedonismus" und „Egoismus" und „Egozentrismus" der modernen liberalen Gesellschaft: Diese Worte erfassen nur Symptome, nicht den Kern. Denn unserer Diagnose zufolge steht etwas vor uns, das sich genau deshalb nicht „Übermensch" oder ähnlich zu nennen befugt ist, weil es nach wie vor „an die Grammatik" glaubt, an jenen absoluten Begriff „Ich", den es auf Gottes verwaisten Thron gesetzt hat: Dort thront der Egotheist. Ansatzweise und unter der Perspektive der Macht konnten wir das am Genossen Ceauşescu studieren. Die Ceauşescus allerdings brauchten noch ideologische Legitimationen, Doktortitel, Huldigungen als Betäubungsmittel gegen den Stachel der fehlenden Letztbegründung ihrer Existenz. Der wahrhaft moderne Egotheist hat das nicht mehr nötig. „Das veranlasst uns, in dem psychischen Diagramm des Massenmenschen die ersten beiden Linien einzutragen: die ungehemmte Ausdehnung seiner Lebenswünsche und darum seiner Person; und die grundsätzliche Undankbarkeit gegen alles, was sein reibungsloses Dasein ermöglicht hat. Man kennt die beiden Züge aus der Psychologie des verwöhnten Kindes und wird in der Tat kaum fehlgehen, wenn man diese als Bezugssystem bei der Untersuchung der Massenseele benutzt."[95] „Kultur" ist ihm im weiteren Sinne Wellness, die er

[95] Ortega y Gasset, S. 58; in diesem für ihn wie uns zentralen Punkt kommt er unserer Dummheitsexegese am nächsten.

sich nach Gusto gönnt, Religion desgleichen. Er ist diesseits der Geschichte, hat keine, ist auch an keiner interessiert, außer der eigenen: Auch chronologisch ist er sich Alpha und Omega seiner momentanen Welt – nach ihm die Sintflut, und vor ihm, seinetwegen, auch. Er wähnt sich absolut frei, ist allein sein eigener Herr und Schöpfer, jedenfalls auf Lebenszeit, und sein Lebenszweck ist sein *pursuit of happiness*. Die Welt hat Mir verfügbar zu sein. Die Menschen sowieso. Mir steht alles zu. Ich mache, was Ich will. Ich nehme Mir, was Ich will. Ich lärme durch die Stille. Warum? Weil Ich es so will. Was kümmern Mich Andere? Was Ich nicht mehr will, lasse ich an Ort und Stelle fallen – Taschentücher, Tiere, Menschen. Es gibt ja die Stadtreinigung. Grenzen gibt es für Mich nicht, Ich bin a-sozial, Verantwortung ist Mir keine Kategorie.[96]

Auf den ersten Blick sieht der prototypische Egotheist, das erwachsene, verwöhnte, neurotische Kind dem vulgär hedonistischen Ubu Roi zum Verwechseln ähnlich. Aber wir sollten zur Kenntnis nehmen, dass Ubu eine Kunstfigur nach Alfred Jarry ist. Ubu ist ein konsequent unbekümmerter Nihilist, dem seine

---

96 Politik im engeren Sinne ist nicht unser Thema. Aber an dieser Stelle trifft sich der Egotheismus des Massen-Ichs mit der anscheinenden Unmöglichkeit, Dinge politisch durchzusetzen, deren Dringlichkeit niemand abstreitet, die aber uns Egotheisten Grenzen setzen würden. Nur zwei Beispiele, die für viele stehen: der Anspruch auf absurd „preiswertes" (sic) Fleisch und das Recht auf ebenso billigen CO_2-Ausstoß. Jeder kennt die Konsequenzen. Aber würde man die sozialen, ökologischen, ethischen Kosten des Fleischkonsums oder z. B. der Mobilität ehrlich berechnen, würden diese zu relativen Luxusgütern. Den Aufschrei kann man sich ausmalen. Und ein Teil der Politik resigniert aus Angst vor dem Volkszorn, ein Teil macht ihn sich populistisch zu Nutze und schürt ihn weiter („Man will uns … verbieten! Unsozial!"), ein weiterer Teil ist diversen Lobbyisten („Arbeitsplätze!") verpflichtet, noch andere scheuen unter dem Druck der Geldhaber eine Umverteilung nach unten, die den Wohlstandsverlust ausgleichen würde; die Grenzen mögen fließend sein.

fiktive Welt keinen Widerstand bietet. Die reale Welt aber zwingt unseren Egotheisten, den ins widerspenstige Sein geworfenen Ubu, sich dazu zu verhalten. Und das verwöhnte Kind ist wehleidig. Austeilen kann er jederzeit und hart, aber nicht wegstecken. Es regnet! Das Essen ist falsch gewürzt! Man lässt Mich warten! Das Ambiente gefällt Mir nicht! Ich bekomme etwas nicht! Man widerspricht Mir! Mir misslingt etwas! Die Wirklichkeit wagt Mir zu widerstehen! Mir, dem Un-Widerstehlichen! Das ist illiberal! Kränkung! Blasphemie! Das Riesenbaby greint: Ich will, ich will, ich will! – Sie könnten diese Darstellung für eine flache Karikatur halten. Aber Sie werden keine Mühe haben, reale Beispiele zu finden. Selbst an prominentester Stelle soll es sie geben.

Wie aber nimmt der Egotheist sich selbst wahr? Wie findet er sich? Ein Missverständnis vermeiden wir vorab: Natürlich ist man nicht aus einem Guss, natürlich spielt man seine unvereinbaren Rollen mehr oder minder virtuos, natürlich ist man Spielball seiner Über-, Unter-, Neben-Ichs und -Esse und Hormone, Enzyme, Synapsen usw., und natürlich wird niemand das ernstlich abstreiten – falls man ihn fragt. Allerdings wird man danach nicht oft gefragt, auch nicht von sich selber. Lieber fragt man: „Wer bin ich?", womit man meint: in meiner Ganzheit, Summe, Identität; recht harmlos nennen wir es auch „Persönlichkeit". Ich nehme mich als Kontinuum wahr, zum Beispiel als die Summe meiner Erinnerungen und meines Ist im Augenblick, und im Grunde kann ich auf Dauer nicht viel anders, unterstellt jedenfalls, dass ich mich kaum aus mehreren Perspektiven werde parallel erleben können. Diskontinuierlich sind für mich im unmittelbaren Sinne nur die Anderen mit ihren ständigen Widersprüchen und Undurchschaubarkeiten. (Nur gelegentlich, auf der Autobahn, „fahre ich aus der Haut" – aber dieser Idiot da hätte mich auch nicht provozieren müssen.

In der Liebe dagegen bin ich „ganz ich selbst", also jemand Anderer als beim Bierholen.) Kurzum, ich bin auch wider besseres Wissen über mich und Andere (die ich auch manchmal bin) darauf angewiesen, mich im Normalfall als Einheit zu fühlen.

Dumm nur, dass sich die Realität gegen dieses Gefühl sperrt: Gerade wenn man sich zu gut zu kennen glaubt, kann man böse Überraschungen mit sich selbst erleben (wir erwähnten die Autobahn, wo Menschen zu Hyänen werden, zu des Menschen Werwolf, dessen Attacke mich meinerseits infiziert und ihm gleich werden lässt). Auch falls man kein sanftmütiger Totschläger oder Streichquartette liebender Lagerkommandant ist, kann die abgründige Ahnung, dass man es sein könnte, etwas Beunruhigendes haben. Mit der Formel:

> *Persönlichkeit ist die Wahrscheinlichkeit, in einer bestimmten Situation so oder so zu denken und zu handeln. Aber keine Möglichkeit kann gänzlich ausgeschlossen werden*

gibt man sich nur ungern zufrieden. „*Ich* bin doch kein Mörder, Perverser, Falschparker", sagt man sich um so lieber und lehnt sich wohlig zurück.

Kurz gefasst: Wir suchen „eine unverwechselbare *Identität*", die zugleich *normal* ist, und als solche wollen wir uns wieder erkennen. Ein hübsches, etwas patiniertes Wort dafür heißt „Selbsterkenntnis". Und da sich wohl mehr oder minder Jeder mit seinen seelischen Schrammen und Narben arrangieren muss, dürfte es auch allgemein geläufig sein.

Was aber berechtigt uns dann, Selbsterkenntnis usw. dem Verdacht der Dummheit auszusetzen? Bauen wir hier nicht einen Popanz auf, der alles und nichts meint und alle und keinen betrifft? In der Tat – nicht Selbsterkenntnis als solche nennen wir dumm, uns interessiert allein das Vergessen ihrer Relativität und ihres Spielcharakters, ihre Verabsolutierung, kurz: das, was wir „Egotheismus“ nennen. Der Egotheist tanzt um sein goldenes Selbst, und solcher Gottesdienst ist ihm einziger Daseinssinn. Das schließt nicht aus, dass der Egotheist seine Rollen und Neurosen reflektiert und analysiert und therapiert, es bedingt das sogar – aber alles im lustquälerischen Dienste seiner postinfantilen Selbstfindung. Für einen Ceauşescu ist die Welt die Bühne, auf der er als Als *agiert*. Der Egotheist *findet* sich auf ihr. Gott mag existieren, damit er Mich erschaffen konnte – nun gut. Freundlicherweise hat Gott auch die übrige Welt gemacht, damit sie Mir helfe, Mich in ihr zu finden, zu ver-wirklichen. Zumeist allerdings hat es der Egotheist damit gar nicht so einfach. Warum, werden wir nun sehen.

Im Bordell der Göttlichkeiten.
Das Ich von der Stange

Beginnen wir mit einer Frage, die Sie sich sicherlich schon gestellt haben: Was, o heilige Systematik, hat der Egotheist ausgerechnet im Kontext der Dummheit *des Kollektivs* zu suchen? Dem Egotheisten geht es doch erstens um seine Individualität und ihre Verwirklichung, und zweitens bis siebtens auch. Genau hier setzen wir an. Individualität im existenziellen Sinne ist ein Begriff, der zunächst nicht mehr als eine Leerstelle bezeichnet, ein Über-Begriff also wie „Schönheit“ oder „Gott“ oder „Freiheit“. Auch Ich ist nur ein Wort. Was *meine* Individualität, mein Selbst ist, muss ich herausfinden. Dass „Selbstfindung“ ferner etwas durchaus Zeitgeistliches ist, also alles andere als Meine eigene Erfindung – die ausführliche Begründung dessen erlasse ich Ihnen. Ich merke nur an, dass, in wunderbarer Verkennung buddhistischer Ich-Überwindung, abendländische Reinkarnierte im früheren Leben mindestens Mozart gewesen sind, auch wenn „Herr Müller aus Melsungen“ nicht nur wahrscheinlicher, sondern paradoxerweise origineller wäre.[97] „Identität“, „Individualität“ usw. jedenfalls sind Konventionen, mit denen wir sozialisiert werden.[98] Und, wir sagten es bereits, wir streben paradoxerweise mit der unverwechselbaren auch eine *normale* Identität an – was nahe liegen muss, wenn doch schon das Konzept „Identität“ unsere soziale Norm ist. Kollektive Individualität – das ist es, was wir von uns erwarten: Selig sind, die das Adjektiv zu ignorieren vermögen! Denn was man einzig vergessen muss, ist, Human-Konfektionsware zu sein. „Wer bin ich?“ – das frage ich mich an der Oberfläche. „Wie sollen mich die Anderen sehen?“ – das treibt mich unterschwellig um und an, denn „wie sehen mich die Anderen wirklich?“: das ist die Frage, auf die hin sich alles zuspitzt, sind doch die Anderen der Spiegel, der mir Mich erst zeigt. Und je größer die Diskrepanz zwischen Selbst- und Fremdwahrnehmung, um so größer die peinliche Komik. Ob wir im klebrigen Netz aus Identifikationen, Rollen, Subtexten Spinne oder Fliege sind: wer oder was könnte es uns sagen? Wie zudringlich, wie übergriffig kann ein vertraulich gesagtes „Ich kenne dich“ sein, wenn es die falsche Person ausspricht! Aber es ist gar nicht so gemeint. Auch „Ich“ sagt man nicht aus Anmaßung, sondern schlicht, weil man es nicht besser zu sagen weiß.[99]

---

97 Gleiches gilt natürlich auch überindividuell. Zum Beispiel in der Städte-Werbung – „Venedig des Nordens“ oder „Elbflorenz“. Welcher Venezianer käme auf die Idee, seine Stadt „Helsinki des Südens“ zu nennen? Welcher Florentiner die seine „Arno-Dresden“?

98 Da wir längst mehr als genug spekulieren, opfern wir die spekulative Herleitung der Wurzeln dessen (z. B. aus der Tradition christlicher, zumal protestantischer Selbsterforschung) unserer Faulheit und denken sie uns einfach.

99 Nochmals berührt sich unsere Perspektive mit Ortega y Gassets Psychogramm des Massen-Ichs. Über das verwöhnte erwachsene Kind sprachen wir bereits; diesmal verweisen wir abwechslungshalber auf „Die Epoche des ‚zufriedenen jungen Herrn‘“, S. 100ff.

Nur: Wo finde ich mein Ich, wenn es keinen Gott gibt, der mir helfen könnte, Mich zu verwirklichen? Wenn der Griff des Absurden mir die Kehle engt? Wenn ich mich heimatlos wähne an jedem Ort, romantisch gesprochen: ein Fremdling überall? Wenn, um es ein wenig leiser zu sagen, das latente Gefühl mich beschleicht, irgend etwas Namenloses zu versäumen – nennen wir es der Einfachheit halber „das Leben"? Wenn mir beim Joggen mein persönlicher Schatten wie Freund Hein folgt? Dessen Gefiedel ich womöglich um so lauter höre, je schneller ich laufe? Man wird wohl dort suchen, wo es heller scheint. Denn gegen das Nichts, so die sinnkündende Lichtwerbung, gibt es Gegenmittel. Glitzernde Gottessplitter, die ich mir nach Gusto zusammenstellen kann. Das Glück, so die frohe Botschaft, verspricht so käuflich zu sein wie die Liebe. Erlöse Dich selbst, zahle den Erlös von der Angst, entledige Dich Deiner Verantwortung für Dich, wie sich die Katholiken durch Ablass von der Sünde rein wuschen.

Um die Brille finden zu können, müsste man sie auf der Nase haben. Wer bin ich? „Ich will keine Dutzendware sein": so verrät sich Dutzendware. Der durchschnittliche Egotheist erwirbt sich eine Individualität von der Stange, ein Synthetik-Ich, erhältlich bei Religionsstiftern und -fledderern jeder Couleur, esoterischen Heilsbringern, Gesundmachern mit flexibler Berufsethik, kurz, jener Glücksindustrie, die sich flatternd und schnatternd um den Kadaver der Religion balgt. Vielfältige Einfalt: Frau Müller leidet Liebesgram? Klosterfrau von Bingen hilft. Herr Meier fühlt sich sinnlos? Essenzen der großen Religionsstifter gibt's im Flakon zu 20 E à 10 mg (im Versand zu beziehen, Reklamationen ausgeschlossen; nur zur äußeren Anwendung empfohlen). Schnupfen ist ohnehin psychosomatisch – wir empfehlen heute Bachblüten, garantiert ohne Gene und Atome. „Hat es geholfen?" – „Natürlich! (Sie meinen wohl, *ich* ginge einem Scharlatan auf den Leim?) Ich bin seitdem ein ganz neuer Mensch geworden! Würde Ihnen auch gut tun!" Heilende Tesla-Strahlen gibt's jetzt im Sonderangebot: bitte ein Viertelpfund, darf auch ein bisschen mehr sein, ach ja, und noch 200 Gramm Mettwurst. Aber Strahlen sind doch schädlich? Dann lieber Wellness mit Tofu, ein bisschen Feng-Shui-Sauce über die Reinkarnation, Kochrezepte garantiert aus Indien, hat schon Buddha geschmeckt (aber bitte nicht so scharf), Neo-Schamanismus, Biofeedback, spirituelle Räume, Lichtbälle und -schwerter, Zoroaskonfuzianalysedoktorsteinerkarmadharmanirwanayurvedabhagwan: Sinn.

Allein die von Monty Python wussten den Weg aus dem Labyrinth: *„Wir sind alle Individuen!" – „Ich nicht."*

Ecce homines

Aber genug der wohlfeilen Häme. Anstatt über Erscheinungen zu rechten, die im Gegensatz zu den Großen Erzählungen der Monotheismen relativ wenige Leben unmittelbar auf dem Gewissen haben und deren Glücksverheißungen schlimmstenfalls Wege zum individuellen Unglücklichsein sind, wollen wir vielmehr weiter überlegen, was an solchen Phänomenen rechtfertigt, ihnen einen so prominenten Platz in der Dummheit des Kollektivs zuzubilligen: Worin liegt die strukturelle Dummheit der Selbstfindungskomödie?

Fassen wir zusammen: Unsere Konvention gebietet uns, uns „zu erkennen", „zu finden", „zu verwirklichen" – als Individuen, die an keine göttliche Vorschrift mehr gebunden sind, die aber doch kulturellen Normen zu genügen haben. Auf diesen letzten Punkt wollen wir uns nun konzentrieren.[100] Was also

100 Es mag eine Vielzahl an Leuten geben, die sich selbst genug sind mit oder ohne PartnerIn, Haus, Arbeit, Kind, Notebook, Auto, Fernseher, Hund und

könnte es mit dem Hang zur normativen Selbstfindung weiter auf sich haben? Ich möchte als „ich" erkannt werden. Aber ich möchte zugleich der Norm genügen – denn wer wäre gerne „anormal" – verbrecherisch, geisteskrank, pervers? Es geht mir folglich nicht darum, ausgesprochen „anders" zu sein – jedenfalls sobald ich das bin, was man gemeinhin „reif" nennt[101] –, ich konstituiere mich vielmehr aus einer Kombination von Konventionen, deren Originelles nur die individuelle Rezeptur ist, die Mich ausmacht und die unter Meinem Namen firmiert. Selbstredend folgt dem auch meine Performance vor mir selber, das Gefühl: Angesichts eines Sonnenunterganges, einer Beerdigung, einer Crème brulée stellt sich die gehörige Emotion mit einiger Wahrscheinlichkeit ein – zu meiner wie zu aller Zufriedenheit. Das manchmal doch eintretende Auseinanderklaffen von antizipiertem und tatsächlichem Gefühl kann regelrecht verstören. Der Sternenhimmel hat einfach anrührend zu sein! Damit kommen wir an einen Punkt, den wir uns bisher aufgespart hatten, weil er ins Herz des Identitätsproblems trifft: Der Egotheist verwirklicht sich – um seinen unverwechselbaren Platz unter Egotheisten einzunehmen. Da, wo es ihm am inbrünstigsten um Sich geht, geht es ihm, *zoon politikon*, immer auch darum, als sozial kompatibles Ich nicht verkannt zu werden von den Anderen. Sein Gottesdienst besteht darin, sich mit-

was so dazugehört, und die unser Problem gar nicht nachvollziehen könnten. Sie müssen nichts suchen. Sie scheinen von so stoischem Temperament, von so schafsdummem Stumpfsinn oder im Gegenteil von solch innnerem Frieden erfüllt zu sein, dass sie sich unseren Kategorien glücklich entziehen. Wir können sie allenfalls heimlich beneiden. Die ängstlich-forschen Bewahrer, die immer schon wissen, wo oben und unten ist in Gottes rechtwinklig enger Welt, und deren Hauptsorge der hundsdummen Verteidigung ihrer Werte gilt, können an dieser Stelle ebenfalls nicht Gegenstand sein: sie suchen ebenfalls nicht, sie haben schon gefunden.

101 Hier verhält es sich wie mit den Birnen: Kenner streiten über den schmalen Grat zwischen reif und matschig.

zuteilen. „*Hört mich! denn ich bin der und der. Verwechselt mich vor Allem nicht!*“[102] – der als Parodie maskierte Verzweiflungsschrei des um sich wissenden Ego. Und im idealen Fall wissen wir dann so gut wie Du (oder besser), wer Du bist.

Und wir müssen es wissen! Wir haben ein Anrecht darauf, zu wissen, was wir von Dir erwarten können – ob *Du* nicht Verbrecher, Geisteskranker, Perverser bist. Sag es uns, wenn Du Dich nicht verdächtig machen werden willst! „Auf jeden Fall ist das Geständnis [...] im Abendland zu einer der höchstbewerteten Techniken der Wahrheitsproduktion geworden. Die Wirkungen des Geständnisses sind breit gestreut: in der Justiz, in der Medizin, in der Pädagogik, in den Familien- wie in den Liebesbeziehungen, im Alltagsleben wie in den feierlichen Riten gesteht man seine Gedanken und Begehren, gesteht man seine Vergangenheit und seine Träume, gesteht man seine Kindheit, gesteht man seine Krankheiten und Leiden; mit größter Genauigkeit bemüht man sich zu sagen, was zu sagen am schwersten ist; man gesteht in der Öffentlichkeit und im Privaten, seinen Eltern, seinen Erziehern, seinem Arzt und denen, die man liebt; man macht sich selbst mit Lust und Schmerz Geständnisse, die vor niemand anders möglich wären, und daraus macht man dann Bücher. Man gesteht – oder man wird zum Geständnis gezwungen. [...] Die waffenloseste Zärtlichkeit wie die blutigsten Mächte sind auf das Bekennen angewiesen. Im Abendland ist der Mensch ein Geständnistier geworden.“[103] Einige Jahrzehnte später nehmen sich Foucaults Sätze geradezu prophetisch aus. Denn seinerzeit „war“ man ganz einfach Frau oder Mann – so weit, so binär. Mit der sehr allmählichen und widerstrebenden Akzeptanz der Homosexualität gab es ir-

---

[102] Nietzsche, *Ecce homo*, KSA VI, S. 257.

[103] Michel Foucault, *Sexualität und Wahrheit*, I, *Der Wille zum Wissen*, Frankfurt, 1983, S. 76.

gendwann vier mögliche Identitäten, es folgten bi und queer und trans und inter, und inzwischen haben nur noch Expert*Innen den Überblick über das Buchstaben-Labyrinth an *sex* und *gender*. Dass die Hunde, die ihr schlichtes Frau-also-nicht-Mann hüten, darob in wütendes dummes Gekläff ausbrechen, kann nicht überraschen. Allerdings muss man zugeben, dass die Schubladen zwar vielfältiger geworden sind, aber dennoch Schubladen bleiben, in die wir uns einzupassen haben. Das uralte „Du hast Dieses, also nicht Jenes zu sein" ist letztlich ungebrochen. Und schlimmer: die Schubladen werden mehr, aber damit auch enger und kleiner. Entsprechend konkurrieren sie scharf um Anerkennung bis an den Punkt, an dem sich berechtigte Anliegen im pedantischen, selbstbezogenen Kleinkrieg verstricken und ins Lächerliche kippen, der patriarchalen Hundsdummheit zur Genugtuung. – Die geschlechtliche Identität ist natürlich nur ein Ausschnitt, ein prägnantes Symptom. Gleiches gilt für Herkunft und Hautfarbe. Mal werden sie abwertend, mal idealisierend aufgeladen, aber immer bleiben sie identitäre Hautfarb-Töpfchen.[104]

Wir basteln an unserer Autobiographie, von Kindheit an und jederzeit, und wer beispielsweise Bohlen oder Bush heißt, darf sie auch diktieren und veröffentlichen und uns sagen, wen sein Name in Wahrheit meint; wir Fußvolk träumen von solchem Ruhm. Und freuen uns aus dem Publikum heraus: „Ein

---

104 Was die Sache nicht einfacher macht, ist, dass Angehörige der alten Herrschafts-Farbe untereinander hitzig um die Verästelungen korrekter Sprache streiten und sich dann unfehlbar in selbstgestellten *double-bind*-Fallstricken verfangen. Die daraus resultierende Befangenheit gegen Andersfarbige ist dann wieder rassistisch – also geht man ihnen besser ganz aus dem Weg und streitet unter sich über sie weiter – zur Freude der wirklich hundsdummen „harten" Rassisten, die damit willkommene Munition geliefert bekommen. Wäre nicht ein unverschwurbeltes neugieriges Aufeinander-Zugehen ein zweckmäßigerer, un-dümmerer Weg gegen rassistische Vorurteile (auch die eigenen)? Aber das ist so verdächtig lustvoll.

ganz normaler Mensch, wie du und ich", befinden wir, nachdem wir mit der Indiskretion einer Hundenase die intimsten Stellen beschnüffelt haben. Im simplen Fall findet man in den Geständnissen der Illustrierten und Vorabendserien und Talkshows und Filmchen die biographischen Legosteinchen, aus denen man sich die eigene Wunsch-Existenz zusammenstecken kann; wir Halbgebildeten finden unsere Leitbilder vielleicht in alten Ritterromanen. Entscheidend ist am Ende nur: Ich weiß, wer ich bin; ich weiß, wer Du bist; Du weißt, wer ich bin. So ist es „in Ordnung".

Buchstäblich nicht in Ordnung wäre es indes, falls sich jemand unausgesprochen auf die ebenso abendländische Einsicht beriefe, dass Ich gelegentlich auch ein Anderer sein könnte – und sich den Konventionen entzöge, in denen sich das Geständnis zu vollziehen hat. Nehmen wir an, er sei nicht aktenkundig „anormal", aber auch nicht der Norm entsprechend – man könnte höchstens sagen, wer er nicht sei, aber kaum, wer er „wirklich" sei: Jemand wäre „er selbst", indem er möglichst vermiede, sich laut als „Jemand" zu bekennen. Jemand beharrte still und wortlos darauf, das Spiel „Identität" so zu spielen, dass ihm die Freiheit bliebe, es je nach Situation offen zu gestalten auch vor und für sich selber – wie, das sei Ihrer Phantasie anheim gestellt. Wir hegen den Verdacht, dass ein solch ein fiktionaler Nicht-Mitmacher in seiner näheren Umgebung Neugierde und unter Umständen sogar Sympathie erregen könnte – aber Märkte und Institutionen würde er kaum interessieren und ihr Personal diffus verunsichern durch sein schlichtes Dasein. Wie auch könnte das anders sein, wenn es keine direkte Handhabe gäbe, ihn zu Konventionen zu bekehren, weil er dagegen nicht offensiv verstößt – nicht einmal das? Gerade in seiner Unschuld müsste er ein Stachel sein für alle, die ihren Platz kennen oder suchen. Und das würde man ihm zu verstehen geben durch subtile Abweisung: besser sogar Klassenclown als eigenschaftsfrei.

Damit können wir benennen, was an unserem Typus Fiktion ist: Er würde mit sanfter Gewalt dazu gebracht werden, seine Spielfreiheit aufzugeben. Nach unserer Definition indes hieße das nichts anderes als: er hätte sich einer Struktur zu fügen, die ihm seine Spielmöglichkeit nimmt. Und wir verstehen nochmals, warum der Egotheismus in den Zusammenhang der kollektiven Dummheit fällt: Solche Dummheit ist nicht die Dummheit einzelner Alpha-Tiere, jener Leistungsträger-Conducatoren, für die sie immerhin kräftigen Dünger abgeben mag. Sie ist vielmehr eine soziale Gegebenheit, die sich die Individuen unterwirft und der sie sich fügen, weil sie ihnen kaum eine Wahl lässt – eine dumme Struktur, die uns zur Dummheit drängt.

Kleine Typologie der Identitäten

Bevor wir in die schwärzesten Regionen der kollektiven Dummheit hinab steigen müssen, wollen wir uns noch eine kleine Atempause gönnen. Wir wollen ein paar Daseins-Möglichkeiten durchspielen, wollen dem soeben angedachten Typus einen Namen geben – er sei „Aristokrat", weil Frei-Herr oder -Frau – und wollen – mit herzhafter Lust am misanthropischen Klischee – ihm gegenüber stellen seine typologisierten Antagonisten, die wir „Plebejer" nennen. (Verf. würde übrigens lügen, wenn er abstritte, nicht in jedem der vier Typen Anteile seiner selbst zu finden.)

Plebejer erster Ordnung (PeO): Diesseits von Gut und Böse

Wir beginnen von unten, nämlich mit dem Plebejer in seiner reinsten Form; wir nennen ihn „Plebejer erster Ordnung". Sein abstraktes Charakteristikum ist die Schafsdummheit (was situative Hundsdummheit nicht ausschließen muss). Einen Phänotypen durften wir bereits auf den ersten Seiten in der Person der Dummen Frau kennenlernen. Der PeO ist der Dialektik von Freiheit und Unfreiheit enthoben; solche Kategorien sind für ihn nicht relevant, denn er ist komplett bar jeden Spielbewusstseins. Selbst ein als Spiel deklariertes Spiel, z. B. das fremder Leute mit einem in ein Netz zu tretenden Ball, erregt in ihm höchstens das reflexhafte Bedürfnis zu unartikulierten, wiewohl stimmstarken Identitätsbekundungen. Überhaupt ist Lautstärke eines seiner Hauptmerkmale, wie ihm jeder Sinn für Distanz – für die Möglichkeit, andere Spiele zu stören – fremd ist. Entsprechend fehlt ihm jedes Verständnis für komplexere Ästhetik. Das Musterexemplar egötzt sich in Shopping- und Beauty-Centern, konsumiert Fun, Event und Adventure, donnert auf röhrenden Öfen in schafsdummer Unschuld durch bukolische Landschaften. Seine Lebensäußerungen teilt der PeO schamfrei und unmittelbar mit, und die unbeabsichtigte Teilhabe der Mitmenschen ist ihm dabei schlicht gleichgültig. Jederzeit und überall greift er sich herzhaft in den Schritt. Ist er paarungswillig, lässt er das umgehend wissen. Hemmungen sind ihm fremd; sie würden Selbstbeobachtung voraussetzen. Sprache ist ihm keine Entfremdung; seine lautlichen Äußerungen sind ihren phonetischen Möglichkeiten nach quantitativ reicher als die eines Schafs, aber werden in ähnlicher Triebhaftigkeit geäußert – ganz wie der Dichter spricht:

Sei es freundlich, sei es böse,
Meist genügend klar und scharf
Klingt des Mundes Wortgetöse
Für den täglichen Bedarf.

Doch die Höchstgefühle heischen
Ihren ganz besondern Klang;
Dann sagt Grunzen oder Kreischen
Mehr als Rede und Gesang.[105]

Der PeO ist so schamhaft wie Adam vor dem Apfelbiss. Das versteht sich, denn auch das Bewusstsein von Fremdwahrnehmung fehlt ihm komplett. Entsprechend lebt er keine Rollen-Ichs, sondern ist jederzeit ganz er selbst, ohne danach zu fragen. Mancher Ästhet mag über ihn die Nase rümpfen, aber in der Regel, solange er nicht eingeschränkt, gereizt, gequält oder wie auch immer nicht artgerecht behandelt wird, ist er ein friedlicher und berechenbarer Zeitgenosse. Im schlechten Fall aber und als Massenpartikel zumal kann er zum katastrophalen Naturereignis des Prolet-Ariers werden mit der Vernichtungswut einer Lawine.[106] Kurz, er lebt in einer Unmittelbarkeit, einer Unschuld, um die ihn mancher Ästhet heimlich beneidet und wofür er sich durch Überheblichkeit schadlos zu halten sucht, ohne indes den PeO ernstlich treffen zu können, denn: *Non cogitat, ergo est.*

---

105 Wilhelm Busch, *Ungenügend*, in: *Zu guter Letzt*, in: [Mehr oder weniger] *Sämtliche Werke* II, München, 1982, S. 573.

106 Genauer nachzulesen nochmals in Canetti, *Masse und Macht*.

Plebejer zweiter Ordnung (PzO)

Schwieriger verhält es sich mit dem Plebejer zweiter Ordnung. Generell besteht der Hauptunterschied zum PeO im starken Rollenbewusstsein. Der PzO weiß sich jederzeit beobachtet und hat dem gerecht zu werden. So gliedert sich die Art wiederum in zwei Ausprägungen: den Exaltierten und den Introspektiven PzO.

Der Ich-Trompeter.
Exaltierter Plebejer zweiter Ordnung (EpzO)

Der Exaltierte PzO ist bei flüchtigem Hinsehen leicht mit einem PeO zu verwechseln. Er ist wie dieser laut, belästigt seine Umgebung und tut überhaupt manches öffentlich, was feinerer Ästhetik zufolge der Allgemeinheit vorenthalten werden sollte. Allerdings tut er das, was dem PeO in paradiesischer Indifferenz unterläuft, in voller Absicht. Jeder soll es hören, sehen, wissen: Ich bin der und der! Und ich bin selbstbewusst! Dem EPzO ist Mitteilung Notdurft. Das publikumsfreundliche Smartphone ist ihm ein Himmelsgeschenk, und spendabel lässt er die Mitwelt an seiner Kommunikation teilhaben. Dass ihm Mode aller Genres Befehl ist, versteht sich; die Welt ist sein Laufsteg. In seiner etwas sublimeren Ausführung kultiviert der EPzO seine Rollen. Gerne ist er Künstler, denn als solcher hat er das Recht, immer und überall allen alles über sich mitzuteilen, wie auch mancher Gockel, vor einen Misthaufen gestellt, unfehlbar hinaufflattert und singt. Qualität und Medium sind hier sekundär – auf die Botschaft, auf das Persönliche, das Unmittelbare kommt es an, denn wahre Kunst hat immer recht. Da der Großteil des Publikums sich in ihm spiegelt, hat er keine schlechten Aussichten auf den ersehnten Beifall. Überhaupt tritt der EPzO jederzeit als mehr oder minder geschickter Rollenspieler in Erscheinung. Die Existenz des Als auf der Welt-Bühne findet in ihm ihre ideale Verkörperung; sein Erfolgsgeheimnis mag darin liegen, dass er seine Rollen im Moment selber unmittelbar glaubt und lebt. Sein Name ist ihm heilig, insonderheit der Großbuchstabe zwischen Vor- und Nachname. Wie dem PeO ist ihm Selbstdistanz, gar Selbstironie zutiefst fremd (was in seinem Fall nicht ausschließt, dass er sie coram publico überzeugend darbieten kann), aber anders als jener ist er überaus kränkbar. Charakterisiert man ihn allzu treffend, kann er lebenslang hassen, während der PeO nur mit den Achseln zucken würde. Gesetzt, dass er kein Künstler sei – in diesem Falle verachtet er jene –, zeichnet den EPzO nämlich ein entscheidendes Merkmal aus: Er ist brennend ehrgeizig, gleich, in welchem Lebensbereich.

Er will nach oben, koste es, was es wolle, um von unten besser gesehen zu werden. „Ich will hier rein!", ruft er, rebellisch jung am Zaune der Institutionen rüttelnd; später dann, wenn er drin ist, verklärt er sich zum Wahrer des Zauns. Nur falls unvermeidlich marschiert er über Leichen; ist es ihm aber, warum auch immer, verwehrt, etwaige Nebenbuhler kalt zu stellen, verbündet er sich alsbald mit diesen, auf dass man wechselweise vom Bedeutungszuwachs profitiere. So zieht es ihn magisch in die Nähe tönender Namen, und kaum hat er jenen das Du abgeluchst, hält er es der Welt im Triumph als Trophäe entgegen. Zuletzt veröffentlicht er seine Autobiographie: *Mein Leben. Wer ich bin – wie ich es wurde.* Der EPzO ist, was er kann, macht, hat und wen er kennt: was seinem Ego Bedeutung verleiht. Unterschlagen wir es nicht: Ohne all die alt-, neu-, erfolgreichen EPzO wären unser öffentliches Leben, unsere Kunst, Politik, Wissenschaft, ja, unsere Kultur insgesamt wenig oder nicht vorhanden und jedenfalls kaum unterhaltsam.

Der Mucker
(Introspektiver PzO, IPzO)

Der Introspektive PzO ist der feindliche Zwilling des EPzO. An ihm hasst er, was er an sich selbst unterdrückt. Der IPzO wähnt sich ebenfalls unter stetiger, allgemeiner Beobachtung, der er sich jeoch nur ungern aussetzt; er vermeidet sie nach Möglichkeit. Geduckt und gegängelt von Seinesgleichen ist er ängstlich. Aufzufallen ist ihm ein Greuel und Geltung zugleich seine stille sündige Sehnsucht. Die peinlichste Charakterschwäche ist ihm die Eitelkeit, der er allein in ihrer schlimmsten Form, der Bescheidenheit, huldigen darf. Ängstliche Zurückhaltung hält er für vornehm. Er steht unter dreifacher Spannung zwischen dem Zwang, jederzeit er selbst zu sein, der Angst, genau damit anzuecken sowie der Abneigung gegen die EPzO-Leitwölfe, denen etwas entgegen zu setzen aber wieder eitle Anmaßung wäre. Meistens ist er in der Defensive, und es scheint, dass er auf die Länge und unter marktkapitalistischen Vorzeichen gegenüber dem EPzO ins Hintertreffen gerät als verstreute Spezies, die in feuchtdunklen Nischen überdauert.

> Sei wie das Veilchen im Moose,
> Bescheiden, sittsam und fein,
> Nicht wie die stolze Rose,
> Die stets bewundert will sein.

Solch alte Verslein sind des IPzO Credo. Das Bewusstsein, auf der Seite des Guten zu stehen, verschafft ihm Genugtuung gegenüber dem äußerlich betrachtet meist erfolgreicheren EPzO. Stolze Rosen mögen ein kleines Weilchen verführerisch duften, doch ein getrocknetes und gepresstes Veilchen verwelkt nie. Der IPzO hat ein Bedürfnis nach Eigentlichkeit. Er verabscheut Verstellung aller Art, für die er jede soziale Rolle hält; Selbsthass ist die kaum vermeidliche Folge. Im Grunde ist er antikünstlerisch, ein Bilderstürmer, der Leichtigkeit mit Oberflächlichkeit verwechselt. Das schließt nicht aus, dass er in kathartischen Kunstmühen seiner Eigentlichkeit gewahr wird. Während dem EPzO eher die barocke Sinnlichkeit des Katholizismus entspricht, ist der IPzO, unabhängig von seinem tatsächlichen Bekenntnis, seelischer Protestant, Pietist, Pessimist, Heiliger, der seinen Gott verloren hat. Der EPzO stirbt am Schlaganfall, der IPzO am Magengeschwür. Er ist fleißig von Grund auf. Sein Motto: Carpe diem. Lust ist ihm per se verdächtig. Er hält sich für einen guten Menschen, weil er ein schlechtes Gewissen hat. Im Bußkrampf liegt sein ganzer Stolz: siehe, er trägt die Sünd' der Welt, und latent fühlt er sich schuldig für Hungersnöte und Genozide, für Krieg und Erdbeben. Je besser es ihm geht, um so lauter barmt er. Zum Festmahl mahnt er die Anwesenden: „Wir wollen aber auch an die denken, die es nicht so gut haben wie wir." Des weiteren liebt er es, sich stellvertretend für andere zu schämen. Er ist „betroffen": Die Idee der Erbsünde hat der IPzO vollständig verinnerlicht. Die Welt ist verkommen und verlogen, wahre Werte sind Ideale, aber niemals Wirklichkeit. Die Da Oben, muckert er, sind allesamt korrupt und zynisch, denn Erfolg verderbe den Menschen. Wie recht er damit hat, zeigt sich, wenn einem seiner Art tatsächlich der Erfolg in Form von weltlicher Macht vergönnt ist: dann ist er durchdrungen von der Überzeugung, dass die Schicksalsgöttin persönlich ihm diesen Platz als Wirkungsstätte zugedacht hat. Denn Machtfantasien kennt er durchaus. Und die Kombination aus Macht und Mission kann für die Mitwelt recht unschöne Folgen zeitigen – der Gute Diktator, der Tugend-Terrorist, der Virtuos der Guillotine tritt auf. Natürlich kann er auch harmloser agieren, oft sogar durchaus konstruktiv. In beliebigen Funktionen wie Großayatollah, Kleininquisitor, Elternbeirat, Verteidiger des Abendlands, Bürgerinitiativenmitinitiator, Demonstrant und Gegendemonstrant werden seine

Tugenden angemessen zur Geltung kommen; in aller ostentativen Bescheidenheit, denn es geht ja um den guten Zweck. Es geht immer um den Zweck.

Die beiden PzO-Gattungen, der introvertierte Mucker und der exaltierte Ich-Trompeter, unterscheiden sich vom PeO durch die Art ihrer Dummheit. Ist dieser schafs-, sind jene hundsdumm. So sehr sich ihre Prototypen abstoßen, so viele Mischformen gibt es, Indizien, dass beide nur Spielarten dessen sind, was wir Egotheist genannt haben, der EPzO unmittelbar, der IPzO sublim. Beide agieren in Kategorien von Gut und Böse bzw. wahr und falsch. Was den EPzO in seiner Bedeutung fördert, ist gut, was den IPzO in seinem Normdenken bestätigt, ist wahr, und was weder gut und wahr noch böse und falsch ist, weil es sich ihrem Identitätsraster entzieht, das interessiert sie nicht oder gerät genau darum in den Verdacht des Bösen: Vertrauen ist gut, Kontrolle ist besser – Q zitierte jenen berühmten PzO bereits. Die Folgen im Namen dieses Guten sind bekannt.

Der Freiherr

Der geistige Aristokrat ist das Gegenteil der Plebejer. Frei-Herr, Frei-Frau, Gesinnungsgraf – er weiß um sein Wahrgenommenwerden, was ihn vom schafsdummen PeO unterscheidet, aber dies ist ihm Teil eines Spiels, anders als den hundsdummen PzO. Er respektiert die Spielwiesen der Anderen, zuweilen spielt er ihre Plebejer-Spiele auch mit, aber was „ihn selber" betrifft, ist er jederzeit diskret. Überhaupt hat er eine instinktive Distanz zu jeder „Identität" und jedem „Sinn" – er würde sie immer zwischen Gänsefüßchen einhegen. Sinn, so wittert er, ist erst einmal nichts weiter als ein epistemologisches Problem, bei dem im Anfang das Wort war, nicht anders als bei gut und böse und Gott: Indem man glaubt, erschafft man sie, und ob es z. B. Sinn gibt, ist folglich keine Ja-Nein-Frage – als solche wäre sie sinnlos –, sondern eine der Perspektive: ein Glaubens-Spiel. Glauben, Sinn und Ähnliches sind ihm also nichts notwendig Fremdes, aber sie sind Teil *seines* Spiels, und das spürt er ganz genau. Missionarismus und Fanatismus jeder Couleur sind ihm ein Graus, weil Störungen seines Spielens. So etwas ist unvornehm. Es riecht. Er schätzt es nicht, wenn ihm ein Plebejer die Sonne verdunkelt. Überhaupt besitzt er feine Sensoren für Distanzen (ohne das spüren lassen zu müssen, versteht sich). Zwischen den Rollen, die er als *zoon politikon* notwendig immer spielt, könnte er jederzeit wählen; sie sind das Accessoire, die Marionetten seiner Ich-Komödie. Er kann Biertrinker und Fußballfan, kann ebenso ein ausgesprochener Ästhet sein mit Sinn für Nuancen und Formen und für das Exquisite, aber die chinoisierende Pedanterie manch hochgebildeter PzO geht ihm ab: Er neigt zum Dilettantismus. Der parfümierte Spitzentüchlein-Philologe wäre eine so falsche Karikatur wie der bornierte Sir Mortimer Highbrow. Allerdings verpflichtet ihn die Würde seines Spiels, in misslichen Situationen möglichst die Contenance zu wahren (vulgo: nicht „aus der Rolle zu fallen"):

> Worte! Worte keine Taten!
> Niemals Fleisch, geliebte Puppe,
> Immer Geist und keinen Braten,
> Keine Knödel in der Suppe.

So besang, zum Beispiel, der gelähmte und schmerzgeplagte Freiherr[107] Heinrich Heine seine letzte, zwangsläufig platonische Liebe zu Elise Krinitz, genannt „Mouche", nur wenige Wo-

[107] Die Friedrich-Wilhelm-Hohenzollern haben den subversiven konvertierten Juden, der es vermocht hatte, zwischen allen Stühlen Platz zu nehmen, natürlich nicht in ihre erlauchten Reihen adelsprädikatprämierter Plebejer erhoben. Pragmatischer sind die Amerikaner. Die Generationen ihrer Dyna-

chen vor seinem Tod. Offenbar verstand er etwas von Würde, die auf lautes Pathos verzichten kann, weil sie zum Witz fähig ist.

Der Aristokrat könnte vieles sein, aber er muss nicht Etwas sein. Er kann sich durchaus für eine Sache engagieren, auch hart arbeiten kann der Gesinnungsgraf, so es denn sein muss, aber es ist nicht Arbeit, was ihn adelt. Ob König oder Toilettenputzer: Der Aristokrat bleibt, alles in allem, Spieler. Seine Existenz ist gleichsam doppelt: Als Primat existiert er wie jeder Primat in seinen Schmerzen und Leidenschaften, aber von einer anderen Warte aus ist er sich dabei Objekt unter Objekten. Das mag nach außen wie eine ironische Existenz wirken. Der Mucker-Plebejer, würde er ihn denn besser kennen, könnte ihm vorwerfen, er sei nie er selbst, weil er Distanz und Diskretion herstelle; er sei folglich verschlossen, verantwortungsscheu, verkopft usw. Er könnte ihn als Zyniker und Nihilisten verkennen, weil seine Ethik situativ, nämlich Teil seines Spiels ist. Und das Ziel dieses Spiels könnte heißen: Wie erhalte ich mir und meiner Mitwelt unter wechselnden Umständen die maximale Spielfähigkeit, pathetischer gesagt: Freiheit in jeder Hinsicht? Scham kennt er in Relation zu Anderen, aber nicht vor sich selbst; er wundert sich allenfalls, mit der naiven Neugierde ei-

stien sind zwar durchnummeriert (so erhielt des letzten Wilhelms geistiger Erbe George W. „Dubya" Bush wie jener die Ziffer römisch zwei), aber wenigstens das Adelsprädikat erspart man der Mitwelt. Was in old europe sich als „Gesellschaft" mit diffusen ererbten Qualitäten „von Gottes Gnaden" spreizte („in siebter Generation Bluter", so stellt sich in Billy Wilders *Eins-Zwei-Drei* der verarmte Herr Graf zu Droste-Schattenburg vor), gibt sich in den USA ohne Schnörkel als ererbte Macht zu erkennen. Bemerkenswert ist, wie sehr aber auch amerikanische Machthaber auf einen Gott angewiesen sind, der so weise war, gerade ihnen diese Macht zu verleihen – allein im Dienste ihrer Mission für das Gute, wie sich versteht: das Wahlvolk habe nach Gottes Willen abgestimmt, vernahm man nach Bush des Zweiten Wiederwahl.

nes Kindes, das einen bunten Schmetterling entdeckt, über seine gottgegebene Gleichheit selbst mit den PeO. Er schätzt sich, ohne sich zu überschätzen. Kurz: er ist das irritierende „ich nicht“ unter den Individuen. Aber zu seinem Glück verstehen das die Plebejer in aller Regel nicht und lassen ihn gewähren und weiter spielen.

Einen entscheidenden Mangel schließlich hat der Aristokrat: Er ist nicht zeitgemäß. Daher ist er weitgehend ausgestorben, und wahrscheinlich hat es ihn kaum je gegeben.

Die Reinlichkeit ist nicht zum Scherz!

Nach diesem kleinen typologischen Abstecher – der wie gesagt keinerlei Anspruch auf Vollständigkeit oder gar Objektivität erhebt – kommen wir zurück auf unser Hauptanliegen, das da wäre, von den dummen Folgen des konventionellen Egotheismus zu erzählen. Gehen wir also an die Auswertung.

Wir rekapitulieren: Identitäts-Dummheit und Geständniszwang versauern unserem Freiherrn die Existenz. Wer partout Jemand sein will und soll, hat im Grunde die Wahl zwischen EPzO und IPzO, zwischen hedonistischer Selbstverwirklichung und pietistischer Introspektive, zwischen Schnauzbart und Tonsur; wenigstens diese Entscheidung bleibt Geschmackssache. Durch die Brille Foucaults sahen wir bereits, dass jene Geständniskultur mit der Identitätsfindung ebenso der wechselseitigen Kontrolle dient: dem Eingang des Menschen in die selbstverschuldete Unmündigkeit. Wer sich dem entzieht – wie unser Aristokrat – existiert außer der Ordnung, im sozialen Sinne also gar nicht. (Höchstens bliebe ihm die legitime Wahl eines Inkognito, eines ironischen, hochstaplerischen Als-Ob, dem das aristokratische Naturell mitunter zuneigen kann; Felix Krull könnte hier Modell stehen.) Und diese Ordnung ist nicht eine Ordnung von oben nach unten, wie wir „Ordnung" zumeist zu denken gewohnt sind, sondern eine Kontrolle der Horizontale, gegen die jede Revolte von trauriger Gestalt sein wird: denn wo und wer wäre dieser Feind, der keine offenbare Hierarchie und keine Diktatur ist? Dass ein Innenminister ein Interesse hat an der größtmöglichen Kontrolle seiner Bevölkerung durch Datenüberwachung, biometrische Merkmalserhebung, Katalogisierung genetischer Informationen oder was immer, liegt in der Natur seines Amtes. Ihm das moralisch vorzuwerfen wäre dumm, weil es die Rolle verkennen würde, die er spielt. Was uns dagegen interessiert, ist die Reaktion. „*Ich* habe nichts zu verbergen", sagt Volkes Stimme, und darin klingt die Hoffnung mit, dass das auch endlich öffentlich werde.

Volk lebt in seiner Ordnung; je ordentlicher, desto besser. Im Gegensatz dazu sprachen wir von der Skepsis des Gesinnungsgrafen gegen „Sinn". Damit rühren wir an einen weiteren zentralen Punkt: Der PzO sucht Sinn, worin er sich auf Gegenseitigkeit mit Seinesgleichen bestätigt. Und da diese Sinnstiftung nicht weniger als Mich ausmacht, zielt alles, was der PzO guten Gewissens tut, sublim darauf hin. Wie aber lässt sich dieser ominöse Sinn konkreter fassen? Der PzO findet seinen Daseins-Sinn, der ihm angesichts der Vakanz des Himmelsthrons abhanden gekommen war, im irdischen *Zweck*. Diesen setzt er nicht nur sprachlich jederzeit mit „Sinn" in eins. Heideggers Rätselknoten vom Sinn vom Sein hat der egotheistische PzO ganz einfach durchgehauen: ihm muss es um den Zweck vom Sein gehen, wenn denn die Gottheit fraglos er selber ist. Er handelt *„um zu"* und *„damit"*. „[...] die alten Theologen behaupten, dass Gott die Engel vor der Erde und zwar darum erschaffen, damit sie ihn nachher bei deren Schöpfung lobten."[108] Das, worin der Egotheist kein Um-Zu erkennen kann, ist bestenfalls wertlos – „es nützt nichts" – und schlimmstenfalls bedrohlich: es öffnet die Falltür ins Sinnlose. Jedes Ding, jede Handlung wird auf ihre Zweckmäßigkeit hin be-*wertet*, negativ oder positiv. Schadet es? Nützt es? „Zu irgendetwas wird es schon gut gewesen sein." Damit erst ist es in der Ordnung. Jeder Zweck hat also seinen Wert, sei er moralisch oder ökonomisch – diese Unterscheidung ist nur Oberfläche. Greifen wir auf unser altes Beispiel zurück: Die prominenteste, weil einfachste, eindeutigste, digitalisierbare Werteskala ist die der Zahlen, an erster Stelle der Geldwert. Wieviel bringt es mir?

---

108 Jean Paul, *Flegeljahre*, S. 324.

Was kostet es mich? Wieviel Lohn bin ich wert, zu welchem Preis kann ich mich nützlich machen? Was kann ich mir leisten? Solche Kosten-Nutzen-Abwägung ist die klassische Ausprägung des Um-Zu. Ich arbeite, um mich ernähren zu können und einen Schlafplatz zu haben. Ich esse und schlafe, um arbeiten zu können. Ich mache Urlaub, um mich zu erholen. Erholen muss ich mich, um meine Arbeitskraft zu erhalten, die mir meinen Urlaub finanziert. Ich muss mehr Geld verdienen, um meine Familie zu ernähren. Ich habe eine Familie, um meine emotionalen Bedürfnisse zu befriedigen. Ich leiste mir Luxus, um mehr vom Leben zu haben. Ich arbeite also noch mehr, um noch mehr Geld zu verdienen. Ich verdiene noch mehr Geld, um mir noch mehr leisten zu können. Ein wirkungsvolles Placebo gegen die Leere, ein wundersamer Zauberkreis, dessen hypnotisches Kreiseln mich süß vergessen lässt, dass anstelle eines ultimativen Um-Zu ultimatives Nichts vor sich hin nichtet: denn „dumm sein und Arbeit haben, das ist das Glück" (Benn). Mit dem ihm eigenen Tiefsinn ermahnte der Rilke liebende Bundeskanzler Schröder in der Vorweihnachtszeit 2004 die Menschen, ihre unpatriotischen Kaufhemmungen endlich zu überwinden und Arbeitsplätze zu schaffen, deren Inhaber dann noch mehr konsumieren würden usf. Das war von schlechthin genialer metaphysischer Konsequenz: Indem wir Konsum als *moralischen* Wert *an sich* zu begreifen lernten und den Konsumverweigerer als Amoralisten verachteten, würden wir heimkehren ins verlorene Paradies jenes Absoluten, das keiner weiteren Begründung bedürfe und alles Folgende – Arbeit, Geld, Familie – aus sich heraus legitimierte. Der theologische Kreis schlösse sich, die Menschheit fände ihre wahre Bestimmung. Unser Gott hieße Konsum, sein Kategorischer Imperativ: „Kaufe!"

Wie aber verhält es sich mit dem Emotionalen (früher: „Gefühle")? Auch sie werden in die Kosten-Nutzen-Bilanz meines Lebens einkalkuliert. Wann lohnt sich eine Beziehung (früher:

„Liebe“) für mich? Wenn ich mehr emotionalen und materiellen Output erziele, als ich investiere. Wenn sich der Prinz nach drei Küssen als Frosch entpuppt, wird er an die Wand geschleudert. Das Fleisch ist willig und der Geist ist schwach: braucht es mehr zum Glück? Darüber gieße man etwas Zuckerguss aus Liebe und heiliger kapitalistischer Kleinfamilie in Doppelhaushälfte[109] – Instant-Glück der Margarinewerbung. Aber zum Beispiel die Kunst? Ist dann etwas wert, wenn sie etwas bringt. Sie hält mich geistig fit. Sie stimuliert verschiedene Gehirnareale. Sie macht mich klüger und effizienter. Sie verschafft mir emotionalen Ausgleich. Sie zu kennen ist Bildung, also Sozialkapital.

Die Verzwecklichung durchdringt alle Bereiche des Daseins. Und wie das Sein in der Zeit ist, ist jedes Um-Zu planend, optimistisch und dynamisch in die Zukunft gerichtet. Das gilt für den Einzelnen wie für die Herde. Der kollektiv gültige Über-Zweck heißt „Fortschritt“, ein Begriff, der ein wenig in die Defensive geraten ist im Konkurrenzkampf mit seinem dunklen Zwilling, der „Fortschritts-Angst“, aber er kann ja auch im freundlicheren Namen der Reform auftreten.[110] Wir merken nur an, dass wir uns um vieles klüger wähnen denn unsere Ahnen, so fortgeschritten wie wir in jeder Hinsicht sind.

Nur ein kleines Beispiel: die Biografien unserer kanonisch „Großen“. Mit herablassendem Erstaunen[111] bemerken wir, wie

109 M. E. eines der schönsten deutschen Wörter!

110 „Vorwärts immer, rückwärts nimmer!“ – prominenter Slogan in der DDR. Die Genossen Untertanen nahmen ihn dann allerdings wörtlicher, als ihn die SED-Granden gemeint hatten.

111 Wie es vom hellsichtigen Kurt Tucholsky bereits 1926 in seinem Brief *Gruß nach vorn* uns zukünftigen, alles besser wissenden Lesern attestiert wurde (*Die Weltbühne*, Nachdruck, Königstein/Taunus, 1978).

ihre bornierten Mitmenschen die Genies in ihrer Mitte dermaßen verkennen konnten. Verdi wurde „mangels Talent" vom Konservatorium abgelehnt! Uns wäre das nicht unterlaufen. Wir können es besser beurteilen. Wir kennen unseren Verdi, und heutzutage gibt es ohnehin keine Verdis mehr, jedenfalls sehen wir keine. Deswegen lassen wir Wissenden ihm späte Gerechtigkeit widerfahren, im frohen Bewusstsein, Medium letztendlicher Objektivität zu sein. Das ist geistiger Fortschritt, was sonst. Und materiell? Nun ja, wir haben Aspirin, Südfrüchte, Eigenheimzulage, SUV, Baumärkte, Wasserstoffbomben, Tinder, Seniorenresidenzen, Amazon, Airbag, Haribo. Vermissen Sie etwas?

Mit dem Um-Zu eng einher geht der Glaube an die Monokausalität aller Vorgänge, das „Weil". Das Um-Zu domestiziert die Zukunft, das Weil die Vergangenheit. Etwas hat eine Ursache, deren Folge es ist. Alles hat einen „Grund". Ein schweres Unglück hat sich ereignet. Warum? a) wegen menschlichen Versagens; b) wegen Materialermüdung; c) wegen schlechten Wetters. Der Staat ist bankrott? Kreuziget den Finanzminister! Autos rasen gegen Alleebäume? Holzen wir alle Alleebäume ab! Wer hatte die Verantwortung? Der Schuldige benannt, das Übel gebannt, der Sündenbock im Vorruhestand. Gerhard Polt schuf konsequent den Herrn Sittich, professionellen Verantwortungsnehmer von der Schilda Respons GmbH & Co KG:

> *Leim:* Wenns irgendwo brennt, dann sin mir da. Großklinikum: Der Patient ist zum Krüppel operiert, bedauerlich, kommt halt amal vor. Chefarzt ist Alkoholiker, kann man nicht zur Verantwortung ziehen. Der sagt natürlich, des liegt am Patienten, weil er nimmer gscheit zsamgwachsn is. Der Patient kann sich dieser Interpretation nicht anschließen, Staat lehnt die Verantwortung ab, wer bleibt übrig?

Wir. Der Patient kriegt zwar koa Geld von der Versicherung, aber moralisch is er ausm Schneider und kann zum Beispiel am Herrn Sittich an Drohbrief schreiben.

Mit der störrischen Zukunft verfahren wir entsprechend. Auch wenn wir theoretisch wissen, dass sie ihren eigenen Willen hat, allem planenden Um-Zu zum Trotz: für Prognosen haben wir Experten. Der Finanzberater sagt uns, welche Anlagen steigen werden. Die Wahrsagerin liest uns aus der Hand. – Aus einer Werbung für die Spieler-Zeitschrift „Roulette", die man auch stilistisch goutieren möge:

> Als Europas führende Fachpublikation sehen wir unsere Aufgabe darin, für unsere Leser in aller Welt neben roulettewissenschaftlichen Fachbüchern auch alle Spielmethoden, von der klassischen Mandarin-Methode bis zu den neuesten, mittels Computer konzipierten Gewinn-Strategien, anzubieten.

Wirklich unbehaglich wird es, wenn das Unerklärliche, Unnennbare, kurz: der Zufall oder die Kontingenz nicht mehr zu verdrängen ist. Glück immerhin können wir uns als Verdienst zurechnen. Wir spüren, dass es uns zusteht. Unglück aber empfinden wir als zutiefst irrational und ungerecht. Hier werden wir zu Gerechtigkeitsfanatikern: Glück ist Anrecht, Unglück Unrecht. Das Zufällige, verstörend Grund-Lose aber, das den Sinn von Glück wie Unglück aushöhlt, ist der schlimmste Feind des Warum. Größer nämlich als jede konkrete Furcht ist die existenzielle Angst, der *horror vacui* – der Gottseibeiuns. Zuerst lässt uns das ? erstarren wie den Hamster vor der Schlange. Dann geraten wir in Panik und tun im Zweifel das Schlimmste. Ähnliches gilt für ethische Dilemmata. Sie überfordern uns, denn wir wollen Eindeutigkeit. Ein Ermittler glaubte nur die

Option zu sehen, einen Kindesentführer durch Androhung von Folter zu erpressen, um so möglicherweise das Leben des Kindes zu retten. Alsbald entbrannte die Diskussion. Legalisten: „Falsch. Folter ist verboten." Menschenverstandler: „Richtig. Täterschutz darf nicht über Opferschutz gehen." Tatsächlich lässt sich der Fall zwar rechtsstaatlich eindeutig lösen: Folter ist *unter allen Umständen* tabu. Das keine Sekunde lang in Frage zu stellen und *dennoch* anzuerkennen, dass dem Ermittler seine Entscheidung allein durch Gesetze nicht erspart werden konnte – einzusehen also, dass es nicht immer ein allgemein verbindliches Ja-Nein anstelle existenzieller Verantwortung gibt und dass Ethik nicht Eins zu Eins in Jus übersetzt werden kann: solche Widersprüche sind schwer auszuhalten. Volkes Empfinden spürt, dass der Ermittler gegen das Gesetz recht haben könnte – und der Mob skandiert: „Foltert!" So einfach sei das. Fortsetzen ließe sich der Reigen der Beispiele mit der Diskussion um die Abschusserlaubnis entführter Flugzeuge, der Folterung zur akuten Abwendung schwerer Anschläge bis hin zu der einst berühmten Frage, was der Wehrdienstverweigerer denn wohl täte, wenn sein Großmütterlein vergewaltigt würde und er zufällig daneben stünde und eine Kalaschnikow in der Hand hätte.

Wir sahen es bereits: Angst macht dumm. Die Angst vor dem Unfassbaren wird in Furcht vor „etwas" umgemünzt. Ob dieses konkrete Etwas tatsächlich die tiefere Ursache unserer Angst ist? Das tut nichts zur Sache. Wichtig ist, dass wir wieder einen Begriff extrahieren können. Und wir begegnen einem alten Bekannten: Es ist „das Feindliche". Das Feindliche hat seinen Platz in oder außer der Ordnung. Man kann es be-greifen. Und was man nicht begreifen kann, erklärt man sich. Man benennt den Sündenbock. Um nur das wohl prominenteste Beispiel zu betrachten: Warum werden ausgerechnet „die Juden" immer wieder Projektionsziel solcher Mythen? Wahrscheinlich einfach, weil es für die Verschwörungstheoretiker so wunderbar unscharf ist, wer „die Juden" eigentlich sind. Ein „Volk"? Eine „Rasse"? Eine „Nation"? Eine Glaubensgemeinschaft? Manche sollen blond, muskulös und unmusikalisch sein und kleine Nasen haben. Aber gerade diese Unkenntlichkeit ist doch der Beweis der perfiden Tarnung! Allein, der Wisser hat sie durchschaut. Mit Freimaurern und Illuminaten, wenngleich etwas aus der Mode gekommen, verhält es sich ähnlich. Sie regieren im Geheimen die Welt, und gerade, dass das keiner merkt, ist der Beweis. Es gilt: Je undurchsichtiger meiner Dummheit etwas ist, desto hinterhältiger, desto feindlicher verschwört es sich gegen mich. So hat es seine Ordnung.

Fassen wir es metaphorisch: Ordnung duldet keinen Schmutz. Schmutz ist, was nicht in der Ordnung definiert ist: Unkraut im Gemüsegarten. Unkraut ist nicht primär fehl am Platze, weil es schaden würde, sondern weil es aus der Ordnung fällt. Als Un-Kraut unter Kräutern genießt es kein Daseinsrecht. Nach dem deutschen Desaster von Krieg und „Rassen"-Reinheitswahn war der Nachkriegs-Schrebergarten mit seinen strammen Tulpenregimentern, exerzierenden Mohrrübchen, Rosenkavalieren, Kohlrabiparaden eine Allegorie der perfekt reinen Gesellschaft. Jede Birne hatte ihren festen Platz, an dem sie keine Zwetschge zu sein hatte – Identität: „Birne, nicht Zwetschge" –, aber mit der Zwetschge teilte sie das Daseinsrecht, das sie vom Unkraut unterschied. Zum Glück ist das Vergangenheit, zum Glück sind wir fortgeschritten. In den Steingärten unserer Tage ist die Frage nach Un- oder Kraut und schmutzigen Insekten endgültig gelöst.

Dem Bekenntniszwang entspricht das Reinheitsgebot. Heißer Tag? Duschen wann immer möglich. Dadurch stärkere Schweißdrüsentätigkeit? Noch öfter duschen, Dreckfink! Hemden am Abend präventiv in 40-Grad-Quarantäne. Verdacht auf

Schweißspuren? Isolationsfolter bis 95 Grad anzuraten. Erdenreste? Peinlich! Die Paranoia eines Ceauşescu verzerrt diese Tendenz nur ins Maßlose. Wo früher Weihwasser versprüht wurde, desinfizieren wir jetzt. Viren und Strahlen machen Angst. Sie sind die Bedrohung, die wir nicht sehen, Symbole weit tieferer Angst: Satan. Das Böse. 11. 9. 2001: In der westlichen Welt brach die Biowaffen-Paranoia aus – bar jeder Ratio. Sie reichte hin als Begründung für einen Krieg auf Verdacht gegen einen schnauzbärtigen Diktator, der sich als Verkörperung des Bösen schlechthin, zugegeben, trefflich eignete. Und also begab sich ein Exorzismus, der gegenstandslose Angst in den furchtsamen Begriff „Anthrax" übersetzte. Diese Angst durch Lügen zu schüren, um den ohnehin geplanten Angriff auf den Irak zu legitimieren, bot sich natürlich an. Wir wollen hier nicht diskutieren, welche Rolle das irakische Öl spielte[112]; projizierte Angst spielte bestimmt eine wichtige.

Moral: Manche Barbarei duftet nach Rasierwasser.

Mit der Keimfreiheits-Sehnsucht geht einher die Pathologisierung des Ungehörigen. Vor allem gilt das für psychische Phänomene. Zunächst wird eine Norm definiert, was „gesund" sei, dann können Abweichungen festgestellt werden. Was sich nicht der Norm fügt, aber auch durch Sanktionen nicht ohne weiteres fassbar ist, wird für krank erklärt. Der reale Mensch ist ein defizitäres Wesen, folglich sei der ideale Mensch der

[112] Womöglich könnte man manche komplementäre Paranoia über Juden-Bush-Öl-Verschwörungen ebenso in Bezug setzen zur psychoanalytisch ergiebigen Schmutzigkeit des Schwarzen Goldes: Pharma-, Bauxit- usw. -Connections regen die Fantasie weit weniger an. Dass n. b. Öl ein wesentlicher Kriegsgrund im Frühjahr 2003 gewesen sein mag, muss gar nicht bestritten werden. Dumm ist hüben wie drüben die monokausale Erklärung komplexer Zusammenhänge, die sich in Verschwörungsmythen flüchten muss, um ein kohärentes Weltbild aus Schwarz und Weiß zu retten.

Mensch ohne Defizite. Wir sind eine humane Gesellschaft: Wir strafen nicht, wir therapieren, wir heilen. Die defektfreie, gesunde Gesellschaft nämlich ist reine Wissenschaft. Sie hat klare medizinische Kriterien. Ja–Nein. Mehr–Weniger. 0–1. Und gedenke, freier Mensch: Du allein trägst die Verantwortung für deine Defekte. Finde den Schuldigen, „das Böse" – oder du selber trägst die Schuld. Große Ohren? Es gibt plastische Chirurgie. Schwieriges Kind? Ritalin hilft. Diffuse Unzufriedenheit in der Lebensmitte? Ängste gar? Der existenzielle Abgrund reißt auf? Schuld: sind meine Eltern. Therapie: wir empfehlen Lachgruppe. (Es ist wissenschaftlich erwiesen, dass Lachen zweckmäßig ist, um die Gesundheit zu fördern.) Der Mensch ist des Menschen Automobil. Defekte werden repariert, dann hat der Motor tunlichst wieder zu laufen. Beliebte Beschimpfung: „Das ist doch krank!" Die Utopie von der Erlösung der leidenden Menschheit: Freiheit von allen Defiziten, physiologisch wie sozial. Folglich keine Schmerzen mehr. Schmerzfreiheit, physisch wie seelisch, die perfekte innere Ruhe: der Wiedereingang ins Paradies. Letzter temporärer Defekt: der Exitus ohne Jenseitshoffnung. Degoutant! Therapie: Tod dem Sensenmann! Klinisch indiziert! Warum, zum Teufel!, hat die geistige Euthanasie[113] der Defekte nicht längst zur allgemeinen Unsterblichkeit geführt? Immerhin bleibt uns mit Prof. Dr. Quietivius die Vision, wenigstens für die Kommenden. Wir staunten über Ceauşescus Irrenhäuser zur Aussonderung von per definitionem „kranken" Regimekritikern, wie sie auch sonst im Nachstalinismus beliebt waren. Mit welchem Recht, wenn wir ehrlich sind? Die therapeutische Hilfe freier Gesellschaften funktioniert natürlich längst nicht mehr strafend, sondern im Gegenteil empathisch, zugewandt und unbestreitbar rettend in vielen Fällen. Aber das

[113] Jawohl: das könnte mehr sein als nur eine Metapher. Denken wir zum Beispiel an die Pränataldiagnostik.

Resultat, der Preis bleibt die „gesunde" Definition und Normierung seelischer Verfassung.

Wenn aber Gesundheit, zumal psychische, in je meiner Verantwortung liegt – was folgt daraus? Krankheiten, die die Mechanik des Körpers betreffen, sind greifbar und wenig geheimnisvoll. Allerdings lässt sich der Siegeszug der Psychosomatik, so berechtigt und entlastend ihre Ansätze sind, auch in dem Sinne deuten, dass die Schuld an der Krankheit dem Kranken überantwortet wird. „Das kommt alles von der Psyche!", weiß der Nachbar der krebskranken Frau, und wahrscheinlich weiß er auch, was sie falsch gemacht hat in ihrem Leben. Und da es für uns Säkularisierte keine Sünde mehr gibt, die ins Jenseits und gegen einen sühnenden Objekt-Gott gerichtet ist, wird folgerichtig Krankheit zur Sünde am diesseitigen Gottes-Ich. (Dass der Gesundheits-Imperativ den ökonomischen Anforderungen der Effizienzgesellschaft an das „freie" Ich – vulgo: der Arbeitskraft – sehr dienlich ist, muss wenigstens angemerkt werden.) In einer post-pietistischen Selbstbefragung kreist man permanent um sein Befinden. „Ich tue mir etwas Gutes" – so huldigt sich der konsumierende Egotheist. Er optimiert sein Wohlergehen durch Gesundheitsapps und Messgeräte aller Art. Sport ist sein Gottesdienst, Ernährungsratgeber sind sein Gebetbuch. Wenn es ihm dennoch schlecht geht, fühlt er sich schuldig: zumal, wenn das keine greifbare Ursache hat. Besser geht es ihm dadurch nicht. Wo nur habe Ich gegen Mich gesündigt? Wie kann Ich sühnen, also genesen? Von den Außen-Projektionen der existenziellen Angst sprachen wir bereits: hier geht es um deren Introspektive. Es liegt natürlich auf der Hand, dass der Tanz ums Goldene Ich, das obsessive Wirbeln um Mich Selbst, genau die Teufel beschwört, die es besiegen will. Schmerzt irgendwo etwas? Tut mir etwas nicht gut? Stört mich etwas? Es gehört beseitigt! Kränkt mich jemand, Familie,

Freunde, Nachbarn? Meine Feinde! Ist aber dann wirklich alles in Ordnung? Bin Ich in Ordnung? Ertrage Ich Mich? Der Krieg wird nach außen oder innen geführt, aggressiv oder depressiv, je nach Veranlagung. Je fanatischer Meine Fixierung auf Meine physische wie seelische Gesundheit, um so lauter schreit es aus dem Keller Meiner Seele heraus.[114] „Gott ist widerlegt, der Teufel nicht"[115]: Der egotheistische Exorzismus schafft gerade den Schmerz, den er zum Lobpreis des defektfreien, des heilen, geheiligten Ich auszutreiben hätte – die Konsequenz des Egotheismus ist der Umzug des heimatlos gewordenen Teufels in Mich. Ich versündige mich gegen Mich. Kurz, prosaisch, posttheologisch: Die seelischen Krankheiten, die unsere lebensängstliche Hypochondrie evoziert, sind in der Tat unsere Schuld.

Merke weiter: Auch Fehler sind Defekte. Fehler sind die Ursache vieler Übel, die es nicht gäbe, hätte es keinen Fehler gegeben. Im Nachhinein wird man es immer erkennen; wir erinnern uns an das Weil. Man folgert: Fehler sind Dummheiten. Vermeiden wir es also partout, Fehler zu machen – spätestens seit Schulanfang werden wir in diesem Sinne konditioniert. Und ächten wir den, der sie dennoch riskiert, wie einen Verbrecher, dessen Schuld nur durch seine Dummheit gemindert ist. Warum muss Ikarus so hoch fliegen? Der Schneider von Ulm ist in die Donau gefallen: ätsch, das hat er davon! Hätte er keine Fehler gemacht, wäre das nicht passiert. Folglich hätte ihm der Ruhm zugestanden, den die Brüder Wright knapp hundert Jahre später ernteten: die waren nicht so dumm wie der dumme Schneider. Wir warten auf Fehler bei Schülern, Musikern,

---

114 In Anspielung auf Freud möchte man hier von einem Unter-Ich sprechen.

115 Nietzsche, KGW VIII/1, S. 32.

Handwerkern. Und andere lauern auf unsere. Das höchste Lob: perfekt! Die Angst, Fehler zu machen, sitzt uns im Nacken. Jedes Misslingen hat eine Ursache, und diese Ursache muss ein Fehler gewesen sein. Dafür wollen wir nicht verantwortlich gemacht werden. Besser nicht fliegen wie der dumme Schneider. Dumm zwar, dass Gott seine Welt so teuflisch chaotisch geschaffen hat. Wir machen es besser, wir perfektionieren die unsere. Der Teufel heißt Dionysos: treiben wir ihn aus! Unordnung ist Sünde. Undefinierte Räume sind fehlerhaft. Das Design meiner Wohnung darf keine ästhetische Angriffsfläche bieten. Vom sterilen Garten sprachen wir bereits. Persönlichkeit dokumentiert man in keimfreien Bewerbungsmappen.

Nun einmal ohne Ironie: Eine der größten Dummheiten ist die, Fehler und Irrtümer von vornherein mit Dummheiten zu verwechseln.[116]

Nun endlich kehren wir zum Wort zurück, das im Anfang war. Denn das Ideal der Keimfreiheit spiegelt sich im verbalen Waschzwang. Wenn etwas nicht in unsere Ordnung passt, meint das: es entzieht sich unseren Begriffen. Worte entlarven den Sprecher. Man ist, was man sagt. Oft genug erlebt man im Kleinen, wie ein falsches Wort, womöglich noch seinem Kontext entfremdet, ein seltsames Eigenleben entfaltet. „Du hast aber damals gesagt" – starker Trumpf im Streit.[117] Taten sind situativ, relativ, vergänglich. Das gesagte Wort aber bleibt zeitlos im Raum: Johannes 1, 1. Taten können immer gerechtfertigt oder wenigstens relativiert werden. Natürlich passieren manchmal

---

116 Übrigens eine Tendenz, deren Versuchung auch manche Stultitiologen erliegen.

117 Schreiben über Dummheit im Zwischenmenschlichen: Allein das wäre ein Lebensprojekt. Wir verweisen stellvertretend auf Paul Watzlawick, *Anleitung zum Unglücklichsein*, München, 1983.

unschöne Dinge: Flüchtlingsboote werden beschossen? Retter aus Seenot angeklagt anstatt der schießenden Grenzschützer und ihrer Vorgesetzten? Durchaus bedauerlich, aber waschen wir uns schnell die unschuldigen Hände, unser Boot ist nun mal voll, mehr Zuwanderer würden den Rechtsextremismus schüren, und das kann kein wahrer Demokrat ernstlich verantworten. Ein Afrikaner möchte nicht abgeschoben werden, obwohl ihn sein Herkunftsland nach Auskunft seiner Repräsentanten dieses Mal, versprochen!, nicht wieder foltern werde, und wehrt sich. Er wird betäubt und geknebelt und erstickt im Flugzeug. Ein tragischer Unfall, warum hat er auch nicht still gehalten. Wir schütteln den Kopf, legen die Zeitung bei Seite und gehen zur Tagesordnung über, bei Gelegenheit klicken wir noch eine Petition an, was bleibt uns anderes übrig. Aber halt: hat hier etwa jemand „Mohrenkopf" gesagt? Hier muss man Einhalt gebieten! Spül den Mund dreimal mit Seife aus! Genau in solch krypto-rassistischen Gedankenlosigkeiten offenbart sich latenter Faschismus! Schokoüberzogenes Zartschaumgebäck – das wäre angemessen dem reinen Herzen und schmilzt poetisch auf der Zunge: sagen Sie es fünfmal schnell. Auf Ironieresistenz muss ich übrigens hier und überall gefasst sein, denn das Gute ist ernst. Kein zynischer[118] Witz, bitte – „so etwas sagt man nicht einmal im Scherz!" Der Narr hat seine Narrenwahrheit für sich zu behalten, der Bote ist der Schuldige, der Darsteller wird mit dem Bösewicht verwechselt.[119] Von Sprach-*Spielen* kann hier keine Rede mehr sein. Spaß, Satire, Parodie hin oder her – du bist, was du sagst.

---

[118] Eigentlich „sarkastisch"; aber die übliche Vermischung dieser Begriffe wird wohl nicht mehr zu entwirren sein. Zynisch ist natürlich das Handeln bzw. die Weltsicht, Sarkasmus im Gegenteil das Stilmittel, das z. B. den Zyniker parodiert. Dass sarkastischen Sprechern von dummer oder interessierter Seite gerne Zynismus unterstellt wird, könnte zur Verwirrung beigetragen haben.

Und es versteht sich, dass wir Guten auf sprachliche Unreinheiten unserer fehlbaren Mitmenschen jederzeit belehrend hinweisen und auf perfekte, also unangreifbare Sprachverwendung bestehen müssen. Mancher Mit-Sprecher allerdings schätzt Belehrungen nicht jederzeit oder ist schlicht schafsdumm überfordert und wähnt sich hundsdumm in die Enge getrieben, obwohl wir doch nur das Gute wollten. Es kommt zum Krieg um Worte, den wir doch gerade zu verhüten meinten durch unser sprachreinigendes Wirken. So vermehrt die Reinheit selbst nolens volens den Sprach- und Gedanken-Schmutz. Böse Hunde, die man reizt, geifern zurück, die Wortkritik wird zur selbst erfüllenden Prophezeiung. Sie provoziert die Abwehr der Semi-Gebildeten, die feine Sensoren gegen das moralische und soziale Ressentiment der Begriffsfetischisten besitzen. Und nun vernimmt man um so lauter die schwellenden Stimmen, die man lieber nicht vernähme, und die man zu Recht fürchtet, weil ihrer Dummheit so schwer beizukommen ist: „Man wird doch noch sagen dürfen, dass…" – „ich lasse mir doch nicht von … den Mund verbieten" – „daran sieht man's: in Wirklichkeit werden wir längst von … gesteuert" – „irgendwann muss doch auch mal Schluss sein mit…" – „was ist denn gegen gesunden Patriotismus einzuwenden?" – „man will uns unsere Traditionen nehmen" – „wir müssen unsere Kultur be-

119 Ein schönes Beispiel war die Hitler-Lesung Helmut Qualtingers, die einst in München allen Ernstes verboten wurde, da eine indizierte Schrift vorgetragen worden wäre. Dass die bayrische Staatspartei Konkurrenz witterte, wollen wir nicht unterstellen. Ob es aber wirklich sinnvoll ist, schlechte Texte zu tabuisieren (und damit dämonisch aufzuwerten) anstatt sie in all ihrer banalen Dummheit und wider Willen schwarzen Komik zu zelebrieren, wäre des Nachdenkens wert: Wir regen hiermit an, dass der Deutschunterricht, der den Schülern erfahrungsgemäß manch gutes Buch nachhaltig zu verleiden vermag, dies abwechslungshalber mit einem schlechten praktizieren möge. Man mache *Mein Kampf* zum Sternchenthema zwecks politischer wie ästhetischer Bildung.

wahren" – „wir leben doch längst in einer Diktatur" usw. Das Prinzip kennen Sie seit vielen Seiten: Der Mensch ist des Menschen Schäferhund, und seine Hundsdummheit braucht den Feind, um sich zu definieren – voilà, da hat er ihn. Die Anliegen beider Seiten sind in ihrer Qualität völlig unvergleichbar. Aber die Muster sind komplementär; ohne einander wären sie nichts, und man ist dem Feind im Handumdrehen gleich geworden. Links kann unversehens rechts werden – Sie müssen sich nur umwenden.[120]

Wir konstatieren also, dass das Streben nach reinem Sprechen paradoxerweise die Rohheiten evoziert und verstärkt, die es bereinigen möchte. Und das betrifft uns nicht nur oberflächlich. Denn die Reinheit der Worte, die hier attackiert wird, ist unsere eigenste Reinheit. Es ist ein gutes Gefühl, auf der richtigen Seite zu stehen, und diese Gewissheit geben uns Worte. Der Umgang mit Ressourcen drängt sich als klassisches Beispiel auf: Ich *bin* umweltbewusst, Autos haben wir doch alle, denn es geht ja leider nicht ohne, und dafür esse ich nicht sehr viel Fleisch und fliege auch nur gelegentlich. Gerade mein Glaube an den Begriff meines Seins gewährt mir die Absolution, schlechten Gewissens, aber reiner Seele gegen eben diesen Begriff zu handeln, denn ich „bin" im abstrakten Begriff meiner selbst jenseits meines realen Tuns in Zeit und Raum. Was ich *tue*, ist nur sekundär: Ich bin eben, was ich „eigentlich" bin. Mein Selbst-Begriff ist mein ideales Spiegelbild. „*Ich* bin doch kein Mörder!", ruft der Mörder dem Staatsanwalt zu – ohne *eigentlich* zu lügen. Und nun verstehen wir, warum der Streit

[120] Im Krieg der Worte geht es natürlich immer auch um Macht und Machtverschiebung, und das ist völlig legitim. Wirklich gefährlich daran ist, dass der gute Zauberlehrling die zu seinem Zwecke gerufenen Geister oft nicht mehr los wird. Am Ende könnten hundsdumme Mittel seiner eventuell sehr berechtigten und un-dummen Sache viel mehr schaden als nützen.

um Worte alles andere als harmlos ist, warum Diskussionen „um die Sache“ ins persönlich Giftige kippen, warum man sich gerade mit persönlich wie politisch Nahen in die erbittertsten Kleinkriege verstrickt[121], warum Meinungen Freundschaften sprengen können: in letzter Konsequenz der Worte geht es um Mich, um Mein untergründig widersprüchliches, fragiles Selbstbild.

Der Gegner, der Mich zum Blick in den realen Spiegel zwingt, wird so zum Feind. Wir sagten es bereits: Der Überbringer der schlechten, weil ungeschönten Botschaft ist schuldig. Denn Infragestellung Meiner egotheistischen Identität ist Gotteslästerung. Ich allein bin der Zweck und Sinn, der Meine reinen Begriffe heiligt.

Der Weg, in solchem Feind den komplementären Zwillingsbruder und in ihm gespiegelt sich selbst erkennen zu können, bleibt dem Egotheisten verschlossen. Es würde voraussetzen, sein absolutes Ego zu relativieren, einen Schritt zurück zu treten, sich des Spiels bewusst zu werden. Statt dessen verstümmelt er den Kategorischen Imperativ immer und unfehlbar zu einem dummen „das, was du willst, das man dir tu, das füg auch deinem Andern zu“, zum „jeder soll nach meiner Façon selig werden“. Matthäus 7, 12: „Alles nun, was ihr wollt, das euch die Leute tun sollen, das tut ihnen auch“ – aber wenn Du Masochist wärst?[122] Die schafsdumme Unfähigkeit und die hundsdumme Unwilligkeit zur Empathie sind unser inneres Gefängnis. Den Anderen verstehen, seine Grenzen respektieren,

---

[121] Zumal im weiteren Sinne Linken, die Progressiven, Gesellschafts-Liberalen, Sozialdemkraten, Sozialisten, FeministInnen, LSGTTIQ*s usw. bieten mit ihren Geschwisterkriegen seit je ihren Gegnern ein hochwillkommenes Schauspiel.

[122] „Bitte hinterlassen Sie diesen Raum so, wie Sie ihn vorzufinden wünschen“: Lassen Sie ihren schlimmsten Phantasien freien Lauf.

seine Motive nach-, seine Angst mitvollziehen, uns im Anderen und den Anderen in uns zu finden? Statt dessen: Mund auf, Ohren zu. Längst haben wir uns an das Wetterleuchten der finalen Krise des Egotheismus gewöhnt. Ihre Logik lässt sich beängstigend einfach aus dem Gefangenendilemma herleiten. Wir sahen bei Axelrod, wie der einmalige Versuch im Gefangenen-Dilemma ein für beide Beteiligten ungünstiges Ergebnis bedingt: Falls beide Häftlinge sich in ihrem Interesse rational verhalten, ist das Ergebnis paradoxerweise für beide schlechter, als wenn sie es nicht täten. „Ethik" als einziger Ausweg aus dem Dilemma mendelt sich erst in wiederholten Versuchen heraus. Nochmals verneigen wir uns vor dem braven Soldaten Rubinstein, der dieser dummen Kriegslogik trotzte. Nun entspricht eine Weltgesellschaft von acht, neun, zehn, x Milliarden Menschen im Regelfall der einmaligen Anordnung, denn die Wahrscheinlichkeit, mit einem beliebigen dieser Mitmenschen in mehrfache Interaktion zu treten, ist denkbar gering; bereits der real existierende Sozialismus scheiterte unter anderem am Problem der (Un-)Verantwortlichkeit der Masse. Was ich Einzelner mache, ändert ohnehin nichts am Gang der Dinge. Würde ich mich zum Beispiel in meinem Konsum einschränken, hätte ich Nachteile gegenüber „den Mitgefangenen". Womit wir wieder angelangt wären bei der Psychologie des verwöhnten Kindes – der Kreis schließt sich. Einschränkung ist Freiheitsberaubung! Ich lebe ganz nach Meinem unmittelbaren Vorteil und nehme alles, was Ich bekommen kann. Denn die Anderen könnten sonst mehr bekommen! So machen es alle, und die Konsequenzen beklagen wir alle. Schuld sind allein die Anderen. Die Hölle – das sind die Anderen im Himmel. Und umgekehrt. Dass Staaten dieser Logik des Gefangenendilemmas genauso unterliegen wie der einzelne Egotheist, globalisiert die destruktive Dynamik.

Zu addieren ist die Schwerkraft des Status quo – Bequemlichkeit und Gewohnheit in Koalition mit der Furcht vor allem Fremden und Neuen und vor jeder Änderung der Wegrichtung, sei sie noch so dringlich: ich bin mein Altvertrautes, jede Störung dieses Seins bedroht mich, also ist sie feindlich. Zugleich aber plane ich die Zukunft, versuche, Zufall und letztlich Tod einzuhegen: in diesem Sinne handele ich. Es ist die faszinierende Tragikomödie seit Adam und Eva, im Größten wie im Kleinsten, der Dramenplan Shakespeares: Jeder verfolgt das Seine wider die Anderen, und am Ende gibt es nur Verlierer. „Das habe ich nicht gewollt“, fiel Wilhelm II. zum verlorenen Krieg und Thron ein, und wir glauben es dem armen Kaiser auf's Wort. So ist der Mensch des anonymen Menschen Schaf: Ich will nichts Böses, ich will nur mein Gutes! Und der anonyme Mensch ist des Menschen Hund: Der Andere bedroht mich! Er handelt gegen mein Gutes! Ich bin das Opfer! Dass das entsprechend dem Gefangenendilemma individuell wie kollektiv funktioniert, bedarf keiner Erläuterung. Es betrifft Familie, Nachbarn, Kollegen im Kleinen, Sippen, Völker und Nationen im Großen. Man richtet sich ein in Opfermythen, die endlose Generationen zurück reichen können, man konkurriert wider die Feinde darum, wer wessen Opfer sei, worüber man seinerseits zum Täter wird. Noch der Mörder ist im Stande, seinem Opfer dessen Opfersein übel zu nehmen und sich als dessen Opfer zu erklären.[123] Bereitwillig unterstellt man das Schlimmste, wittert böse Motive, legt Worte auf die Goldwaage, reißt Sät-

123 Vielleicht sollte man in den Strategien der Ver-Opferung einen grundsätzlichen Unterschied zwischen „links“ und „rechts“ fest halten: Links tritt für Menschen, Gruppen, Schichten ein, die es als benachteiligt, als Schwache, als Opfer ausgemacht hat, und stellt sich „solidarisch“ gegen die Unterdrücker. Rechts ver-opfert sich gut egotheistisch (und gerne faktenwidrig) selber. Gemeinsam ist wenigstens ihren Extremen die Selbstdefinition über „den Feind“, sei er real oder als Popanz konstruiert.

ze aus dem Zusammenhang und stellt den Sprecher an den Pranger. So düngt ein Ressentiment das nächste, die Selbst-Veropferung gebiert den nächsten Krieg. Den Brandstifter, der uns am lautesten in unserem Opfersein bestätigt und in dessen Bühnen-Dummheit wir uns selber spiegeln dürfen, wählen wir aufgrund seiner Brandkompetenz zum Feuerwehrhauptmann. Wir Opfer hoffen auf Erlösung: von unseren Feinden, vom Anderen, vom Fremden, von Schmutz und Krankheit, von allem, was unsere Identität, unsere Reinheit bedroht, uns zum Opfer macht – in hundsdummer Verkennung dessen, dass an erster Stelle wir selbst diese Täter, diese Selbst-Veropferer sind. Wir sehnen uns nach finaler Genesung unseres geschundenen Ich. Und diese Regression führt geradewegs in die Barbarei. Wirklich dringende Menschheitsaufgaben, die nur im Zusammenwirken Aller lösbar wären, werden zerredet, verschoben, verdrängt, verleugnet. Der Primat Mensch scheint an seiner eigenen Menschwerdung zu scheitern. Das Chaos expandiert. Der Eisberg ist schon in Sicht, während die eine Hälfte der Narrenschiffs-Besatzung haltlos feiert und die andere sich fanatisch prügelt. Der kapitalistische Kettenbrief wird fällig. *Nach* uns die Sintflut? Hoffentlich verrechnen wir uns nicht. In einer panischen Walpurgisnacht aus Lehren gegen Leere, getrieben von Hütehunden, betört von Flötentönen, verstört und verlockt von Ängsten, Göttern, Verschwörungsgespinsten, Wissenschaftsvergötzung, Irrationalismen, Funparks, Überfluss, Moden, Nuklearraketen, Fantastilliarden, *shopping*, Klimakrise, Hypochondrie, Ressentiments, Paranoia, Realgagaismus walzt die kollektivneurotische Herde letzter Menschen hin und her und kreuz und quer, immerzu, immerzu, und wenn endlich die Mixtur explosiv und die Hitze groß genug geworden ist für den ultimativen Knall, versinkt, wer weiß das schon, das, was wir Kultur nennen, was wir uns als immerwährende Fortschrittsgeschichte, als purgatorischen Weg hin zur endlichen Defektfreiheit erzählen und für zeitlos erachten, im umstandslosen Strudel des Schreckens wie Dreckwasser im Ausguss einer Badewanne – um es nicht noch vulgärer zu sagen. „Banalität des Bösen"? Banalität der Dummheit. Wir wären nicht die ersten Selbstvernichter. Aber niemand vorher hatte derart effiziente Mittel. Finale humane Defektfreiheit: die egotheistische Menschheit, wenn sie sich ihrer selbst entledigt haben wird.

Fazit:

Bosheit ist eine Chimäre. Unsere Dummheit ist es, mit der wir uns unsere Welt zur Hölle machen.

Du aber, werter S, wendest ein, ich sei auch nur ein lustvoller Apokalyptiker und IPzO? Ich pinselte die Menschen schwarz in schwarz als einseitigen, boshaften, ungerechten Albtraum? Wo blieben Empathie, Sympathie, Liebe, Freundschaft – fügen sie sich wirklich so schlicht meinen Kategorien von Konvention und Um-Zu? Muss ich sie partout misanthropisch abwerten? Und noch schlimmer: Ich fiele selber in die Falle der Monokausalität, die ich gerade noch als Dummheits-Merkmal herausgestrichen hätte? Zumal die Angstlust der Apokalyptik ein uralter Topos menschlicher Dummheit sei, ein Privileg der Pubertät, die sich noch im Odem des Weltgeistes sucht? Du hättest wohl recht mit Deinen Einwänden. Durchgegangen ist es mit mir, voreilig losgestürmt bin ich, mehr toll als kühn vergaloppiert habe ich mich, bin wieder einmal meinem alten Laster erlegen. In der Tat, lieber S, gegen Windmühlen bin ich angerannt, habe Monstren in ihnen gesehen, wo ich sie doch mit aristokratischem Desinteresse rechts und links hätte liegen lassen können; denn manchmal erkennt man Riesen erst, wenn man sie aus allzu großer Nähe anschaut, und dadurch vergrößern sei sich ins Unermessliche. Wider den dummen Ernst, so hatten wir uns doch vorgenommen, wollten wir ins Reich der

Dummheit ziehen, und statt dessen sind wir selber in das Bußpredigen und Moralisieren verfallen, das uns so verdächtig gewesen ist. Nicht über die Menschheit wollten wir richten, wir wollten uns mit der Dummheit bescheiden. Zu meiner Verteidigung sei nur angemerkt, dass ausgerechnet Dein Schönes am Menschen seinem unmittelbaren animalischen Erbe entspringt, das sich unseren Kategorien von Dummheit entzieht. Über Liebe müssen wir also nicht sprechen; auch Freundschaften sind von Schafen so bekannt wie von Menschen, und ausgesprochen dumm wäre es übrigens, darin eine Abwertung zu sehen. Uns interessiert vielmehr ein kulturelles Phänomen, denn als solches versuchen wir ja die höheren Formen der Dummheit zu stellen. Allzu leicht blendet uns dann die Dummheit, die so menschlich ist, und trübt uns den Blick. Wider die Schafsdummheit mögen mitunter Argumente helfen, weil solche Unmündigkeit nicht selbstverschuldet ist; Schafe sind im Rahmen ihrer intellektuellen Möglichkeiten aufklärbar. Hundsdummheit aber, längst sollten wir das eingesehen haben, ist gegen unseren direkten Anritt immun wie Mühlen. Sie ist hermetisch, als eine ihrer liebsten Betätigungen missioniert sie Schafe zu Hunden, und nicht selten prunkt sie dabei im Ornat allererlauchtester Bildung. In solcher Virtuosität ist sie uns immer so weit voraus wie der Igel dem Hasen. Wie also könnten wir ihr beikommen?

Wir sollten uns eine kleine Katharsis gönnen. Wir vernahmen von einem Gebiet, wo nichts Ernstes, wo per definitionem nur Spiel sei: Freiheit anstatt Konvention, Als-Ob anstatt Um-Zu, Spiel anstatt Zweck. Wir wollen ein wenig spazieren gehen auf den erholsamen Wegen dort, im Zentrum unserer Kultur, im Garten der Kunst nämlich, wo auch das Todernste noch im Konjunktiv steht; Musil sprach vom „Moral-Laboratorium“. Die Künste nämlich, so könnten wir sie für unseren Zweck definieren, bilden ein exterritoriales Gebiet im Reich der Dummheit. Mehr noch, so hoffen wir: Sie könnten als reines Spiel so etwas wie ein Antidot sein gegen den Absoluten Ernst der Hundsdummheit. Freudenvollere Töne anstimmen wollen wir, die Künstler ermutigen, die solches noch immer wagen, und freuen werden wir uns mit ihnen, wenn es gelingt. Machen wir uns also auf die Suche.

Abstecher nach Arkademien

Ernst ist das Leben, heiter ist die Kunst.
(Klassischer Sarkasmus)

Dem dummen Zweck entkommen zu können – darauf hoffen wir. Vom interesselosen Wohlgefallen träumen wir, Bedeutungstitanen wie Wagner oder Brecht zum Trotz. Und Kunst, so verheißt uns der eine oder andere Ästhetiker, habe keinen Zweck außer sich selbst. Tatsächlich könnte eine Kunst, die sich zum Beispiel im engeren Sinne moralisch oder gar politisch prostituiert, als Gegengift zur Dummheit für uns nicht mehr in Betracht kommen: sie wäre Um-Zu. Das, woran wir denken, ist eine Kunst, die einfach nur „ist" und allein durch ihr reines Sein, ihr Schön-Sein, außer der Mauern aller Zwecke ist. Ich sage es Dir ganz unverhohlen, lieber S: Die Kunst, die ich meine und nach der wir nun suchen wollen, ist eine herbe Provokation für die Philister – nicht durch das, was sie sagt (im Idealfall „sagt" sie nämlich gar nichts, wie manche Musik), noch weniger durch den deutenden Holzhammer, der noch das letzte Schaf befriedigt, weil es ein paar Mundvoll Wortstroh gefressen hat, die es mit Verständnis verwechselt: Sie provoziert schlicht dadurch, dass sie ist und anders ist. (Zum Glück für das Inkognito der Kunst entgeht diese Provokation den emsigen Bildungsbürgern zumeist.)

So ungefähr hätten es wohl auch die Romantiker verstehen mögen, deren armselige Erben wir letztlich sind, wir Dennoch-Davidsbündler. Kunst spielt, und spielend vergisst sie den Ernst der Welt; und der Mensch ist nur dann ganz Mensch, wenn er Künstler ist. Denn ein Mensch muss die Kunst produzieren. Zwar wirkt solch hässliches Verb recht ernüchternd.

Sollte nicht der wahre Künstler eben „ganz Mensch" sein und mit der kindlichen Weltvergessenheit Kunst spielen, wie das versunkene Kind spielt, das noch ganz Mensch und noch nicht dumm geworden ist?

Aber schon geraten wir ins Stolpern, denn allzu gerne haben wir vergessen, dass wir uns zwar auf exterritorialem Gebiet, aber nach wie vor im Imperium der Dummheit bewegen. Denn wer macht Kunst? Dass der Künstler nicht nur Künstler ist, sondern nebenbei auch Treppe putzen, einkaufen und urinieren muss, ist so richtig wie banal. Ist der Künstler also der Dummheit enthoben? Darüber, dass unser entrücktes Künstler-Kind-Idyll ein Kitschgemälde ist, müssen wir nicht weiter raisonnieren. Vielmehr wäre die Frage, woher sich dieser Kitsch eingeschlichen hat. Und die unromantische Antwort folgt der Frage so prompt wie der Donner dem Blitz: es ist natürlich das Kunst-Klischee der Philister schlechthin, das Trojanische Pferd, mit dem die Kunstfestung der Davidsbündler eingenommen wird. Der Künstler nämlich, eitel, wie er ist und auch sein muss, um Kunst zu – produzieren, ist für das Lob, unphiliströs zu sein, nur allzu empfänglich. Und ebenso gern übersieht er, für wen er Kunst macht und wer sich an seiner Kunst ergötzt. Provozieren oder gefallen hin oder her – was wäre die Kunst ohne die Konsumenten, die Nicht-Künstler, die Kenner und Käufer und Kritiker, für die sie am Ende doch gemacht ist? Gäbe es „den Künstler" ohne sie, ohne sein Publikum? Zweifel an der unbefleckten Undummheit der Kunst per se müssen wir also redlicherweise zu Protokoll geben.

Die Idee von der Kunst im interesselosen Raum ist also erst einmal Dilettanten-Gerede, und bemerkenswert daran ist allein, wie gerne es auch von „Künstlern" geglaubt wird. Damit aber wäre noch nicht die Frage beantwortet, welche Funktion dieses Klischee haben könnte außer der Autosuggestion Münchhausens, dass Kunst von Künstler-Sein komme. Denn die Möglichkeit, die Utopie einer undummen Kunst ist ja noch nicht vom Tisch, und den echten Bildungs-Philister muss allein die Ahnung solcher Undummheit, falls sie ihn je in Kunstform heimsucht, nachhaltig in seiner Ruhe stören. Die Identifikation des Philisters – ich, Meyer, als Sympathisant mit dem Wesen der Kunst – können wir demnach deuten als eine Strategie der Dummheit, sich das verstörend Undumme vom Leib zu halten, indem man es zu sich auf die Seite der Dummheit zerrt und bis zur Erstickung umarmt.

Diese Spur sollten wir weiter verfolgen. Denn natürlich gibt es Kunst, die wie auch immer wehtut – durch die unmittelbare Provokation so sehr wie durch das Zeigen eines un-möglichen Schönen, eines verlorenen Paradieses, das nur noch vage erinnert werden kann und real nicht ist. Wie „unschuldig" der Künstler-Mensch dabei sein mag: wen hätte das weiter zu interessieren? Es geht uns gar nichts an. Der Philister jedenfalls hat seine Zuchtmittel zur Zähmung der Kunst, und allein dieses Katz-und-Maus-Spiel zählt.

Neben der *umarmenden* Identifikations-Strategie nämlich gibt es genügend weitere Neutralisatoren. Als erstes fällt die naheliegendste und direkteste ins Auge: Fragliche Kunst können Sie als wie auch immer schlecht, politisch inkorrekt, pornographisch klassifizieren. Sie domestizieren, indem Sie *werten*. Das gilt um so mehr, wenn es Ihnen gelingt, diese dankbare Strategie zum Beruf zu machen. Dann nämlich sind Sie jemand, dessen Urteil durch Professionalität gerechtfertigt ist: ein Kritiker. Gehen Sie also ins Möbelgeschäft, sitzen Sie Probe auf dem Richterstuhl über das Wahre, Schöne, Gute der Kunst. Als Kunsthüter mit Gewicht dürfen Sie sanktionieren und ausschließen, denn was legitime Kunst sei, sagen Sie am Ende auch denen, die ihren Wert festsetzen, indem sie bezahlen. Durch die objektivierbaren Folgen, den Marktwert, können Sie sich dann wiederum in Ihrem Urteil bestätigt sehen und Ihren Rang als

Kenner weiter steigern, bis Sie das *perpetuum mobile* der Autorität endgültig zum Großkritiker erhoben hat. Allerdings birgt eine solche Strategie ein Risiko: Die Sache wird durch solch intensives Beschnüffeln erst interessant, denn Käse, der stinkt, schmeckt oft am besten.[124] Und wenn dann ein von Ihnen für unwert befundenes Objekt irgendwann dennoch bekannt und anerkannt wird, stehen Sie Reinheitswahrer als Philister so nackt da wie jener letzte Kaiser, der uns hier schon gelegentlich begegnet ist und der als Kunstfreund keine lila Schweine in seines Reiches Museen dulden mochte; der Kunstmarkt sprach ein anderes Urteil. (Und gerade er hatte in seiner Jugend recht hübsche Schiffe gemalt, wusste sich also selber als Künstler, der etwas von der Sache verstand.)

Risikoloser ist eine zweite Strategie, die womöglich gar keine ist: Bleiben Sie *in Deckung*. (Falls Nicht-Kritiker, bleibt Ihnen ohnehin kaum eine andere Wahl.) Das will sagen: Nehmen Sie nur die Kunst als „Kunst" wahr, von der bereits hinreichend Viele gesagt haben, dass sie Kunst sei. Das, was noch nicht kanonisiert ist und überdies hier und da Schmerzen bereiten könnte oder gar Langeweile, meiden Sie geflissentlich. Denn muss ein Kunstfreund seine Zeit vergeuden mit etwas, das womöglich keine wahre Kunst ist? Gedichte eines Straßendichters? Wenn sie gut wären, wäre er bekannter und müsste nicht an der Ecke herumstehen. Bilder eines unbekannten Malers? Wenn sie niemand kaufen mag, soll er etwas Nützliches machen. In die Politik gehen, anstatt weiter Postkarten zu malen. Wissen Sie nicht recht, was zum Beispiel an einem bis dato unbekannten Musikstück verstörend oder schön sein soll? Ihre Verweigerung wäre völlig legitim, soll doch Musik Ihrem seeli-

124 Man sagt, dass die Verkaufszahlen der von Marcel Reich-Ranicki im Literarischen Quartett verrissenen Bücher die der gelobten um ein Vielfaches übertroffen hätten.

schen Gleichgewicht und Ihrer Erbauung dienen. Aber auch die defensive Strategie hat ein Manko: Sie bietet keinen persönlichen Vorteil für Sie, denn den Ruhm, „wirklich" etwas von der Sache zu verstehen, nämlich mehr als Andere, werden Sie kaum ernten. Trotzdem ist vorsichtige Indifferenz sicherlich die meist praktizierte und empfehlenswerteste Haltung, wenn es um unprominente Kunst geht, die sich den üblichen Kriterien entzieht. Nota bene bleiben Ihnen genug gefahrlosere Vergnügungen des Kennertums, wie z. B. jenes, Fehler musikalischer Interpreten zu ermitteln und zu sezieren.

Setzen sich aber ein Werk oder ein Trend, die Sie geflissentlich ignoriert haben, dennoch durch? Reagieren Sie schnell. Loben Sie um so lauter! Lernen Sie von der List der Philister gegen die Davidsbündler! Umarmen Sie sie! Seien Sie einer der Ihren! Sie werden Teil einer Dynamik der Lobenden. Das, was vor kurzem noch gleichgültig und wertlos war, gar verstörend am Rande irrlichterte, ist wie über Nacht Teil dessen geworden, was die Gemeinde der Gebildeten verbindet. Es ist den feuchten, allesschnüffelnden Hundenasen der Experten überantwortet. Ein jeder weiß dann: Es ist Kanon. Es ist gut. Man muss es kennen: Es ist Kunst! Wir haben Worte. Es tut nicht mehr weh. Aus süßem Schmerz ist ein geschmacksneutrales Schmerzmittel geworden.

Kunst kommt also von Kennen. In Anthologien werden Texte *kanonisiert* zum Überdruss widerspenstiger Schulkinder, die sie später zitieren und hochhalten werden, wissen sie doch, gereift, dass ihnen nichts Anderes übrig bleibt im bildungsbürgerlichen Parcours. Bei Bach, Beethoven, Brahms ward seit Generationen akribisch überliefert, wie sie aufzuführen seien, auf dass ein ergrautes Publikum bedenklich die Häupter wiege und sich einig sei, während es am Sekte nippe, dass man das Adagio nie wieder so tiefgründig vernommen habe wie seinerzeit bei Edwin Fischer, und im Stillen weiß man, dass, wenn man es könnte, man es besser könnte. Dem Knopf, der eine subversive Installation in Bewegung setzen würde, fügt die Museumsdirektion ein „Nicht-berühren!"-Schild bei, das die Kunst zum „Werk" adelt. Picasso petrifiziert man im Museum und *sterilisiert* seine Bilder wie rare provenzalische Schmetterlinge hinter Glas, auf dass ein rosiger Transpirateur seinen Liebhaberblick in die kubistische Vagina senke, den Katalog konsultiere und sonach seine Gemahlin ins Bild setze: „Ha des isch de Schacklinn. Seine Zweide." Entscheidend ist das Ritual, das zeigt: Man ist gebildet. Bildung bedeutet, über Kunst der Konvention angemessen reden zu können. (Physik und Biologie sind als Bildungsgut nachrangig, das betrifft die Fachleute und ist un-eigentlich.) Bildung, gut dosiert, bringt evolutionäre Vorteile. Man gehört dazu. Man ist Jemand, man kann sich hören lassen. Und wie auch die Natur das Phänomen der Luxurierung kennt, so konstatiert der Zoologe unter Gebildeten ein puritanisch emsiges Sammeln und Verschlingen von Bildungshäppchen. Je mehr man davon verdaut hat und in angemessener Dosierung oral auszuscheiden in der Lage ist, desto besser für das Sozialprestige. Wissen statt Denken: als Diagnostiker sprechen wir von sozial indizierter Bildungs-Bulimie.[125] Jeder Zeitgeist schafft sich seine Medien: unserer schuf uns das Internet. Google, YouTube, Wikipedia können wir zu allem und jedem befragen, Auskunft in jeder Lebenslage garantiert. Wen interes-

[125] Ist Ihnen das zu derb? Dann sollten Sie darauf verzichten, Jean Paul zu lesen (*Von der Dumheit*, in: Walther (Hg.), *Lob der Dummheit*, S. 37): „Das Gedächtnis ist die einzige Fähigkeit, die der Dumme vor dem klugen Tier voraus hat. Er ist nicht fähig, sich selbst Bilder zu schaffen, selbst zu denken; er fängt die Bilder und Urteile des andern auf, und beflekt oft fremde Geburten mit eignem Wizze, damit man an dem Kote den Kanal sehe, durch den sie gegangen sind." – Und S. 38: „Der Staub der Folianten ist seine Narung, er gräbt sich da ein, wie der Käfer in den Kot, und oft könnte man sagen, dass er vom Rost lebe." (Ist es n. B. nicht ein schönes Zeichen *meiner* Dummheit, ausgerechnet an dieser Stelle diese Sätze zu zitieren?)

siert der Wahrheitsgehalt, wen kümmert der Kontext? YouPorn liefert beziehungslosen Sex, Blinkist liefert beziehungslose Informationen.

Umarmen, werten, in Deckung bleiben, kanonisieren, sterilisieren: das zähmt den Eros der Kunst wirkungsvoll. Nur vor einem seien Sie gewarnt: Erwecken Sie unter keinen Umständen den Eindruck, Kunst betreffe Sie ernstlich. Vergessen Sie nie den Dreischritt der Rezeption: Ignorieren – bekriegen – neutralisieren durch Vereinnahmung. Seien Sie bereit, es auf Zahlen, Fakten, Namen, Klischees beruhen zu lassen, von denen Sie allerdings nie genug parat haben können. Hüten Sie sich vor originellen Gedanken, vor subjektiven Empfindungen. Das wirkt ungebildet und kindisch. Halten Sie sich im Zweifel an die Konventionen („tief", „ergreifend", „kraftvoll", „formvollendet", „so herrlich nonkonformistisch"). Vor allem: Vermeiden Sie jede Kritik am Kanonisierten! Schwacher Mozart ist besser als alles von Anton Eberl, denn schwacher Mozart ist tabu. (Dass Werke Eberls noch lange unter dem Etikett „starker Mozart" aufgeführt wurden, bis die seriöse Musikwissenschaft dem Treiben ein Ende bereitete, tut nichts zur Sache. Es sei denn, Sie wollten mit Hinweis darauf Bildung für Fortgeschrittene demonstrieren.) Verstoßen Sie gegen solche Regeln, erweisen Sie sich sofort als dumm. Sie haben das Kommunikations-Spiel „Bildung" nicht begriffen. Man wird Sie zu Recht als etwas unbedarft einstufen; man wird Sie nachsichtig lächelnd tolerieren, aber im Grunde wird man finden, dass Ihnen der wahre Ernst des Lebens fehlt, zu dem die Kunst, unter uns gesagt, doch nur Accessoire sein sollte, ein Mittel zum Zweck des Sozialstatus. Abstrakt gesehen ist solch ein Kunst-Narr etwas recht Possierliches und auch Nützliches, würde doch ohne solche Weltfremdheit Kunst niemals entstehen (behauptet „man" jedenfalls zu glauben); aber im Leben halte man immer gebührenden Abstand zu den Träumern und bleibe realistisch. Vergessen Sie nie: Dass Kunst etwas Anderes als harmlos sei, ist nur ein Rollenspiel der Gebildeten, die es in der Wirklichkeit besser zu handhaben wissen. Kunst kommt von kommensurabel. Vor sich selber und der Welt maßvoll zu mimen, dass Kunst Sie emotional berühre und geistig inspiriere, erwartet man allerdings jederzeit von Ihnen. Es ist sogar dringend anzuraten, denn es belegt Ihre Bildung. Die wahrhaft Gebildeten wissen wie gesagt, dass das zum Bildungsspiel gehört und letztlich unbedenklich ist. Man wird sie also kaum missverstehen, sofern Sie den richtigen Ton zu treffen wissen. Und Sie müssen dabei nicht einmal heucheln. Denn ein weiteres wichtiges Kriterium guter Kunst ist natürlich die gefällige Spiegelung Meines Seelenlebens. Letzter Zweck aller Kunst sollte sein, Mich Mir so zu zeigen, dass Ich Mich in ihr wiederfinden kann. Denn Kunst ist die wahre Sprache des Gefühls. Welchen Nutzen sollte sie darüber hinaus noch haben? Ist Mir ein Kunstwerk also fremd, kann Ich es getrost beiseite lassen, denn „es sagt Mir nichts". Was mich ja nicht hindern muss, darüber zu reden.

Sind Sie Künstler von Profession, dann richten Sie sich tunlichst danach. Erfüllen Sie das Bild, das man vom Künstler hat. Haben Sie eine Botschaft! Schaffen Sie etwas, das sich auf einen Begriff bringen lässt. Aber machen Sie es den Begriffsfindern nicht allzu leicht: sie könnten es banal finden. Ist es andererseits zu komplex, sind sie überfordert und ignorieren Sie. Haben Sie nichts zu sagen? Verschlüsseln Sie's hinreichend. Verhüllen Sie es hinter einer satten Dosis „Bedeutung". Die vergoldete Mitte müssen Sie bedienen. Beispiel: Sie wollen sagen, dass sich jeder selbst der Fernste ist, weil das schon längst einmal gesagt werden musste. Das müssen Sie so verschlüsseln, dass man es wieder entschlüsseln kann; und es muss aktuell sein. Vorschlag: Nehmen Sie eine Kamera und richten Sie sie auf den selben Bildschirm, auf dem ihre Bilder übertragen werden. Nennen Sie diese Installation „SOLipsie". Wer das nicht tief findet, hat Sie nicht verstanden. Oder sind Sie Komponist? Vorschlag: Ein Werk über B-A-C-H, es muss nicht einmal schlecht sein. Aber auf den Namen kommt es an: „Reminiszenzen 2-1-3-8". Wenn der Programmleser das enträtselt hat, ist er so stolz, dass er Sie dafür lieben wird: *er* versteht die Avantgarde! Instrumentalist? Machen Sie keine Fehler, spielen Sie vorsichtig. Merke: Fehler sind die unreinen Defekte, auf die das Publikum lauert. Durch Ihre Körpersprache können Sie die Botschaft ungleich effizienter vermitteln als durch subtiles Spiel. Doppeln Sie die Affekte optisch: wir leben in einer ophthalmozentrischen Ära. Sind Sie zum Beispiel Pianist? Himmeln Sie, winden Sie sich, kneten Sie die Töne wie schweren Teig, zeigen Sie der Masse Ihre tiefe Innerlichkeit. Exhibitionieren Sie alle Anzeichen von Schmerz und Authentizität, mit denen Sie die Aufmerksamkeit der Kunstfreunde erregen könnten. Verrenken Sie sich sehrend. Starren Sie entrückt ins Unendliche. Denn Geister Ihresgleichen gibt es nicht, nicht in dieser Galaxie. Jedes Staubkorn der Partitur sei Ihnen Weltgeist, den Sie jederzeit rendezavouieren. Entsprechend gilt für Popmusiker: Seien Sie unmittelbar! Kopulieren Sie mit Ihren Emotionen! Schwitzen Sie, so viel Sie können! Das Publikum will Körpersäfte riechen! Auch als schöpferischer Künstler: waschen Sie sich nicht zu häufig. Kunst will man normativ außer der Norm – „wir sind alle Individuen" –, und Sie müssen dokumentieren, dass Sie das Naturrecht haben, auf den allgemeinen Waschzwang zu pfeifen. Seien Sie EPzO. Seien Sie Genie! Provozieren Sie!! SCHREIEN SIE!!! Für die Akzeptanz Ihrer Kunst unter Gebildeten kann sich das auf Dauer nur auszahlen.

Denn Bildung – wir sagten es – gehorcht Konventionen, und sie merkt auf, wenn ihre Erwartungen bestätigt werden. Die Herausforderung künstlerischen Erfolgs: Sie müssen der Konvention des Unkonventionellen gerecht werden, aber Sie dürfen nie merken lassen, dass Sie das tun. Ist, wie gesagt, Ihre Kunst zu hermetisch, wird sie kein Publikum finden, ist sie zu naiv konventionell, werden sie die Heckenschützen der Kritik als „trivial" erlegen, auf dass sie das Publikum nicht erst in Versuchung führe. Gesetzt, Sie seien Filmemacher. Wenn die Gratwanderung gelingt, wird z. B. der lokale Filmredakteur manches über die einfühlsame und authentische Poesie der Charaktere und die luzide Blässe Ihrer Bilder, die eine außergewöhnliche bittersüße Liebe erzählen, zu sagen wissen, und der Zuschauer darf sein Taschentuch ohne ästhetische Gewissensbisse beschmutzen. Erst im Abstand einiger Stunden könnte sich rückblickend das Gefühl einstellen, Ihren Film schon des Öfteren gesehen zu haben. Auf sublimerer Ebene verhält es sich nicht anders. Als Avantgardist jeder Sparte sollten Sie genau informiert sein, was zur Zeit der Konvention „Avantgarde" entspricht. Ansonsten sind Sie unzeitgemäß, und das ist Nietzsche zum Trotz pejorativ konnotiert. In seltenen Fällen zwar haben Sie damit Glück und werden als „erfrischend kindlich unverfälscht" gelobt; ein Hofnarr findet sein Auskommen. Im Normalfall aber will man Ihren Platz in der Konvention des Unkonventionellen kennen. Man braucht Ordnung. Man möchte etwas wieder erkennen: „Genau so hat es Nono (Beuys, Fellini, Celan) gemacht. Das ist echte Avantgarde!" Aber bleiben Sie auf dem Quivive: Gehen Sie mit der Zeit! Plötzlich spricht sich herum, dass eine Avantgarde Mainstream und die Postmoderne passé sind und dass der alte Kaiser von der Stange trägt, ein neuer Kaiser wird gesalbt, und im Handumdrehen sind Sie Übriggebliebener eines *ancien régime*, der den Anschluss an die Herde verloren hat.

Alles in allem: Auf der sicheren Seite werden Sie immer dann sein, wenn Sie sich als planvoller Künstler hinreichend weltfremd präsentieren, denn nur dem reinen Toren ist unmittelbare Inspiration gegeben. So will es das Bildungsspiel. Überlassen Sie die Pfründe kluger Rede den Kritikern. Die werden es Ihnen danken. Bequemlichkeitshalber wollen wir uns, was keine Schande sein dürfte, den Sätzen Josef Roths anvertrauen:

> Bei uns muß man ein Dichter [Musiker, Maler, usw. – Verf.] sein. Dieses Wort weckt unmittelbar die Assoziation: weltfremd, die zwar nicht ausgesprochen und zugegeben wird, aber wie ein ferner Glockenklang vernommen. Das genügt. […] Wie kann einer schaffen, wenn er denkt? Wie kann einer dichten, wenn er überlegt? […] Flugs würde er von den deutschen Lesern zu einem „kalten“ Autor ernannt werden. Denn die Intelligenz eines Autors heißt im Dialekt der üblichen Buchreferenten „Kälte“. Und wer einmal „kalt“ genannt worden ist, der kann sicher sein, dass er nie mehr einen Leser „hinreißen“ wird.[126]

Sie sind Künstler und teilen diese Diagnose nicht? Sie glauben, dass das Gute sich immer durchsetzt? Dann sind Sie bereits erfolgreich. Oder wahrhaftig naiv, oder selbstquälerisch. In diesem Falle seien Sie wenigstens pragmatisch. Entsagen Sie der Mit- und vertrauen Sie sich der postumen Nachwelt an.

Sie sind Künstler und stimmen der Diagnose zu? Fragen Sie sich, warum die anerkannten Künstler nur ausnahmsweise aufbegehren? Gegen die Allgegenwart des Des g'hört so rebellieren? Seien Sie ehrlich: Sie würden das auch nicht tun, an de-

---

126 Josef Roth, *Lob der Dummheit*, in: Walther (Hg.), *Lob der Dummheit*, S. 247f. – Zugegeben, das gilt nicht mehr eins zu eins. Die Sprachregelung hat sich geändert: Intelligenz wird nicht mehr offen kritisiert. „Verkopft“ ist eher ein Kampfbegriff roter Bäckchen, denn der professionelle Kritikus ahnt das Glashaus, in dem er sitzt. Dennoch wäre es z. B. dem Musiker oder Maler dringend anzuraten, seinen eventuellen Dr. phil. zu verschweigen. Das Beste, was ihm ansonsten widerfahren kann, ist das Attribut „bewusst“ – die hinterhältige Sublimierung von „verkopft“.

ren Stelle. Bedenken Sie: Wir paraphrasieren nichts weiter als die Hellsicht der zu kurz Gekommenen oder derer, die sich so fühlen: der typischen IPzO. Und seien Sie nochmals ehrlich: Würden Sie die Hand beißen, die Sie füttert, wenn Sie mehr Glück hätten? Ferner ist es ja nicht so, dass niemand rebellierte. Jede neue Avantgarde entsteht aus einer Rebellion, die zugleich siegt und verlischt, wenn die Rebellen als Avantgardisten tituliert werden und weiße Bärte und Titel und die Wahrheit ihr Eigen nennen – auf dass sich eine neue Rebellion formiere. Und seien wir ehrlich zum Dritten: Was dabei herauskommt, ist nicht immer überflüssig.

Sie sind wiederum Publikum? Was statistisch anzunehmen ist? Sie meinen, dass Obiges alles Andere als originell sei, weil es in Ihrem profanen Beruf und überall sonst auch nicht anders zugehe? Ganz recht haben Sie mit ihrem Unmut. Mag manches Kunstwerk jenseits der Dummheit leben – die Welt der Bildung tut alles andere als das, und erstaunlich wäre allein das Gegenteil. Und Du, lieber S, und ich, wir wollten doch vielmehr wissen, woran man denn erkenne, wann Kunst wirklich „undumm" sei.

Genau hier liegt nämlich unser wirkliches Problem. Dummheit in der Kunst zu beschreiben ist so einfach wie fad, und deswegen wollen wir darin nicht weiter fortfahren. Anstelle einer notwendig dummheitsverdächtigen Antwort sei hier nur eine dem Filmemacher Jaques Tati zugeschriebene Äußerung sinngemäß wiedergegeben: Wenn jemand einen seiner Filme im Kino gesehen habe und danach spät nachts durch eine schlafende Stadt ginge, an einer roten Ampel stehen bliebe und dann lachen müsse, wäre die Mühe nicht vergebens gewesen. Was aber jene Kunst betrifft, von der wir anfangs träumten: Wenn wir ihr positiv vorschrieben, wie sie zu sein habe, wären wir nicht weniger dumm als jede andere präskriptive Ästhetik auch. (Die Komik solcher Ästhetiken besteht darin, dass sie aus dem Gewesenen Regeln extrahieren, die der gegenwärtigen Zukunft Vorschriften machen, wie sie zu sein habe; für eine Ästhetik vom Grünen Tisch gilt das nicht minder. Ist die Zukunft anders als die Ästhetik, ist sie „falsch". Zumal in Hochschulen und Konservatorien finden solche kunstfressenden Pflanzen oft ein außerordentlich günstiges Klima.) Nun sagst Du mit Recht, dass ohne alle Kriterien dafür, was gut sei in der Kunst, alles möglich sei. Auch das ist nicht neu; von den Philistern, die sich von Duchamps „Fountain"-Pissoir gekränkt gefühlt hatten, lebten nur noch wenige Methusalems, als ihre Enkel sich über den Neo-Avantgardisten Beuys erregten – unsere Großväter nämlich. Aber keine Sorge, der Marktwert hat das längst in Ordnung gebracht.

Schon aufschlussreicher ist ein aktuelleres Beispiel. „Bach und Beethoven würden heute dieselbe Musik machen wie ein Bohlen. Umgekehrt gilt das für mich natürlich auch", also sprach (*Die Zeit*, 11. 3. 2004) ein erfolgreicher zeitgenössischer Komponist, auf dessen Neunte man gespannt sein darf. Wollte man es sich leicht machen, könnte man dessen Werke als Dutzendware abtun. Aber erinnern wir uns an Duchamp: Mit seinem Statement reiht sich Bohlen ein in die große Tradition der Dadaisten, denen Kunst sein konnte, was immer sie als Kunst definierten, und sei es der Inhalt des Urinals. Wir sehen: Bohlen ist der ehrgeizigsten E-Musik-Avantgarde um mindestens zwei Schritte voraus. Die entscheidende Pointe aber ist die, dass Bohlen sich dessen bei aller Selbstwertschätzung kaum bewusst sein dürfte. Und hier, lieber S, schließt sich der Kreis. Sprachen wir nicht vom Ideal selbstvergessener, unbewusster, somnambuler Kunst? Einer Kunst folglich, die sich dem intellektgesteuerten, verkopften Wollen verschließt? Die dennoch und gerade wegen ihrer Verbauchtheit die Menschen erreicht? In Bohlens Aussage vernehmen wir sie. Hier reiht sich Bohlen ein in die Reihe Jener, die der Kunst Medium ohne, ja, wider Willen sind:

die Künstler-Sein-Müsser, die unfreiwilligen – die genau darum wirklich authentischen Künstler. Werfen wir zum Beispiel einen Blick in die Politik, auf die Bühne der einst zur öffentlichen Rede Erwählten. Sie wollten ins Licht, also müssen sie es nun aushalten. Und in unserer sprachsterilen Zeit vermissen wir sie aufrichtig. Legendär ist des unvergessenen Heinrich Lübke Meisterstück, die Helmstedt-Rede. Hier wird in grandiosem rhetorischen crescendo eine Klimax vorbereitet, um auf dem Höhepunkt alle Erwartungen in ein Nichts zu stürzen. Was könnte besser die Fragilität der ihres Seins allzu gewissen Existenz abbilden? „Als ich von meiner Reise in die Mongolei heim kehrte, wusste ich die kräftige Bergluft meiner sauerländischen Heimat erst richtig zu würdigen": Auch dafür gebührt Lübke ein Logenplatz auf dem Parnass, nämlich der direkt neben dem früheren Bürgermeister Wowereit, der in seinem Berlin immerhin „das Tor zu Asien" erkannte. Als einer unserer ganz Großen erwies sich weiland Bayerns Ministerpräsident Dr. Stoiber mit seinen Einlassungen zu lodernden Fluten, Bahnhofseinweihungen, hinzurichtenden Sonntagsblumen[127], Normal-, Problem-, Schadbären und manch Anderem, das keinen Vergleich mit den schönsten Geistesblitzen Jandls, Valentins, Polts zu scheuen hat: unter Kennern wird das bleiben. Aber beschränken wir uns nicht lokalchauvinistisch. Gedenken wir selbstverständlich auch des schon erwähnten hundsguten Präsidenten, dem es gelang, die tautologische Struktur von zweieinhalb Jahrtausenden Metaphysik in einem knappen Satzbeispiel zu komprimieren – „most of our imports come from foreign countries" –, und der wahren Heldenmut bewies in hoffnungsloser Lage, nämlich mit dem kühnen Versprechen, man werde alle Selbstmordattentäter fassen und bestrafen. (Dass er die *death penalty* favorisierte,

127 Gemeint waren wohl Butterblumen.

dürfen wir voraussetzen.) Das letzte Wort indes gebührt Dr. Helmut Kohl, dem jene grandiose, archaisch lapidare Affirmation gelang: „Ich bejahe die Frage ohne Wenn und Aber mit Ja."

4. Ohnmacht der Wahrheit – Wahrheit der Macht. Die institutionelle oder vertikale Dummheit

Obwohl boshaft und einseitig,
erhebt diese Kritik keinen Anspruch
auf wissenschaftliche Objektivität.

(Musil)

Ohnmacht der Wahrheit – Legitimität der Macht

„Wenn ihr bleiben werdet an meinem Wort, so seid ihr wahrhaftig meine Jünger / und werdet die Wahrheit erkennen, und die Wahrheit wird euch frei machen." Also beginnen wir mit Johannes 8, 31-32 den letzten Teil, wie wir begannen auch den vorigen; denn sprachen dort wir von der Wahrheit des Wortes, so wollen wir sprechen nun vom Wort Wahrheit. Denn wahrlich, wahrlich, ich sage euch: Wisset ihr nicht, was die Wahrheit sei, so seid ihr blind und dumm, und eurer wird nicht sein das Erdenreich.

In der Tat: Wahrheit ist ein großer Begriff mit einer jahrtausendelangen Geschichte, und dass er oft missbraucht wurde, dass sein Name ungezählte Menschenopfer forderte, dass er folglich in letzter Zeit ziemlich verdächtig geworden ist, rechtfertigt dennoch nicht, ihn mit der heute üblichen Nonchalance abzutun. Zu Beginn hatten wir Robert Musil konsultiert, der von der strategischen Überlegenheit des Maskenballs der Dummheit über die Wahrheit spricht, die immer nur ein Kleid habe. Auf Musils Antagonismus von Dummheit und Wahrheit waren wir dort nicht näher eingegangen. Hier aber hat er uns zu interessieren, denn so fraglos wie Musil kann er uns nicht mehr sein.

„Sapere aude. Habe Mut, dich deines eigenen Verstandes zu bedienen“: das war der so schlichte wie schöne Grund-Satz der Kantschen Aufklärung gewesen. Und in der Tat: Wenn wir zu Felde ziehen gegen jede Art von Aber- und Glauben, gegen Ressentiments und Fanatismen, gegen Denkgebote, gegen Beschränktheit, gegen Selbstbetrug, kurz: gegen Dummheit – könnten wir uns einen besseren Leitsatz wählen? Und wenn wir uns fragen, was wir zu wissen wagen wollen – was könnte dieses Was anderes sein als „die Wahrheit“?

Andererseits mussten wir längst erfahren, dass Wahrheit die Eigenschaften von Bratensoße zu teilen scheint: Frisch und flüssig und heiß mögen wir sie, aber dann ist sie mit Messer und Gabel schwer zu fassen. Abgestanden, lauwarm und starr lässt sie sich leichter gabeln, aber es bleibt ein pelziges, dummes Gefühl auf der Zunge. Und leider ist es mit der Wahrheit so, dass sie uns allzu oft lau serviert wird. Geronnene Soße kosteten wir in reinster Form mit dem Verstoß gegen das Bildnisverbot und der Vergottung des Begriffs. „Was *ist* Wahrheit?“: Pilatus mag ängstlich gewesen sein, aber beschränkt war er anscheinend nicht. (Immerhin zollte der skeptische Aristokrat dem Schwärmer durchaus Respekt, der im Namen „der Wahrheit“ wider die herrschende Hundsdummheit gepredigt hatte: denn um vorherzusehen, dass ihn der fromme Mob dafür ans Kreuz schlagen würde, bedurfte es keiner Propheten.) Lassen wir also stehen, dass man das Gegenteil von Dummheit möglicherweise auch „Wahrheit“ nennen könnte, die dann aber fluid und kaum zu greifen wäre; wir jedenfalls bevorzugen „das Undumme“ und bescheiden uns weiterhin mit der Suche nach dem, was es nicht ist, nach der Dummheit.

Wir graben also weiter nach der Dummheit in der Wahrheit. Und damit bleibt es uns nicht erspart, an die Wahrheit als solche noch ein paar Fragen zu richten. Eine januskköpfige und quecksilbrige Sache scheint sie zu sein, die Wahrheit, nach der wir fahnden. Deswegen sollten wir so einfach beginnen wie möglich.

Wir erinnern uns an das unzulässig dekonstruierte Halteverbot. Wir haben gesehen, dass es so „wahr" ist wie der Stuhl, auf dem ich sitze und die Mauer, die ihre Stirn der meinen bietet. Zwar könnte ich solche Dinge ins Reich der Einbildung verweisen und letztlich jede Wahr-Nehmung anzweifeln, aber wenn ich dabei allzu wenig pragmatisch vorginge, könnte ich, schneller als mir lieb gewesen sein mochte, selbst ins Geisterreich eingegangen sein. Es gibt „Wahrheiten", die ich zwar antifaktisch-argumentativ, aber nicht performativ in Frage stellen kann: Wasser fließt selten bergauf. Man kann solche Gegebenheiten allenfalls ästhetisch in Frage stellen, zum Beispiel mit den Mitteln des Surrealismus. – Und wir stellen weiter fest: Solche Wahrheiten sind zweiwertig. Sie haben immer ihr Falsch: „Die Kompassnadel zeigt nicht nach Osten." – „Der Mond ist nicht größer als die Sonne." – „Ein Dr. phil. ist nicht dumm." Außerdem haben diese Aussagen einfache Erklärungen: „Die Pole sind magnetisch." – „Die Sonne ist das Zentrum unseres Planetensystems." – „Ein Dr. phil. ist gebildet."

So weit, so objektiv: Das kann ich wissen. Aber was soll ich tun? Und was darf ich glauben? Nicht mehr so einfach nämlich wird die Sache, wenn es um weiterreichende Konstellationen geht. Ohne das erkenntnistheoretische Problem hier unnötig zu strapazieren, können wir dennoch sagen: Wahrheitsfindung wird im Handumdrehen zur Theologie. Denn jedes noch so forsche Warum muss am Ende auf die Spiegelwand seines Darum stoßen, das dem uns schon bekannten Ich-Bin-Der-Ich-Bin verteufelt ähnlich sieht. Und kommen schließlich Fragen ins Spiel, die uns persönlich, ideell, existenziell betreffen könnten, dann rutschen wir auf abschüssigem und spiegelglatt vereistem Moralin unweigerlich – auch das hatten wir gesehen – dem Widerstreit von Gut und Böse entgegen, dem Gott-Teufel seine Janusgestalt verdankt.

Wir müssen also anerkennen: Pragmatisch sind wir dem Ja-Nein der Wahrheit ausgeliefert; ansonsten fehlte uns jedes Modell unserer Welt, und wir würden heillos im Nichts tasten. Sobald wir jedoch an den Begriffs-Tentakeln kleben, werden wir um die Ecke gezerrt, hinter der das dumme Monstrum des Absoluten lauert. Wie Worte zu Begriffen und Begriffe zu Gottesnamen und -bildern führen, darüber hatten wir meditiert. Diesmal wollen wir einleitend ein paar Grübeleien anstellen darüber, welche sozialen Funktionen die Gottesnamen haben, die wir *unbeanstandete Wahrheiten* nennen wollen.

Zu diesem Zwecke gehen wir nochmals zurück zum Ausgangspunkt. Wir haben darüber nachgedacht, was gemeinhin als „dumm" empfunden wird, und wir hatten als Beispiel Hans im Glück gewählt. Hans, so hatten wir gefunden, ist dumm, indem er die Konventionen des ökonomischen Spiels ignoriert und „gegen alle Vernunft" sein Vermögen verschleudert – und am Ende über dessen Verlust jubelt. Diese Art der Dummheit, dem Solipsismus der PeO eng verwandt, hatten wir als Schafsdummheit gekennzeichnet, als die einfache Urform der Dummheit mithin. Dann allerdings hatte sich die Frage aufgeworfen, inwieweit Hansens Dummheit nicht vielmehr als diogenesische Weisheit gesehen werden müsse; wir hatten vorerst nur angedacht, dass sich die Frage nicht absolut entscheiden lasse, sondern von den geltenden Konventionen abhängig sei: Ob Hans im absoluten Sinne weise ist, kann uns gleichgültig lassen. Im sozialen Sinne handelt er dumm, denn er verstößt gegen die herrschende Konvention, die *Wahrheit* der Ökonomie.

Damit allerdings hatte sich der Gedanke aufdrängen müssen, dass das, was Dummheit sei, letztlich nur eine Frage von Konventionen sei. Und in der Tat lässt sich von dort aus das Phänomen des „gesunden" Menschenverstandes überblicken: Dumm und ungehörig ist, was anders ist; selbst Musil balanciert gefährlich nahe an diesem Abgrund. Nun indes stehen wir wieder vor unserem alten Dilemma, hinter dem sich Musil gegen den Absturz sicherte: Wie der Dummheit beikommen, wenn sie bisweilen als Schafsdummheit der Weisheit und als Hundsdummheit der Wahrheit so teuflisch ähnlich sehen kann? Und weiter: Wir sehen, wie Schafs- und Hundsdummheit in Opposition geraten können. Hundsdummheit, die sich per se im Besitz des Wahren, Schönen, Guten weiß, ist jederzeit bestrebt, der Schafsdummheit ihre Dummheit nachzuweisen, womit sie zugleich die Wahrheit auf ihre Seite zerrt. Schafsdummheit weiß nie, ob sie dumm ist; Hundsdummheit weiß immer, dass sie es nicht ist. Ihr Projekt ist die Wahrheit, dank derer sie die Schafsdummheit aussperren will zusammen mit allem anderen Ungehörigen.

Damit endlich vermag ich Ihnen eine weitere Dimension der Schwierigkeiten zu erschließen, dem Begriff der Dummheit beizukommen. Denn „mit welchem Recht", so mögen Sie sich von Anfang an gefragt haben, „wird hier ein Begriff halbwegs gewaltsam gegen die Konvention seines Gebrauchs definiert?" Und die einzige Antwort, die ich zu geben in der Lage war, lautete: „Mit dem Recht des Narren." An dieser Stelle nun kann ich das Problem nochmals auf den Punkt hin zuspitzen. Würde ich mich dem konventionellen Dummheitsbegriff unterwerfen, wäre es überflüssig, der Dummheit auch nur eine Zeile zu widmen. Dem würde wohl ein Großteil der ernsthaft Gebildeten zustimmen. Da ich aber dennoch glaube, einem Phänomen ausgesetzt zu sein, das genauer betrachtet zu werden aller Mühe wert ist, gerate ich unweigerlich ins Abseits der konventionellen Bildung – dorthin, wo man eben Toren vermutet und Hanse im Glück, die unvernünftig auf ihrem Dennoch beharren. Nur dank dieser essayistischen Perspektive des diskonventionellen Außenseiters bin ich in der Lage, den Begriff nach meiner Façon zuzuspitzen und die Dummheit auch in mancher Beletage aufzuspüren, wo man sie nicht von vornherein zu suchen gewohnt ist – ich fasse sie mit ihren eigenen Mitteln.

Wir sehen also: Gerade die Konvention dessen, was dumm sei, verstellt die Aussicht auf das, was wir hier dumm nennen. Und wir wagen den Gegenangriff: Es liegt im immanenten *Interesse* der Hundsdummheit, sich durch den ihr vertrauten Dummheitsbegriff zu tarnen, denn so sind nur die Anderen dumm. Dieses Interesse indes ist – wir erinnern an die Opposition Dummheit gegen Wahrheit – nichts anderes als die Definitionshoheit über die Wahrheit, die *Kompetenz* also, auszuschließen, was das eigene Weltkonzept gegen den Strich bürstet – wissen zu dürfen, was dumm, ungehörig, unanständig sei. Denn Wahrheit jenseits einfacher Fakten, Wahrheit also, die sich ihre Welt definiert, ist natürlich eine Machtfrage, die sich aus der Perspektive des Status quo stellt. Einerseits: Wer hat die Macht, Wahrheit zu definieren? Andererseits: Wer ist durch die Wahrheit zur Machtausübung legitimiert? Kurz: Was g'hört so?

Nun wäre es ein grober Vulgärmarxismus, daraus abzuleiten, Wahrheit würde von einzelnen Machthabern oder Oligarchen oder einer eng sozial definierten „herrschenden Klasse" definiert. In den Totalitarismen des 20. Jahrhunderts konnte man in der Tat beobachten, wie die Regierenden Wahrheiten verordneten, die von oppositionellen Wahrheits-Graswurzeln unmerklich destabilisiert wurden. Je starrer die offiziellen Wahrheiten sich gebärden, desto besseren Dünger geben sie ab für die Subversion, und am Ende bestraft das Leben den, der dafür keine Sensoren hat. Nichts ist gefährlicher für solche Regimes als Spott. Lacht man über des Kaisers alte Kleider, werden sie fadenscheinig, und Lachen steckt an wie eine Seuche. In einer schlichten Diktatur nämlich kennt der Alltagsverstand seinen Gegner: den Ungesunden Menschen-Unverstand, der lachhafterweise dekretieren will, was Wahrheit sei. Das schafft Möglichkeiten der Subversion, der Undummheit. Die uns so befremdliche Ambivalenz vieler Intellektueller[128] selbst den kafkaeskesten Diktaturen gegenüber könnte hier ihre tiefste Wurzel haben: sie schulden den Tyrannen paradoxen Dank, weil diese ihnen wider Willen den Weg zur subversiven Wahrheit weisen, die zu reichen kreativen Früchten inspiriert. In der Tat: Solche Wahrheit macht frei. In einer ohnehin freien, offenen Gesellschaft allerdings ist ein eindeutiger Gegner kaum auszumachen, und so stolziert der Alltagsverstand als jener Gesunde Menschenverstand herum, der das Sagen hat und der sich in der besten aller möglichen Welten weiß: Es ist, wie's ist, also ist's gut, wie's ist, also muss es bleiben, wie's ist.

Wiederum müssen wir konstatieren, dass zwischen Wahrheit, Dummheit, Macht ein untergründiges Wechselspiel zu bestehen scheint. Wir präzisieren: Die Dummheit ist die natürliche Verbündete der Macht, denn beide sind radikal konservativ. Sie glauben an die Wahrheit des Ist und befehlen, dass jeder sie glaube. Traum jedes Machthabers ist die gelungene Allianz von Glaube, Dummheit und Macht; welche Wirkungen diese Legitimität möglich macht, zeigt eindrücklich das Zwölfjährige

[128] Zum berühmten Beispiel Bertolt Brecht, der sich gegenüber der Politbürokratie anlässlich des Aufstands am 17. 6. 1953 wundervolle Frechheiten erlaubte: „Das Volk hat das Vertrauen der Regierung verscherzt. Wäre es da nicht doch einfacher, die Regierung löste das Volk auf und wählte ein anderes?" Dennoch blieb Brecht dieser Regierung als Hofnarr treu. Oder: das Katz-und-Maus-Spiel des Dmitri Shostakovich, der trotz aller Schikanen Stalins Sowjetunion treu blieb und dort die Grenzen des künstlerisch Möglichen bis zur Lebensgefahr auslotete.

Reich.[129] Wird eine diktatorische Macht dagegen nicht geglaubt, nennt man sie „delegitimiert“, und das ist ihre größte Furcht: Die Wahrheit hat die Seiten gewechselt. In diesen Fällen zeigen sich die typischen Strukturen brutaler Hundsdummheit, deren Feind die subversiven Wahrheiten von unten sind: Gedankenpolizei gegen Fantasie, Dummheit gegen Wahrheit[130]. Am Ende solcher Regime kann die tragikomische Implosion stehen, deren Lauf nicht Ochs noch Esel aufhalten.

Im dritten, in unserem Fall indes, im Freien Westen, wo gesunder Menschenverstand das ist, woran die Majorität glaubt (und was schon deswegen zu glauben opportun ist), gehen Wahrheit und Dummheit wiederum Hand in Hand mit der Macht. Allerdings ist derlei Macht so wenig in einer einzelnen Machtquelle zu lokalisieren wie eine solche als Wahrheits-Inspirator. Nehmen wir an, wir seien warum auch immer unzufrieden und planten eine Revolution: Kaum eine Vorstellung ist lustiger, denn gegen wen würden wir revoltieren? Gegen den Deutschen Bundestag? So labyrinthisch die Wechselspiele libertärer Machtausübung sind – man denke an beliebige Dienstleistungsrituale wie Straßenbahnen, Gottesdienste, Ämter, Konzerte, Babysitting – so schwierig nachzuvollziehen ist die Herausmendelung von Wahrheiten, von Legitimität. Salopp gesagt könnte es sich mit unserer Wahrheits- und Konsensbildung verhalten wie mit jeder guten Komödie: Mancher mag einer Idee anhängen, aber was am Ende herauskommen wird, hat

129 Damit sollte ich Musil vor meiner eigenen Kritik in Schutz nehmen: Ein Dummheits-Vortrag, der 1937 in Wien gehalten wurde, darf, *muss* auch in unserem Sinne Wahrheit gegen Dummheit setzen.

130 Man hörte aus China, dass der liebenswerte „Bär von geringem Verstand“ Winnie the Pooh auf den Index gelangt sei, nachdem subversive Elemente dessen Ähnlichkeit zum Kaiser-Nachnachfolger Xi Jinping bemerkt hätten.

niemand vorhergesehen. Genau daraus allerdings entsteht allzu leicht der Kinderglaube, unsere Weltsicht sei buchstäblich vom Himmel gefallen: Da sie nicht diktatorisch verordnet und überhaupt eine monokausale, menschliche Ursache kaum auszumachen sei, sei sie offenbar, im naturgesetzlichen Sinne herausgemendelt, „wahr". Und weil n. B. diese Verbalisierung ohnehin viel zu kompliziert, zu verkopft ist, fassen wir das Resultat dem Gesunden Menschenverstand folgend wiederum in dessen drei liebste Wörtlein: Des g'hört so.

Wir behaupten schließlich rundweg: Allein subversive Wahrheit macht frei. Offiziöse Wahrheit dagegen, Wahrheit, die dem Erhalt des Ist sich zur Paarung andient, infiziert sich mit Dummheit. Das jedoch wollen wir zuletzt schärfer fassen. Wir wollen fragen nach der Vernetzung von Legitimität und Dummheit in freier Wildbahn, nicht in der dumpfen Geborgenheit irgendeiner Theokratie oder Diktatur. Und im Atlas der Dummheit wollen wir noch einige Orte ergänzen, an denen sich die freiheitlich legitimierte Dummheit ihre Paläste errichtet hat. Wo sollen wir sie suchen? Wo wohnt sie? Wie sind ihre Wohnungen ausgestaltet? Hier empfiehlt sich eine Grabung nach den Wurzeln. Zweckdienlich erinnern wir uns an die Liaison von Dummheit und Ernst und visitieren erst einmal jene Institution, in der wir Menschenkinder in die Rituale des Lebens-Ernstes initiiert wurden.

Warum wir zur Schule gehen.
Eine Besinnung

1. Erläuterung: *Was lernen wir in der Schule? Erklären Sie den Bildungsanspruch unseres Schulsystems.*

In der Schule lernen wir zunächst alles, was man später wissen sollte, zu Beginn Lesen, Schreiben, Rechnen und später den Zitronensäurezyklus und die Fähigkeit, Bücher richtig zu interpretieren. Aber die Schule vermittelt uns noch weit mehr. Da unsere freiheitlich-demokratische Grundordnung eine Kultur der Diskussion ist, diskutieren wir in fast allen Fächern, selbst in Mathematik (Kurven). Gerade von der Mathematik können wir nämlich beispielhaft erfahren, wie eine korrekte Diskussion zum richtigen Ergebnis führt. In der Philosophie behandeln wir vor allem die Aufklärung. „Sapere aude" sagt man auf Latein: Habe den Mut, dich deines Verstandes zu bedienen. Dies gilt natürlich nur, so weit es angemessen ist. Das Denken wird am besten in Latein und Mathematik geschult, denn dort erkennen wir seine abstrakten Strukturen, ohne allzu sehr von der Wirklichkeit abgelenkt zu sein. Zur Bildung gehört vor allem, sich nicht durch abwegige Gedanken verführen zu lassen. Die Freiheit des Denkens darf nicht missbraucht werden und muss immer konstruktiv und im Sinne der Allgemeinheit genutzt werden. Wie man junge Hunde zur Stubenreinheit erzieht, so vermittelt uns die Schule über das Faktenwissen hinaus die Kompetenz, im passenden Moment das Richtige zu denken. Ohne sie hätten wir in unserer Konkurrenzgesellschaft keine Chance.

2. Reflexion: *Wie formt die Schule unsere freie Persönlichkeit?*

Die erste Voraussetzung, ein freier und autonomer Mensch zu sein, ist Selbstwertgefühl. Das Selbstwertgefühl entsteht nicht von selber, sondern es muss von außen gefördert werden. Nur durch Feedback können wir Orientierung erhalten. Das richtige Feedback für unseren Selbstwert gibt uns die Schule. So dienen uns die Zensuren als Hilfe, unseren Leistungsstand objektiv einzuschätzen. Wir sehen dank der Zensuren, wo wir in der Vergleichsgruppe stehen. Sie zeigen uns unseren Rang auf der Skala. Ihr größter Vorteil ist ihre Eindeutigkeit, die unserer digitalen Epoche entspricht. Natürlich können Zensuren unsere Leistungen nie ganz unabhängig messen und lassen sich Sympathie und Ähnliches nie restlos ausschließen. Gerade deswegen aber können wir in der Schule lernen, wie wir nach außen wirken. Damit geben uns die Zensuren eine Sicherheit, die wir im späteren Leben vermissen werden. Sie geben uns konkreten Aufschluss über unsere soziale Konkurrenzfähigkeit innerhalb der Gruppe. Sie stärken unser inneres Koordinatensystem, indem sie uns belohnen oder tadeln, wie es uns angemessen ist. Wenn wir sie richtig interpretieren, erfahren wir durch sie, wer wir sind und wo unser Platz ist, auf den wir gehören. Und so lernen wir auf einfache Art, wie wir als autonome Individuen auch der Tensierung gerecht werden können, die im wirklichen Leben zwar viel komplizierter ist als in der Schule, aber eigentlich genauso funktioniert. Auf diese Weise können wir schließlich zu erwachsenen Persönlichkeiten heranreifen.

3. Diskussion: *Soll Lernen Spaß machen? Beurteilen Sie begründet diese Forderung in Folge der Pisa-Studie.*

Durch die Pisa-Studie wissen wir, dass wir in unserem Bildungsstand gegenüber konkurrierenden Ländern weit zurückgefallen sind. Damit besteht die ernste Gefahr, dass unsere ökonomische Leistungsfähigkeit leidet, denn Bildung ist die wichtigste Ressource, die wir haben. Um konkurrenzfähig zu bleiben, müssen wir unser Ausbildungssystem effizienter machen. Wir brauchen den didaktischen Overkill. Die aktuelle Pädagogik hat experimentell bewiesen, dass Spaß beim Lernen der Leistungsmotivation dient. Spaß darf nicht als Selbstzweck angesehen werden, weil das Kuschelpädagogik wäre, die der Leistung nicht dient. Falsch verstandener Spaß würde im schlimmsten Falle zu Chaos und Anarchie führen. Spaß sollte dagegen als Mittel verwendet werden, unsere Effizienz in der Leistungsgesellschaft zu steigern. Folglich darf der Spaß beim Lernen nicht außer Kontrolle geraten, sondern muss immer sachdienlich bleiben. Spaß muss eingebettet sein in die Reform der Schule im Ganzen, mit der unser Schulsystem wieder leistungsfähig werden soll. In vielen anderen Ländern wird solcher Spaß längst mit großem Erfolg zur pädagogischen Stimulation eingesetzt. Wenn nicht auch wir den Ernst der Lage begreifen, werden wir unsere Herausforderungen nicht in den Griff bekommen. In diesem Sinne ist Spaß in der Schule erstrebenswert und nützlich.

4. Fazit: *Interpretieren Sie den Satz: „Non scholae sed vitae discimus."*

Der vorliegende Satz scheint zunächst zu meinen, dass das Lernen für die Schule weniger wichtig sei als das für das Leben. Wenn man ihn korrekt interpretiert, besagt er jedoch sehr tiefsinnig, dass das, was wir in der Schule lernen, uns im Leben nützlich sein wird. Die Schule rüstet uns nicht allein mit dem allgemeinen Wissen aus, das uns später von Nutzen sein wird. Meistens glauben wir fälschlich, sie wolle uns an erster Stelle Fakten vermitteln, und so fragen manche nach der Relevanz dieser Inhalte. Aber diese Frage ist falsch gestellt. Im Gegenteil erfahren wir an uns selber, wie uns das fraglose Lernen von Daten, die uns für sich genommen nicht berühren müssten, Anerkennung verschafft. Wir lernen am Ablativ und am Heideröslein, dass es uns nicht immer zukommt, Sinnfragen zu stellen, die wir ohnehin nicht beantworten könnten. So vermittelt uns die Schule eine gesunde, weil bescheidene Sozialkompetenz, indem wir uns weder unter- noch überbewerten und die goldene Mitte zu würdigen wissen. Wir erhalten Sinn für das Angemessene, weil uns die Schule ein Feedback gibt, das wir in dieser Eindeutigkeit im späteren Leben nicht mehr bekommen werden. „Aufklärung ist die Befreiung des Menschen aus der selbstverschuldeten Unmündigkeit", sagt Kant, und dabei will uns die Schule helfen. „Selbstverschuldet" kann deswegen auch bedeuten, der Anleitung nicht zu vertrauen, die sie uns geben muss, weil wir ja noch unmündig sind, wenn wir in die Schule eingehen. Denn mit Recht schreibt Kant nicht „Selbstbefreiung", mit der ein Schüler noch überforderter sein müsste als ein Erwachsener. Deswegen muss uns erst die Schule zu freien Individuen formen, die frei sind, weil sie gelernt haben, sich ihrer Freiheit passend zu bedienen. Sapere aude, sagt der Lateiner, und er sagt auch, dass quod licet jovi non licet bovi. Schule lehrt uns in diesem Sinne, die richtigen Fragen zu stellen, um die richtigen Antworten zu bekommen, denn nur so können wir unser konstruktives Humankapital optimal einbringen. Alles zusammen nennen wir „Bildung". Bildung allein ist es, die es uns ermöglicht, unsere Ressourcen effizient zu nutzen, unseren Platz inmitten der globalisierten Leistungsgesellschaft zu finden, ihren Anforderungen zu entsprechen und so unseren positiven Beitrag zum Ganzen zu leisten.

Sie haben das Wesentliche begriffen und verinnerlicht und somit die Reifeprüfung für den Eintritt in den Ernst des Lebens mit Sehr gut *bestanden. Weiter so:*

Von Einem, der auszog, um Peter zu werden. Die institutionelle Reproduktion der Dummheit

„Freilich, mein Wahnsinn und die fixen Ideen [...] sind von entgegengesetzter Art als der Wahnsinn und die fixen Ideen des Manchaners: dieser wollte die untergehende Ritterzeit wiederherstellen, ich hingegen will alles, was aus jener Zeit noch übriggeblieben ist, jetzt vollends vernichten, und da handeln wir also mit ganz verschiedenen Ansichten. Mein Kollege sah Windmühlen für Riesen an, ich hingegen kann in unseren heutigen Riesen nur prahlende Windmühlen sehen; jener sah lederne Weinschläuche für mächtige Zauberer an, ich aber sehe in unseren jetzigen Zauberern nur den ledernen Weinschlauch; jener hielt Bettlerherbergen für Kastelle, Eseltreiber für Kavaliere, Stalldirnen für Hofdamen, ich hingegen halte unsere Kastelle nur für Lumpenherbergen, unsere Kavaliere nur für Eseltreiber, unsere Hofdamen nur für gemeine Stalldirnen; wie jener eine Puppenkomödie für eine Staatsaktion hielt, so halte ich unsere Staatsaktionen für leidige Puppenkomödien – doch ebenso wie der tapfere Manchaner schlage ich drein in die hölzerne Wirtschaft. Ach!" (Heine)

Willkommen also, ach!, im Leben, liebe Leserin, lieber Leser, diesseits von Gut und Böse. Denn wenn wir uns auch der Leidenschaft Heines nach Möglichkeit enthalten wollen: Dass die Dummheit wie Saharastaub noch in den feinsten Rädchen und Ritzen der Institutionen knirscht, dürfte Jedem über vierzehn geläufig sein und Einigen sogar ehrlich weh tun. Immerhin sollten wir uns das Satyrspiel der organisierten Dummheit nicht entgehen lassen. Jeder von uns wird täglich zum Zeugen und zum Täter, wenn der freie Schmetterling Wahrheit eingefangen wird, eingesponnen wird in einen Kokon von Wissen, wenn Wissen zu Bildung und Bildung zu Konvention sich verpuppt, wenn endlich die dummen Maden des Konformismus, Opportunismus, Ressentiments schlüpfen, im Politischen, in der Kunst und wo immer sonst man hinschaut; und wir fügen hinzu: diese Rückwärts-Metamorphose scheint unvermeidlich zu sein. Wahrheit, wenn sie denn komplexer ist als zweiwertige Fakten, ist angewiesen auf Anerkennung, um wirken zu können, aber damit ist sie auch schon zum Verfall verurteilt. Wahrheit, die uns wirklich betrifft, scheint eine absurde Angelegenheit zu sein – so absurd wie alles Andere und wie wir selber auch. Die Eindummung der Wahrheit aber – auch das sagten wir bereits – ist eine Voraussetzung für das Funktionieren von Hierarchien. Dummheit, so behaupten wir, ist kein unerwünschter Parasit der Institutionen, wie es meistens gesehen wird – sie ist die Meta-Institution selbst. Und wie sie die Institutionen stabilisiert und sie vielleicht sogar bedingt, dem wollen wir nun einige Absätze widmen.

Gönnen wir uns zu Beginn ein Definitiönchen. „Institution“ im engeren Sinne bedeute: eine soziale Struktur, die Macht ausübt und verwaltet, vorzustellen etwa im sozialen Verständnis von Luhmanns „Systemen“. Das kann sein ein Staat, ein Wirtschaftssystem, diverse Medien, ein Unternehmen, eine Universität, ein Hundezüchterverein. Nun erinnern wir uns: Macht braucht Wahrheit an ihrer Seite, um sich zu legitimieren. Einfacher gesagt: Macht braucht die Akzeptanz derer, die sich ihr einordnen. Und wir stellen nochmals klar: „Macht“ muss nicht in allen Fällen „Hierarchie“ im streng vertikalen Sinne bedeuten, sondern könnte allgemeiner als Netzwerk des sozialen Status quo beschrieben werden. Die Frage, wer konkret sie ausübt, ist ziemlich unerheblich. Vielmehr existiert dieses Netz qua Anerkennung, die ihr durch die Gemeinschaft zuteil wird:

Es ist, wie gesagt, „legitim". Das gilt, um nur ein paar Beispiele zu nennen, für Strukturen wie den Staat im Ganzen, Wirtschaft, Wissen (Schule und Universität), Politik, offiziöse Kultur als Bereiche des Netzes. Indem wir diese ineinander verwobenen institutionellen Netzwerke im Grundsatz anerkennen, sind wir selbst die Knötchen, die ihre Fäden zusammenhalten. Um unserer Terminologie die Treue halten zu können, drücken wir es etwas umschweifig aus: Wir halten unsere Institutionen für „richtig", für „gut" und damit letztlich für „wahr" – wenn wir nämlich „Wahrheit" nicht binär oder absolut, sondern als Metapher der Bedingung von Legitimität[131] verstehen. Alles in allem: Wir stehen Rousseaus *volonté générale* näher, als uns gemeinhin bewusst ist.

Aber ist das schon dumm? Wir erinnern uns wiederum: Dumm ist die Verabsolutierung einer spielenden Struktur, der Glaube also an unsere Institutionen als beste, gar einzige aller institutionellen Möglichkeiten – an das vorbehaltlose „des g'hört so". Immerhin sollten wir uns eingestehen, dass wir im Alltag kaum anders funktionieren können. Wir sollten aber ebenso wenig übersehen, dass Institutionen ein vitales Interesse daran haben, vorbehaltlos akzeptiert zu werden. Nur in der Dummheit absoluter Anerkennung können sie sich ihrer wirklich sicher sein. Personenspezifisch formuliert: Kein Vorstandschef einer Bank wird ein Interesse daran haben, Skepsis gegenüber der Institution Kreditwesen als solcher zu wecken. Wie er selber als Privatperson denkt (oder wenigstens denken könnte), steht auf einem anderen Blatt. Würde er in seiner institutionellen Funktion Zweifel äußern, wäre er per se nicht mehr Teil der Institution Kreditwesen, sondern ein unklug handelnder Einzelner. Ob er als Individuum, das sich konform

[131] Ausgeführt finden Sie diesen Gedanken bei François Lyotard, *Das postmoderne Wissen*, Wien, 1994.

verhält, in unserem Sinne „dumm" agiert oder nur lebensklug, wäre eine völlig andere Frage. Entscheidend für das Spiel „Bank" ist allein seine fraglose Konformität. Denn Institution fragt nicht lange nach Motivation. Sie setzt unausgesprochene Unterwerfung von Anbeginn an voraus, und sie setzt ebenso voraus, dass diese Unterwerfung per se legitim sei. Und wir können hinzufügen: Als anerkannter Ort der Macht hat sie die Autorität, das in ihrem Rahmen auch durchzusetzen.

Institution bedeutet weiterhin die notwendige Opposition von Innen und Außen. Dabei hat „Außen" zweierlei Struktur. Zum einen ist es der Bereich anderer Institutionen: Kreditwesen und Staatsoper können sich hervorragend ignorieren. Zum anderen indes ist es die Skepsis, die der Institution substanziell gefährlich wird. Sie wäre feindlich und bedrohlich, und dem systemkritischen Finanzmenschen dürften einige Unannehmlichkeiten ins Haus stehen, falls das institutionelle Gewicht seiner individuellen Macht nicht ihrerseits noch schwerer wiegt.[132] Kurz: Institution geht analog mit den Grundmerkmalen von Hundsdummheit. „Außen" ist entweder nicht von Interesse oder wird in Freund – Feind unterteilt.

Von hier aus können wir uns dem Innenleben der Institutionen zuwenden. Fraglos ist zunächst: Sie sind wesenhaft konservativ. Reformierbar sind sie nur von Außen durch andere, stärkere Institutionen (beispielsweise ein Umbau staatlicher Institutionen wie Polizei oder Bildungswesen seitens der Politik) oder von innen durch Legitimationsverlust (der radikale Prototyp dessen ist die Revolution, die die Institution Staat ja auch nicht abschafft, sondern in rabiater Überrumpelung reformiert). *Funktionierende* Institutionen allerdings – und sie al-

[132] Man denke an den kapitalismuskritischen Spekulations-Milliardär Soros.

lein interessieren uns hier – sind wesenhaft reformresistent. Wie aber stellt sich das konkreter dar?

Die Struktur von Institutionen können wir beginnen zu begreifen, wenn wir uns unseren alten Satz in Erinnerung rufen: Ein Spiel kann immer nur so undumm sein wie der dümmste seiner relevanten Mitspieler. Innerhalb einer Institution präzisieren wir „Mitspieler" als „Macht-Ausüber". Wir präzisieren weiterhin: Die Dummheit, um die es hier geht, ist die Hundsdummheit, das des so g'hört. Wir präzisieren drittens: Die der Institution spezifische Dummheit und zugleich ihr ureigenstes Interesse ist die Beharrungskraft des Bewährten. Das will sagen, dass das Spiel „Institution" reformfreudige Mitspieler wirkungsvoll neutralisieren kann, falls diese nicht so stark sind, dass sie die Beharrer marginalisieren (was letztlich Revolution oder Reform von oben bedeuten würde). Man stelle sich einen neuen Mitarbeiter an einer Schule, in einem Amt, einem Betrieb, einem Orchester vor, der seine Kollegen mit noch so sinnvollen Vorschlägen belästigt: er wird sich nicht viele Freunde schaffen. Dass sich täglich Änderungen ereignen, widerspricht dem nicht, denn sie werden fast immer nur das Akzidenzielle, die Oberfläche einer Institution betreffen (und falls nicht, dann aus (un-)dummem Zufall – behaupten wir jedenfalls).[133] Der Reiz des Spiels indes liegt darin, dass eine Institution nie endgültig zur ersehnten Ruhe kommt, darin ganz den unglücklichen Menschen gleich. Woody Allen erkannte: Tradition ist die Illusion der Permanenz. Allein mit der biolo-

[133] In einer einzigen Konstellation wird sich eine Institution aus sich selbst heraus substanziell reformieren: wenn sie ihre Legitimität und damit ihre Machtbasis und letztlich ihren Bestand im Kern bedroht sieht – so der Staat, der Revolution wittert. Das allerdings betrifft nicht mehr die „gesunden" Institutionen, um die es uns geht. Man könnte Heines Satz über (der Tiroler) Dummheit und Gesundheit ganz romantisch umkehren und für den Reformfall sagen: Institution X ist zu krank, um dumm zu sein.

gisch gegebenen Diskontinuität des Menschen ist das Flüssigbleiben von Macht- und Legitimitätsverhältnissen garantiert. Und auch darüber hinaus gerät die wesenhafte Statik der Institution ebenso wesenhaft mit der Dynamik der Zeit in Konflikt. Entsprechend befindet sich jede Institution in latenter Abwehrstellung nach außen wie nach innen, metaphorisch gesagt: im Krieg wie im Bürgerkrieg.[134]

Wir betonen schärfer, was wir im Grunde schon sagten: Das Machtspiel Institution zwingt seine Mitspieler zum Kotau vor der Dummheit, sei er gespielt oder überzeugt. Die Legitimation allerdings, auf die sich jede Institution nach außen hin stützt, ist ironischerweise ihre Qualität: „Es funktioniert", und im Sinne dieses Funktionierens wählt sie sich die Teilnehmer ihres Spiels aus. Daraus resultiert das häufige Missverständnis gerade begabter Unerfahrener, mit „Qualität" sei „individuelle Kompetenz" gemeint. Solche Naivität ist nichts anderes als Schafsdummheit. Sie verkennt das Spiel. Von substanziell institutionellem Interesse ist allein die Konformität. Zu große Inkompetenz ist zwar generell unerwünscht, weil sie zu schafsdumm ist, um konform mitspielen zu können. Sie streut tollpatschig Sand ins Getriebe. Überdurchschnittliche Kompetenz dagegen wird genau so lange toleriert, wie sie sich systemkonform bescheidet, aber sie provoziert latentes Misstrauen. Alles in Allem: Kompetenz schadet nicht per se. Sie birgt für die Institution Chancen wie Risiken. Im besten Falle steigert sie das Funktionieren und damit die Legitimität der Institution, im schlimmsten aber zeigt sich Kompetenz im Cockpit reformbe-

134 Trotzkijs Begriff der „permanenten Revolution" gewinnt von daher den ironischen Reiz, dass er ungewollt bereits die Bilder der späten Sowjet-Ära inauguriert haben könnte. („Sowjetische Demonstration der Stärke? Tschernenko geht die Treppe hoch.")

strebt und gefährdet den Status quo. Und da, wie gesagt, das Bewährte die Raison d'Être jeder Institution ist, wird sie das Risiko im Zweifel eher scheuen.

Damit sind wir in der Mitte einer jeden Institution angelangt, der goldenen nämlich. Durchschnitt (auf jedem, auch auf höchstem Niveau!) ist ihr Eichmaß, nach dem sie sich ihre Individuen formt. Selbst in Strukturen, die auf höchste Fachkompetenz angewiesen sind, geht es immer um eine Normierung, in der „Maß" allerdings meint: Spitzenleistung bei gleichzeitiger Loyalität und Konformität.[135] Im Regelfall aber ist „Mittelmaß" ziemlich wörtlich zu nehmen. Und dass dieses Mittelmaß sich reproduziert und wie Mehltau jede Originalität erstickt, ist eine Binsenweisheit: Selig sind, die da geistig arm sind, denn ihrer wird sein das Erdenreich. Peter[136] macht unfehlbar so lange Karriere, wie er niemanden stört, denn das ist die entscheidende institutionelle Qualität. Irgendwann ist er auf einer mehr oder minder hohen Position angelangt, auf der seine fachliche Inkompetenz zu Tage tritt: Peter fällt auf. Das ist institutionell schädlich. Und so wird Peter auf seinem Posten endgelagert bis zum wohl verdienten Ruhestand. Armer Peter! Aber Peter hat nun Zeit und Macht. Glücklicher Peter! Peter nutzt seine Zeit. Peter protegiert kleine Peters; nach dem Vorbild der

135 Wir verweisen auf die ENA, die Brutstätte der für das Wohl Frankreichs und seine Spitzenpositionen ausgebildeten ENArchen. Hier mag ein verschwiegener Pakt funktionieren zwischen dem Karriereversprechen des Staates gegenüber dem impliziten Konformitätsversprechen der Zöglinge.

136 Spätestens hiermit ist hinzuweisen auf den Begründer der Hierarchologie, auf Laurence J. Peter, dem zu Ehren wir Peter Peter nennen. Was Sie schon immer über Hierarchien wissen wollten, finden Sie in: Laurence J. Peter & Raimond Hull, *Das Peter-Prinzip oder Die Hierarchie der Unfähigen*, Hamburg, 1970 (*The Peter Principle*, New York, 1969), dessen Tiefsinn sich durch solch wundervolle angelsächsische Oberflächlichkeit tarnt, dass es sich der ernsthaften wissenschaftlichen Vereinnahmung glücklich entziehen konnte.

Graugänse folgen sie im Windschatten ihrem Großen Peter, kuscheln sich wie Küchlein unter seine starken Schwingen. Mit anderen Petern bilden sie Seilschaften, die die höchsten Gipfel erobern. Und Peter weiß, was er tut. Peter weiß, dass er der richtige Mensch am richtigen Ort ist. Denn er vertraut seiner Institution blind: Wie könnte sie nicht perfekt sein, da sie doch ihn bis hierher gebracht hat? (Wir erinnern uns an Jean Pauls Gottesbeweis.) Peter erweist der Institution seine Loyalität, und die Institution belohnt ihn dafür. Nun sieht sich Peter bestätigt und verinnerlicht die Institution um so mehr, je mehr sie ihm erlaubt, sich kompetent zu fühlen, denn dem Tüchtigen hilft Gott, und wem Gott gibt ein Amt, dem gibt er auch Verstand.[137] Erst die Institution formt aus dem Rohstoff indifferent hoffnungsfroher Prä-Peter die Persönlichkeit Peter. Und wer wollte von Peter verlangen, die *self fulfilling prophecy* zu durchschauen? Seine Existenz[138], die erst die Arbeit frei gemacht hat, in Frage zu stellen? So leistet Peter das Seine, dass seine Institution petrifiziert.[139] Und er wacht darüber, dass Peters, die sich als Pauls entpuppen, beizeiten kalt gestellt werden. Denn was ein wahrer

---

137 Wie des Öfteren, so vermag auch hier die Trivialliteratur das Phänomen in größter Knappheit auf den Punkt zu bringen: René Goscinny / Albert Uderzo, Asterix Bd. XIX, *Der Seher*, Stuttgart, 1975, S. 34, Blase 8-9: *Optio*: „Verzeihung, wenn ich um Entschuldigung bitte, aber ich verstehe nicht…" *Zenturio*: „Das ist völlig normal! Deswegen bin ich ja auch Zenturio, und du nur Optio!" – Und S. 35, Blase 9-12: *Optio*: „Ich versteh' überhaupt nichts mehr…" *Legionär*: „Kann ich Euch helfen?" *Optio*: „Nein! Du verstehst noch weniger. Deshalb bin ich ja auch Optio und du nur Legionär!" *Legionär (Denkblase)*: „Idiot!" – Als Schlusspointe der Geschichte wird der machtgierige Zenturio degradiert, und der namenlose Optio – sein Name sei Petrus – avanciert folgerichtig zum Kommandanten des Römerlagers (S. 46).

138 Seit Max Weber wissen wir um die tiefe Beziehung von (ursprünglich) „gottgegebenem" Beruf und Selbstwertgefühl in unserer Gesellschaft.

139 Mutmaßlich steckt hier die dickste Wurzel der Krankheit so mancher Institution. Und wir ahnen: Verpeterung – Laurence Peter spricht korrekter vom „Reife-Quotienten" einer Hierarchie – ist ein Gesetz wie die Entropie. Sie

Peter ist, ist ein unnachsichtiger Machthaber. Er toleriert kein institutionelles Versagen, keine Quertreiber, erst recht keine superkompetenten Besserwisser, in deren Glanz er Schatten würfe. Das Rad ist schon erfunden, weiß Peter. Und wehret der Anarchie, weiß Peter. Peter hegt seinen Garten. Peter ist ein Fanatiker von Ordnung und Systematik. Vor zweihundertfünfzig Jahren trug Peter Puderperücke, vor hundert Jahren Ärmelschoner, heute favorisiert er Organigramme und *flipcharts*. Mögen sich die Insignien auch wandeln – seine Ordnungssysteme liebt Peter, seit er den Pharaonen diente. Ob seine Systematik sachdienlich ist, interessiert Peter wenig. Sie dient der Institution. Sie hat sich „schon immer" bewährt, und allein darauf kommt es an. Den unbetroffenen Beobachter wird immer wieder der Lachreiz überwältigen angesichts des gesetzmäßig-dialektischen Umschlagens von Überorganisation in sinnfreien Leerlauf. Eines der schönsten Beispiele solchen Kippens war die Staatssicherheit der DDR, die so hingebungsvoll Datenmassen sammelte, dass sie mit deren Auswertung heillos überlastet war und sich schließlich selber paralysierte; man sagt, sie sei zur Zeit der Revolution zwei Jahre im Rückstand gewesen mit der Sichtung der von ihr gehorteten Informationen. Ihre Spitzen-Peter hießen Erich, und ob sie mehr Zauberlehrling oder mehr Besen waren, ist kaum zu entscheiden. (Gepriesen, die wir und unsere Mächtigen da sind gesegnet mit dem Internet und mit Allem, was darinnen ist!) Unser aktueller Peter aber hat für solch abgründige Komik kein Verständnis. Die Stasi interessiert ihn, wenn überhaupt, als schlechtes Beispiel, vor dem seine jeweilige Institution um so heller leuchtet. System und Ordnung sind ihm nicht Zweck, sondern Sinn. Allein diese Sankt-Peter-

---

schreitet mit der Zeit fort, bis die Verpeterung der Institution eine kritische Masse erreicht hat und diese kollabiert. Die einzige Chance zur Rettung einer im fortgeschrittenen Stadium verpeterten Institution wäre demnach eine hinreichend ernste Krise.

Bastion gibt Peter Geborgenheit und Sicherheit – sie allein garantiert den Fortbestand des Petertums. „Das haben wir schon immer so gemacht.“ – „Es wird schon seine Ordnung haben.“ – „Da meint wieder einer, er habe die Weisheit mit Löffeln gefressen.“ – „Natürlich is des aso, sonst wär's ja net aso“ – Peter huldigt dem Ersten Valentinschen Axiom. Der Alte Fritz soll die Menschen (und vor allem wohl seine Beamten) in vier Kategorien unterteilt haben:

1. Klug und fleißig: rein hypothetisch, gibt es nicht wirklich;
2. klug und faul: er selber;
3. dumm und faul: harmlos, bestens geeignet zu Repräsentationszwecken;
4. dumm und fleißig: gefährlich! höchste Vorsicht geboten!

Die Mixtur von etwas weniger 3. und etwas mehr 4.: *Ecce Peter*.

Zum guten Schluss wollen wir uns einer entscheidenden Konsequenz der Peter-Perspektive zuwenden. Bisher hatte uns interessiert: Wie legitimiert Peter seine Institution und wie legitimiert diese ihren Peter? Institution will akzeptiert, will „geglaubt“ werden. Dieser Glaube indes fordert einen beträchtlichen Idealismus, der gegen allen Anschein das Gute sehen will und das Andere nur für peinliche Erdenreste anstatt für die Sache selbst hält. Im Falle einer gesunden Institution können wir diesen Idealismus getrost voraussetzen.

An dieser Stelle ist einem populären Missverständnis zu begegnen. Oft genug glaubt der – zumeist selbst erfolglose – Pessimist, es sei *Opportunismus*, der zum Erfolg führe, womit er sich nota bene seiner eigenen Integrität versichert. Diese Auffassung mag psychologisch verständlich und in Einzelfällen nicht einmal falsch sein. Im Regelfall indes wird allzu unverblümter Opportunismus nicht auf Sympathie stoßen und abgestraft werden, denn er karikiert das Wesen der Institution und stellt es damit bloß. Wir konstatieren dagegen: Peter ist *Optimist*. Ein Opportunist nämlich ist immer ein unsicherer Kandidat. Er kann zum Störfaktor werden, falls sich der Wind dreht und Machtverhältnisse in Bewegung geraten. Der Optimist dagegen bleibt loyal, denn er dient der prinzipiell guten Sache; oder, um es moderner zu sagen, er erfüllt eine sinnvolle Aufgabe. Vom Optimismus leben unsere Institutionen.

> „Es ist erwiesen", so dozierte [Pangloß], „dass die Dinge nicht anders sein können, als sie sind, denn da alles zu einem bestimmten Zweck erschaffen worden ist, muss es notwendig zum Besten dienen. Bekanntlich sind die Nasen zum Brillentragen da – folglich haben wir auch Brillen; die Füße sind offensichtlich zum Tragen von Schuhen eingerichtet – also haben wir Schuhwerk; die Steine sind dazu da, um behauen und zum Bau von Schlössern verwendet zu werden, und infolgedessen hat unser gnädiger Herr ein wunderschönes Schloss. Der vornehmste Baron der ganzen Provinz muss eben auch das schönste Schloss haben. Und da die Schweine dazu da sind, gegessen zu werden, so essen wir das ganze Jahr hindurch Schweinefleisch. Also ist es eine Dummheit, zu behaupten, alles auf dieser Welt sei gut eingerichtet; man muss vielmehr sagen: alles ist aufs beste bestellt."[140]

Peter hat es nicht nötig, Opportunist zu sein. Als Optimist dient er seinen eigenen Interessen um vieles effizienter, und den sublimen Zynismus, das zu durchschauen, können wir ihm nur in den seltensten Fällen unterstellen. Genau hier liegt die insti-

[140] Voltaire, *Candide*, in: *Sämtliche Romane und Erzählungen*, Leipzig, 1976, Band I, S. 284.

tutionelle Crux: Der hundsdumme Glaube an das per se „Gute" (den Zweck, die Relevanz usw.) einer Institution bestätigt sich selbst. Wir hatten das Petertum als Konformismus beschrieben. Wir müssen hinzufügen, dass dieser Konformismus nur die rechtgläubige Oberfläche des Phänomens ist – sein Grund ist der Optimismus. Peters Optimismus ist ein *perpetuum mobile*, besser: ein *perpeterum immobile*, ein Münchhausen-Prinzip der Semi-Kompetenz. Peter wird nach oben geschoben, weil er glaubt zu schieben. Potenz setzt das Selbstvertrauen in Potenz voraus. Wer da vertrauet in das Gute und bauet darauf im festen Glauben, dessen wird sein das Himmelreich und der Posten des Obersttaschenträgers. Denn – werde, der du bist – Peter lernt petern. Wie der Hirsch schreit nach frischem Wasser, so schreit Jung Peter laut im finstren Tal seinen Namen. Stellt sich das ersehnte Echo ein und ruft: „Peter!", dann vernimmt Peter das Mysterium des ereilenden Rufes, den er als vom Schicksal Auserwählter beflissen annimmt. Damit hat er es selber zum Echo, zum Ruf-Beantworter gebracht.

> Jeder Tor im Amte, der seit vielen Jaren die Belonung seiner Dumheit geniest; ieder Geistliche, der neue Bücher aus Vorurteil und alte aus Trägheit nicht liest und ieden Sontag eine Probe seiner Unwissenheit und Faulheit ablegt; ieder Schullerer, den ein weiser Gönner wegen seiner Unwissenheit und seinen Lastern zu nichts anderm als einem Lerer der Tugend machen konnte, und der seinen Eleven mit Mühe die Dumheit einprügelt, die ihm eingeprügelt worden ist; ieder Dümling, dessen Dumheit in der Jugend zu sehr belont wurde, als dass sie nicht im Alter hätte wachsen sollen und der im Amte das vergist, was er als unwissender Jüngling noch wuste – alle diese sind fast ebenso stolz, als sie dum sind, alle diese hängen ihre Amtsmiene

> vor ihr einfältiges Gesicht und machen ihre Zunge zum beständigen Lobredner ihrer Feler.[141]

Ergo: Je älter, desto Peter. Nicht alles zwar, was grau ist, ist notwendig Esel, aber nicht viele Esel sind nicht grau. Was ist Petertum? Petertum ist der Ausgang des Menschen aus der unverschuldeten Mündigkeit. Erfolgreich angewandte Dummheit: Als Erstes ist sie eine Kulturtechnik – der Elchwerdung, denn „die größten Kritiker der Elche *werden später* selber welche", falls sich ihnen die Chance der Elchwerdung bietet. Aber die schönste Gnade im Prozess seiner Peterwerdung, die Jung Peter widerfahren kann, ist die Nähe zu einem hohen Namen. Unter fremder Namenssonne wächst und gedeiht Peter aufs Beste. Ruhm nämlich photosynthetisiert Peter. Kann Peter elegant namedroppen, dass er einen nicht mehr Namenlosen vertraulich-devot beim Vornamen zu nennen befugt ist, besitzt er den Keimling seines eigenen Namens, hierin dem EPzO eng verschwistert. Und dass er es am Ende selber zum Namen gebracht hat, weiß er, wenn er wohlgefällig zusieht, wie sich die Peter der nächsten Generation unter der Krone seiner nunmehr stolzen Namens-Eiche um deren Früchte balgen. Denn vergessen wir nie: Peter ist kein Einzelkämpfer, sondern ein sukzessives Prinzip. Als Subjekt ist Peter vernetzt mit vielen anderen Petern, die grundsätzlich nicht anders funktionieren als er, und sie alle zusammen arbeiten konstruktiv an ihrem Peters-Dom. Wieder einmal trifft ein bekannter jüdischer Witz das Prinzip des rückgekoppelten Peterismus, den Münchhausen-Selbstwert, auf den Punkt. Ein entfernter Vetter des braven Soldaten Rubinstein,

141 Jean Paul, *Das Lob der Dumheit*, in: Walther (Hg.), *Lob der Dummheit*, S. 231f; vgl. S. 233ff.

> Menasse Katzenkopp langweilt sich unbeschreiblich. Er hängt zum Fenster heraus, und wie er einen Bekannten vorbeigehen sieht, ruft er ihm zum Ulk zu: „Schloime, lauf schnell zum Markt! Dort tanzt ein Lachs!“ Schloime läuft tatsächlich zum Markt. Unterwegs erzählt er allen Passanten die aufregende Nachricht von dem tanzenden Lachs, und zuletzt wälzt sich die ganze Bevölkerung zum Marktplatz... Menasse Katzenkopp sieht der Massenbewegung mit wachsender Verblüffung zu, dann greift er nach seinem Hut, eilt zum Ausgang und ruft dabei seiner Frau zu: „Ich gehe auch zum Marktplatz. Wer weiß, tommer (*vielleicht*) tanzt dort wirklich ein Lachs.“[142]

Übrigens kann sich manche Institution durchaus generös geben. Kritik im Detail honoriert der Mit-Peter gerne, sofern sie „der Sache dient“, die institutionellen Prämissen einschließlich seiner Autorität unangetastet lässt und zugleich den Zweck der Institution legitimiert. Der Lachs könnte auch ein Barsch sein, allein dass er tanzt, stehe außer Frage. Und selbstredend gibt es verfeindete Barsch- und Lachsfraktionen innerhalb der Fischtänzer. Reformer und Bewahrer. Aus der Kunst kennen wir es schon. Nehmen wir spaßeshalber die Philosophie im weiteren Sinne, unser Weltbild immerhin. 1955: Kant? Kalter Kaffee. Langweilig. Uneigentlich. Trocken. Lest Sartre! 1970: Der Existenzialismus ist individualistisch und bourgeois. Das kollektive, ökonomische Sein bestimmt das Bewusstsein! Alles steht schon bei Marx! 1985: Wen interessiert noch Marx? Das Bewusstsein bestimmt das Sein. Freud und Bataille und Derrida haben es endlich auf die Füße gestellt! 2000 +: Postmoderne – alles passé, modisches Gerede. Was man wissen kann, steht schon bei Kant. Und so weiter, ad infinitum. (Den Gedanken, dass sich zum

[142] Landmann, S. 497.

Beispiel die Großmeister Derrida und Kant mehr zu sagen gehabt haben könnten als ihre Proselyten, weisen wir Proselyten weit von uns.) Institutionell entscheidend ist allein: Zu welcher Fraktion zählt Peter? Marx oder Freud? Keynes oder Friedman? Kantpedanterey oder Derridada? Jedenfalls Tendenzbär! Woraus Peter messerscharf schließt: Natürlich darf man seine Meinung frei äußern! Ich habe den Lachsisten (wahlweise: Barsch-, Dorschisten, Karpfianern, Aalologen) die Meinung fischgepredigt und trotzdem (!) Erfolg gehabt! Ich habe mich nie verbiegen lassen und es trotzdem (!) bis zum Generaloberstaschenträger gebracht! Was könnte Peters Optimismus schöner rechtfertigen? Dass „seine" „freie" Meinung zu allererst gefragt sein könnte, weil sie letztlich seinen loyalen Optimismus belegt und die Wälle der festen Burg des Peter-Ordens zu stärken hilft: kann man seinem Instinkt vorwerfen, dass ihm dieser Gedanke missbehagt und entsprechend abwegig erscheint? Dass er Merito- mit Mediokratie verwechselt? Peter ist ja kein Ikarus. In seiner Jugend mag das manchmal anders gewesen sein, und privatim kann es noch ab und zu und immer seltener durchschimmern. Aber er hat sich die Hörner abgestoßen. Er ist zur Vernunft gekommen. Er sitzt im Turm, hat sich eingeschlossen und den Schlüssel hinuntergespült. Wäre es lebensklug, nun zu bemerken, dass die Elfenbein-Wände nur billiges Kunststoff-Imitat sind? Peter hütet sich, der Sonne seiner Wahrheit allzu nahe zu kommen, denn er ist gesund.

(Nur in Parenthese wollen wir hinzufügen, dass das für Demonstrationszwecke womöglich am besten geeignete Beispiel institutioneller Struktur die würdige Alma Mater Humboldtscher Provenienz ist. Sie ist relativ autonom, was bedeutet: wenig überlagert von anderen Institutionen, wie allenfalls noch die Parteipolitik und einige Behördenbiotope; sie ist eindeutig hierarchisch-autoritär strukturiert; genau sie ist der Ort, der legitimierende Wahrheit als „Wissen", das auch Macht ist, selber produziert; und, last, not least, dürften die Chancen nicht so schlecht stehen, dass sie verehrten LeserInnen aus eigener Anschauung bekannt sei. Hier können wir Institution in reinster Form studieren. Voraussetzung universitären Erfolgs ist Kompatibilität mit den Strukturen, als da wären a) an der Oberfläche die Akzeptanz des wissenschaftlichen Usus sowie unterschwellig b) die Fähigkeit zur geschmeidigen Einpassung in die hierarchischen Gegebenheiten. Sind diese notwendigen Bedingungen gegeben – und nur dann –, könnte Fachkompetenz zusätzlich nützlich sein. Denn natürlich gilt hier wie überall das Peter-Prinzip: Wer wie auch immer negativ auffällt, wird ruhig gestellt. So kann man geradewegs die institutionellen Typen herleiten:

1. Die eher Erfolglosen:

a) Peter, für alle sichtbar jenseits seiner Möglichkeiten angelangt, hat es immerhin vom Vize- zum Obertaschenträger gebracht;
b) Paul I, kompetent, aber irgendwo im prekären Mittelbau stecken geblieben, weil skeptisch, eigenbrötlerisch und sozial inkompatibel;
c) Paul II, kalt gestellt, weil so schafsdumm naiv, zu meinen, dass es „um die Sache" gehe und nicht um die Form: das ist den Petern natürlich lästig – „es ist nicht jeder dumm, der will."[143]

143 Natürlich ist die Anlage zur Peters-Dummheit eine Gnade. Dennoch müssen wir Ludwig Börne (in Best, S. 243) widersprechen, wenn er fortfährt: „Gibt es eine Eigenschaft der menschlichen Natur, die man nicht erwerben kann, die angeboren sein muss: so ist es die Dummheit." Im Gegenteil müssen wir die Dummheit der Institutionen als Kulturtechnik begreifen, deren individuelles Erlernen als Qualifikation zum Erfolg in einer hinreichend verpeterten Hierarchie vorausgesetzt werden muss. Dass Börne den erfolglosen Paulstypus verallgemeinert, deutet darauf hin, dass er halb gewollt sich selber charakterisiert.

2. Die Erfolgreichen:

a) Peter-Paul, formal höchstqualifiziert, hütet sich aber tunlichst, Prämissen in Frage zu stellen;[144]
b) Peter I, hat Glück gehabt und wurde nach oben gesogen durch Wegloben oder durch ein Machtvakuum zwischen zwei gleich starken rivalisierenden Fraktionen, die sich auf einen schwachen Kandidaten einigen mussten, um wenigstens den jeweils gegnerischen Kandidaten zu blockieren und die eigene Macht nicht zu gefährden;
c) Peter II, dem konformistischen Bekenntnisse huldigend, fällt weder durch außergewöhnliche Inkompetenz noch durch irritierende Brillanz auf; das, was er nicht zu sagen hat, sagt er hinreichend umständlich; beherrscht vor allem das Machtspiel: besonders für repräsentative Aufgaben empfohlen, vgl. Friedrichs II. Kategorienlehre; Variante: dynastische Qualifikation (Korpsstudent, Professorenkind, Präsidentensohn);
d) Paul, hat sich als kompetenter Peter gegeben und erst an den Schalthebeln der Macht den Schafspelz abgelegt und mit dem Bekenntnis überrascht, dass ein Lehr- nicht immer ein Leerstuhl sein muss: *worst case* der Institution.

---

144 Peter-Paul ist in Wahrheit der kompetent-beschränkte Träger wissenschaftlicher Erfolge. Professor Ortega y Gasset, S. 116, zielte auf genau diesen Typus: „Die Experimentalwissenschaften haben sich zum guten Teil dank der Arbeit erstaunlich mittelmäßiger, ja weniger als mittelmäßiger Köpfe entwickelt. Das bedeutet, daß die moderne Wissenschaft, Wurzel und Sinnbild der gegenwärtigen Kultur, dem geistig Minderbemittelten Zutritt gewährt und ihm erfolgreich zu arbeiten gestattet." Wollen wir wirklich darauf wetten, dass 75 Jahre nach Ortega der Fortschritt seine Polemik obsolet gemacht hat?

Abgesehen vom letzten Fall, der eine Art institutionellen Betriebsunfall[145] darstellen mag, so gern er umarmungsstrategisch zum Aushängeschild umgewidmet wird, fügen sich alle Typen unserem Dummheits-Modell – nicht notwendig als Personen, aber als institutionelle Subjekte. Das prototypische Bild der Kompetenz-Pyramide: Wenige Koryphäen an der Spitze sowie ein paar namenlose Hochqualifizierte auf dem Abstellgleis, darunter ein großer Hohlraum und schließlich der breite zähe Mehltau titelwalzernder Marabus. Und wir müssen zugestehen, dass – nur beispielhaft – die Institution Wissenschaft gar nicht anders funktionieren könnte. Ihre Rationalität setzt die unbedingte Anerkennung formaler Prämissen, setzt den Ameisen-Fleiß, der Sinnfragen konsequent ausklammert, setzt die Wahrnehmung der Welt aus der Froschperspektive ihres Fachgebietes absolut voraus. Vor dem Konvexspiegel erkennt sich die Ameise als Gigant. Der Pöbel-Denker Sokrates ging auf den Markt, um die Leute zu provozieren? Wie dilettantisch! Verständlichkeit für Denkwillige? Der wahre Akademist qualifiziert sich durch Verbalesoterik. Man nennt das „Autonomie der Wissenschaft“, deren Alternative, Gott behüte!, Subjektivität, kreatives Chaos, methodische Anarchie wären.[146] Daraus folgt die Notwendigkeit der Abstinenz aller Meta-Ebenen, ergo des Urvertrauens in die „Kompetenz“ als wahren hierarchischen

[145] Der Prototyp dessen war Michail Gorbatschow, der die Sowjetunion so gründlich reformierte, dass am Ende nichts mehr von ihr übrig blieb. Mit Dürrenmatts Großem Romulus verdient er das Adjektiv vor so manchem GröFaz und GröPres, denn was könnte glorioser sein als die weitgehend friedliche (!) Abwicklung einer delegitimierten Institution Weltmacht? Seine Nachfolger verbreiten natürlich eine andere Bewertung. Institutionelles Eigeninteresse, vulgo der Zweck des Machterhalts, liegt auf der Hand.

[146] Heimito von Doderer, in: Best, S. 317: „Verkümmerung kann auch Verkrümmung durch Leistung sein: da haben wir den Fachmann. Er ist notwendig ein Dummkopf.“

Legitimator, mithin schließlich die grundsätzliche Akzeptanz der hierarchischen Gegebenheiten, so sehr das Offenbare Anderes nahe legen mag: Man ist optimistisch, dass inkompetente Ausnahme-Peter nur die Regel bestätigen, und wenn der unfähige Peter noch so penetrant der Normalfall ist. Übrigens weiß jede Institution nach außen hin ihre strukturelle Dummheit zu camouflieren, indem auch für exponierte Positionen gilt: Wer auffällt, ist fehl am Platz – und ganz oben würde eben allzu eindeutige Inkompetenz auffallen und die Legitimität auch der nachgeordneten Peter zersetzen. Schon deswegen sind in den Spitzenpositionen die offensichtlichen, die Peter I, eher selten. Am häufigsten findet man dort Peter II und Peter-Paul; man verifiziere das auch anhand der Politik. Klammer zu.)

Antipeter. Der Unfreie Radikale

Peter also ist optimistisch und konstruktiv, eine treue Stütze der dummen Struktur seiner Institution. An der Dummheit der Institutionen verzweifeln die Menschen, seit es Institutionen gibt. Aber muss denn jeder ein Peter sein? Es gibt ja auch ein Dasein außerhalb des Institutionellen. Natürlich ist es weniger abgesichert, weniger rechtwinklig, weniger bequem. Folglich wählen die meisten von uns den breiten Weg des Petertums und machen „das Beste" daraus; auch wenn sie im Alltag manchmal klagen mögen, sind sie im Grunde konform mit der Situation und mit sich. Aber einige schlagen Seitenpfade ein, wenige freiwillig, die meisten notgedrungen. Denn die Institutionen akzeptieren nicht jeden. Die Unpassenden, die sperrigen überbefähigten Pauls, aber auch die Unfähigen, die schlicht zu schafsdumm sind, um die Spielregeln der Institution begreifen und mitspielen zu können – sie werden in einem Wurmfortsatz des Organigramms endplatziert oder gleich gänzlich ausgespien. Und nicht alle nehmen das stoisch hin.

Auch wenn bestimmt nicht jeder der hochbegabte Paul ist, für den er sich hält: wohl niemand möchte sich eingestehen, aufgrund eigener Inkompetenz gescheitert zu sein. Luzifer fiel, weil er dem Alphamännchen Gott seinen Rang streitig gemacht hatte, aber er wurde bestimmt nicht wegen Unfähigkeit degradiert. Und jeder Verworfene ist mindestens ein verkannter verbitterter hochbegabter Paul, ein gefallener Lichtengel, der klarsichtig geworden ist. Wider den Optimismus der amtsfrommen Peter verabscheut er das institutionell Konstruktive. Er ist destruktiv, ein Ungeist, der stets verneint. Und so müssen wir uns nochmals einem Typus zuwenden und eine Karikatur zeichnen, die zur Kenntlichkeit entstellt.

Wir sprechen hier nicht von Leuten, die in Nischen etwas Eigenes schaffen: Amateure, die sich tiefer in ihre Materie eingearbeitet haben als manche Fachleute – Heimatforscher, Kräuterkundige, Denkmalbewahrer, Hobbymusiker seien nur stellvertretend genannt; sie wirken außerhalb der Institutionen, manchmal als Einzelgänger, manchmal in Gruppen, die allerdings auch wieder institutionellen Charakter annehmen können. Uns geht es im Gegenteil um die Destruktiven, die selbst ernannten Opfer der Institutionen. „Und wer's nie gekonnt, der stehle / weinend sich aus diesem Bund“? Eben nicht! Der Antipeter fletscht die Zähne. Die institutionelle Petersburg gewährt mir keinen Zutritt, hat mich kaltgestellt, bietet mir keine Resonanz? Gut so, sie ist ohnehin dumm, und die Trauben sind sauer. Ich ziehe meine *splendid isolation* vor. Ausgestoßen aus der Institution des Jüngerkreises denunziere ich sie – dreimal Hahn und Petri Heil, soll der Dummkopf nur seine Kirche bauen, wir werden schon sehen!

Allerdings hat der Antipeter selten das Format des Antichrist, das Pathos eines Judas. Und sein Gegner ist kein Allmächtiger, es sind nur die dummen Peter. So hat sein antiinstitutioneller Furor etwas Donquichotteskes. Er ist von tragikomischer Gestalt, weil er keine Selbstdistanz hat. Den Wahrheits-Spiegel der Selbstironie hat er im Zorn zerschmettert. Mancher Antipeter ist recht intelligent; Kränkung und Zurückweisung schärfen den Blick, die gläserne Decke ist so undurchdringlich wie durchsichtig. Und mutig mag er ebenfalls sein, denn die Institutionen werden zurück zu schlagen wissen, falls er es denn schafft, Petri Spiele zu stören; die Maschine wird ihn so erbarmungslos wie gleichgültig zermahlen, sollte er ihren Mühlenflügeln ernstlich in die Quere kommen. Als Einzelkämpfer aber, der er per Selbstdefinition ja erst einmal ist, bleibt das ziemlich unwahrscheinlich, denn so wird er kaum gefährlich. Sein einsamer Heroismus bekommt etwas Drolliges, ein kampfbereiter Hamster, der den Staubsauger bedroht. Oft sucht er sich angesichts seines aussichtslosen Kampfes wider die Peters-Feste andere Feinde, an denen er mehr Wirkungsmacht erfahren kann. Er wird zum Querulanten, der mit Familie, Nachbarn, Kollegen, der ganzen Welt in Fehde liegt und sie nach Kräften mit in seine Hölle zerrt. Mit allem Recht, denn sie sind die Bösen, er ist das Opfer. Wer und was auch immer diese Feinde sein mögen – ohne sie ist der Querulant niemand. Ihnen allein verdankt sich klassisch hundsdumm sein Ich. Und diese Konstellation bedingt auch seinen selbst-destruktiven Mut. Er kann nur Gegen. Er ist so destruktiv dumm, wie die Institutionen konstruktiv dumm sind. Und womöglich ist er – bei aller individuell möglichen Intelligenz – noch eine qualitative Stufe dümmer, denn in seiner hundsdummen Beschränktheit sind ihm die Wissensspiele, das Regelwissen, das Handwerkszeug der Institutionen verschlossen.

So sehr wie die Institutionen als solche verachtet er das institutionelle Wissen. Er weiß, was er weiß, und was er weiß, weiß er besser. Er weiß, dass es auf jede Frage eine Antwort gibt. Welchen Sinn hätten Fragen sonst? Als frei flottierender Querdenker findet er für alles Erklärungen. Das lindert die Lebensangst. Des Querulanten Weltbild ist so geschlossen wie das eines religiösen Fanatikers, nur dass sein Gott er selber ist – nur ein oberflächlicher Unterschied, wie wir sahen. Und wenn niemand auf ihn hört? Dieses Schicksal teilt er mit vielen großen Geistern. Dass sie verkannt wurden, genügt ihm als Bestätigung. Ansonsten müssen sie ihn gar nicht weiter interesssieren. Auf der Rosinante seiner Wahrheit reitet er einsam gen Sonnenuntergang.

Das heißt aber nicht, dass ihn die Uneinsichtigkeit seiner Mitwelt nicht beschäftige, denn seine Anti-Peter-Mission macht ihn erst recht zum politischen Tier. Entsprechend dem Geisterfahrer („Einer? Hunderte!") hält er alle anderen für dumm. (Was ein sicheres Dummheits-Symptom ist; wir stellten das bereits im Prolog fest.) Er allein hat sich aus Platons Höhle befreit, er durchblickt den Schleier, er verzweifelt an der Dummheit der Vielen, die bequem in der Höhle bleiben. Überflüssig zu betonen, dass dieser Schleier natürlich von interessierter Seite über die Welt gelegt wird. Das institutionelle Wissen sei frei? Welch Kinderglaube! Natürlich ist es von Mächtigen ferngesteuert, es kann gar nicht anders sein. Widersprüche, wohin man sieht! Cui bono? Die Dunkelmänner und neuerdings -frauen vernebeln die Köpfe der Menschheit und unterdrücken auf subtile Art die wenigen Erkennenden, so dass des wahren Wissers Wissen keine Resonanz findet. Heimlich lacht man über ihn. Das weiß er ganz genau, dafür hat er feine Sensoren. Was wiederum seine Wut anfacht.

Dabei ist Antipeters Kritik keineswegs immer aus der Luft gegriffen. Es ist natürlich alles andere als dumm, Wahrheit abseits des institutionellen *mainstream* zu vermuten und nach Machtverhältnissen zu fragen. Das Spezifische liegt in der Art der Rezeption. Der Sucher weiß eben nur, dass er nichts sicher weiß, er sucht. So skeptisch er seinem vorläufigen Wissen gegenüber ist, so kritisch befragt er die Informationen, die er bekommt. Seine Aufmerksamkeit gilt möglichen Falsifizierungen, seine erste Anstrengung der präzisen Fragestellung. Den Wisser dagegen interessieren nur die Fragen, zu denen er die Antworten längst hat. Und zu deren Bestätigung ist ihm jede Quelle willkommen. Die allwissenden Algorithmen geben Antipeter zuverlässig das je Seine. Er ist ein durch und durch kritischer Geist! Allerdings nicht sich selber gegenüber. Und auch nicht gegen Gleichgesinnte, denn die bestätigen ihn ebenfalls, so wie er sie seinerseits – ein seliges Geben und Nehmen. Die „sozialen" Medien beflügeln diese Dynamik natürlich ungemein. Hier findet Antipeter Gleichgesinnte à la carte. Man kann Wahrheiten und „alternative Fakten“ unkompliziert und beliebig austauschen und abgleichen, man wird für jede noch so abseitige Lehre umgehend Belege und Verbündete in Geist und Tat finden. „Wir lassen uns nicht mehr vorschreiben, was wir denken sollen! Wir kennen die Wahrheit! Die Eliten belügen uns!“

Dass man gerne „Eliten“ sagt, wenn im Grunde „Institutionen“ und ihr Peters-Konsens gemeint sind, der natürlich nicht allein Sache „der Eliten“ ist – ganz im Gegenteil, wir sahen es –, darf nicht übersehen werden; es hat Gründe. („Gehirnwäsche durch die Eliten“ würde der Wisser den Peters-Konsens natürlich postwendend nennen.) Der gelegentlich und seit über hundert Jahren synonym gebrauchte Begriff „System“ ist sogar noch aufschlussreicher. Das Merkwürdige am Anti-Eliten-Ressentiment ist jedenfalls, dass die offensichtlich Mächtigen, die man mit Recht als „Elite“ klassifizieren könnte, kaum als Blitzableiter für Antipeters Wut taugen; allenfalls kann eine Figur stellvertretend ins Fadenkreuz rücken. Wenn in Millisekunden virtuelles Vermögen algorithmisch erschaffen und ohne menschliches Zutun um den Globus gejagt wird, das sich dann unversehens in karibischen Yachten materialisiert – das ist nicht Antipeters Metier. Auch nicht die Fragen, warum diese wundersame Geld-Genesis wider alle Einsicht nicht besteuert wird, wer oder was die politischen Entscheider daran hindert und Ähnliches – Antipeter wird hier irgendein Schlagwort parat haben, aber es treibt ihn nicht wirklich um. Für den Umgang mit internationalisierten Konzernen gilt Ähnliches – das sind nicht Antipeters Eliten, allenfalls nimmt er sie am Rande wahr. Sie üben unverkennbar Macht aus, aber sie haben kein Gesicht. Antipeter aber braucht die Personalisierung, das klare Freund – Feind, wir gegen die. Und da Wir die Guten sind, sind Die die Angreifer. Wir müssen uns schützen, uns verteidigen. Antipeter ist der brave Igel, umgeben von verschlagenen Füchsen. Und für sein Igeltum eignet sich der Rahmen der Nation natürlich besser als internationale Verwirrnisse, die man am besten aussperrt. Das Nahe sieht er riesenhaft vergrößert, er erblickt seine Welt im Konvexspiegel. Hier, vor seiner Nase, findet er seine Feinde, seine „Eliten". Gegen das fremde, bedrohlich komplizierte Außen schützt allein das Ausfahren der Stacheln und das Schließen der Augen. Kooperation mit dem Außen würde die Tore öffnen für noch mehr Feinde.

Antipeters Igeltum bereitet natürlich einigen realen und global agierenden Macht-Ausübern große Freude. Sie werden sie zu nutzen wissen und eventuell auch aktiv schüren – teile und herrsche. Womit der anti-elitäre Antipeter unversehens zum nützlichen Idioten oligarchischer Welt-Macht geworden wäre. Aber das kann er nicht sehen, denn er hat sich ja eingerollt, sein Blick geht zum Bauchnabel. Seine Wut ist die egotheistische Wut des verzogenen Kindes, dem wir hier wiederum begegnen. Das trotzige Kleinkind muss erfahren, dass die Welt ihm nicht immer zu Willen ist. Sein Zorn, der die ganze Welt betreffen müsste, richtet sich gegen die Nächsten, die so unvollkommenen wie begrenzenden Eltern. Die realen Eltern des regressiven Antipeter sind altersbedingt nicht mehr in seinem Fokus. So braucht er Stellvertreter, und damit findet er zugleich den Feind, der ihm die Kindheit geraubt hat. Antipeter sehnt sich zurück in die gute alte Welt, wie es sie in alten Märchen gegeben hat, in ein unschuldiges heiles Mittelalter, rechtwinklig, ritterlich und reinlich. „Die Eliten" beschmutzen seine Heimat, sie verwässern das gute alte Recht und kehren unten nach oben, sie öffnen ihre Grenzen für Fremdes und Fremde. Ihm dagegen verwehren sie die Heimkehr in sein himmlisches Reich, den ultimativen erlösenden Frieden in Mamas Bauch.

Leider sind die großen Institutionen als konkreter Gegner schwierig zu fassen. Den Wissern geht es wie uns mit der Dummheit: der Feind webt und wirkt omnipräsent und in vielerlei Gestalt. Peters Herrschafts-Maschine arbeitet so unerbittlich wie unsichtbar. Hier liegt eine wichtige Erklärung für Antipeters Vorbeizielen an den tatsächlichen Herrschaftsstrukturen. Denn was ein rechter Wisser ist, weiß sich zu helfen. Wir sprachen von der namenlosen Angst und der objektgerichteten Furcht. Entsprechend finden die Wisser ihre personifizierten Feinde, die die Schuldigen an diversen Übeln sind und die Institutionen aus dem Verborgenen lenken. Zum Beispiel 1920: Man muss nicht langwierig recherchieren, um zu erfahren, dass die Spanische Grippe hundert Jahre vorher zum Beispiel von „den Rothschilds" gesteuert war. 2020: Die Schuld an der Corona-Pandemie trugen (neben „den Chinesen und ihren schmutzigen Märkten") Bill Gates (obwohl nicht einmal jüdisch) und George Soros; was auch immer dagegen sprach, war sinistre Verschleierung, also nur eine Bestätigung mehr. Projektionen auf stellvertretende nahe Feinde schließt das nicht aus: Autos mit Kennzeichen aus Ländern oder Landkreisen mit hohen Infektionszahlen wurden gut alttestamentarisch mit Steinen beworfen. Für das Jahr 2120, in dem die gefährliche Putenpest auf den Menschen überspringt, dürfen die Nachgeborenen dann ihr aktuelles Beispiel hinzufügen.

Schlüssigkeit tangiert manche Wisser dabei nur nachrangig: Dass Covid-19 einerseits nur „eine Erfindung der Impfmafia" und komplett harmlos gewesen sei, andererseits von Dunkelmännern als Killervirus in die Welt gesetzt wurde, vertraten mitunter die gleichen Leute in einem Atemzug. Entsprechend: „Die faulen Migranten kommen nur wegen der Sozialleistungen! Und nehmen uns die Arbeitsplätze weg!"

Das Muster ist immer ähnlich. Angesichts einer widerspenstigen Wirklichkeit, die einem nicht den Gefallen tut, sich in schlichte binäre Raster zu fügen, zimmert man sich Popanze, auf die man dann einschlagen kann. Und angesichts der Hilflosigkeit gegenüber den anonymen Peter-Maschinen als solchen bekriegt man eben einzelne ihrer Vertreter oder Gruppen oder wen man dafür hält. Wir erinnern nochmals daran, dass mancher Vorbehalt sich der Hellsicht des zu kurz Gekommenen verdankt und dass mancher Zorn seinen durchaus nachvollziehbaren Anlass haben kann. Im besten Fall zwingen die Antipeter die Institutionen zur kritischen reinigenden Selbstansicht. Die Dummheit des Ressentiments liegt vielmehr in der binären Sündenbock-Struktur des Feindbilds. Zu dessen Konstruktion genügen Antipeter in aller Regel selektive Fokussierungen und Auslassungen. Womit sich Anti-Peters Anti-Institutionalität eine gewisse Legitimität verschafft und eventuelle Sympathisanten gewinnt: „Ein bisschen was ist ja dran an der Sache!" Was Antipeter nicht abhält, sich auch von offensichtlicher Anti-Faktizität nicht beirren zu lassen. Seine entscheidende Instanz ist sein Empfinden. Widerspruch, wie begründet auch immer, ist zwecklos. Zwei plus zwei gibt vier, sagen die Eliten. Aber ich finde, dass es drei ergibt! Meine Meinung wird unterdrückt und totgeschwiegen! Ich bin das Opfer der Eliten!

Wut ohne Macht hat großes komisches Potenzial. Wut an der Macht ist alles andere als zum Lachen, das weiß auch Antipeter. Und Wut sinnt auf Rache. Nun mag der Starke am mächtigsten allein sein, der Außenseiter ist es nicht. Was also liegt näher, als sich mit anderen Opfern, anderen Wütenden, den erwähnten Gleichgesinnten zusammen zu tun? Wie kein Himmel ohne Hölle ist, so provozieren staatstragende Institutionen Anti-Institutionen, die sich via Kränkung und Ressentiment eben als „Gegen" oder vornehmer als „Alternative" definieren.

Ihr Kapital ist Aufmerksamkeit, ihr Treibstoff Kränkung und Wut. In Hass vereint gegen die Institutionen, gegen „die da oben", gegen „die Eliten"! Wir werden noch sehen, wer zuletzt lacht! So findet der einsame Antipeter im Kollektiv, in der Masse zu sich selbst. Hier bekommt er Bestätigung und Wirkungsmacht. Die gefallenen Engel starten ihren Anti-Kreuzzug, die gedemütigten, wissenden, wütenden Luzifere ziehen wider Petri Feste. Sie bilden Zellen, Gruppen, Parteien, Religionen, esoterisch, fundamentalistisch, terroristisch. Mal marschieren heterogenste Gruppen gemeinsam, mal bekriegen sie sich erbittert, je nach konkretem und aktuellem Feindbild. Aber die eigentlichen Feinde bleiben die, welche da wandeln oben im Lichte. Die uns belügen, die uns verführen, die uns die Wahrheit vorenthalten. Deren Institutionen selbstredend von den jeweiligen Feind-Gruppen unterwandert und gesteuert sind.

Gott kann sich dessen gewiss sein, dass sein Antipode bis zum Jüngsten Gericht in der Hölle eingesperrt bleibt. Aber dass der profane Antipeter die Macht ergreift und seine eigene Art von Licht bringt, ist niemals ausgeschlossen. Hitlers Triumph über „das System" ist nur das krasseste Beispiel der neueren Geschichte. Auch in allerjüngster Zeit haben diverse Machthaber eine Mehrheit von Antipetern davon überzeugen können, dass sie der richtige Mann seien, das Petertum auszutreiben.

Wie bereits gesagt: Antipeters wichtigstes Kapital ist Aufmerksamkeit. Sobald ein Antipeter, eine Anti-Partei eine kritische Aufmerksamkeitsschwelle überschritten hat, wird nämlich unvermeidlich die Gegenreaktion der Institutionen aktiviert. Willkommener Katalysator dafür ist eine institutionelle Schwäche, eine allgemeine Krise. Hier kann Antipeter den Projektions-Hebel ansetzen. Mit der Krise startet sein Siegeszug. Endlich wird er wahr genommen! Endlich ist er jemand! Endlich kann er die Attacken der Petersscharen in eigenen Schwung verwandeln, denn erst sie legitimieren ihn als satisfaktionsfähigen Feind und Märtyrer. Petri Immunabwehr wird wie in einer allergischen Reaktion gegen die Petersburg selbst gewendet. Folgerichtig eskaliert das Geschehen mit der Dynamik eines Buschfeuers bei Sturm. Denn je mehr sich Antipeters Anti-Partei radikalisiert, durch um so schärfere Gegenwehr findet ihr Furor weitere Nahrung, was ihr wiederum größere Legitimität als Opfer und Anti-Institution verschafft. Falls es dem kollektiven Antipeter gelingt, diese Eskalation klug im Griff zu behalten, falls er sein Pulver nur in wohldosierter Steigerung verschießt und mögliche Mitläufer nicht verschreckt, hat er gute Chancen, die Petersburg zu stürmen und die Macht zu übernehmen.

Hat sich Antipeter allerdings auf Petri Thron etabliert, steht er vor dem Problem, nun selber an Peters Stelle zu sein. Er ist jetzt zugleich Anti- und Institution. Er muss das Kunststück vollbringen, als Oberster Peter antielitär zu agieren – er muss zugleich Macht und Machtlosigkeit demonstrieren. Der destruktive Zug wider „die Macht" bleibt das legitimerende Fundament seiner Anti-Macht, und für den machthabenden Antipeter bedeutet das konsequent: die Dynamik seiner Machtergreifung kippt in Autodestruktion. Antipeter kann nicht einfach verwalten, er muss agieren und zerstören, sein Feuer fordert immer weitere und immer mehr Nahrung, er braucht immer neue Feinde, und die Intensität dieser Feindschaften muss immer weiter gesteigert werden, damit der paradoxe Macht-Antipeter als Märtyrer wider die Eliten glaubwürdig bleibt. Gelegentlich gelingt ihm die Metamorphose zum Pro-Peter, und er wird mild und Denen Da Oben gleich; Saulus wird zu Paulus, Octavian zu Augustus. Im zweiten Szenario verliert er die Macht wieder, wenn man ihm den Antipeter, den Rächer der Enterbten, das Opfersein nicht mehr glaubt. Man durchschaut ihn als antielitär posierenden Neu-Elitären, demagogisch und potenziell diktatorisch, man erkennt noch rechtzeitig den regressiven Horrorclown. Im schlimmsten Fall dagegen fährt er nach beispielsweise zwölf Jahren höllischer Destruktion endlich selbst zur Hölle.

Vom Ungeist des Ja-Ja-Nein-Nein zum Lob der Subversion

So nähern sich unsere Helden dem Ende ihrer Reise. Zwar war es keine allzu lange Expedition, aber immerhin haben wir ein paar Fäden in die Hand bekommen, die wir nun noch ein wenig verflechten können.

Im Rückblick sehen wir: Es ging um Ich, Glück, Sinn, Gott – um Alles, was Nichts ist. Es ging aber immer auch um die Frage: Wie kommt Dummheit zur Macht? Denn allein das, allein die Frage nach der Gefährlichkeit der Dummheit, die Frage nach ihrer Allgegenwart, nach ihrer apokalyptischen Zerstörungskraft – sie zwingt dazu, sich mit dem Phänomen der Dummheit überhaupt zu befassen anstatt ihr Odeur aristokratisch zu ignorieren. Und wir rufen es heraus, wider die Windmühlen: Akzeptanz verhilft der Dummheit zur Macht, genauer: der Optimismus, der sie für unvermeidlich, aber nebensächlich hält.

Ich will es heraussingen mit dem komischen, närrischen Pathos des verrückten Ritters, so laut ich kann: Nur wer die Dummheit kennt, weiß, was ich leide! Ich leide unter meiner eigenen Dummheit und ich leide unter dem Panstupidismus unserer Welt. Ich verstehe nicht, wie es anders sein kann. Ich verstehe euch nicht, ihr Vernünftigen, ihr Unromantischen, ihr Windmüller, *ihr Erwachsenen*, die ihr euch achselzuckend mit der Dummheit abfinden könnt. Ich beneide euch, jawohl, aber ich verstehe euch nicht. Denn darunter leide ich am meisten: Wie kann es sein, dass die Dummheit euch so gleichgültig lässt? Bin ich es oder seid ihr es, die das Wachstum eingestellt haben? Wie kann sich ein Optimismus überhaupt selbst ertragen, der das, was ist, schon deswegen gut heißt, weil es eben ist? Sich gar zu einem Idealismus aufschwingen, der unbeirrt an die beste aller Welten glaubt, von der man wie von einer Marmorstatue nur das Überzählige wegmeißeln müsse, um das perfekte reine Ideal zu erhalten, das man obendrein mit seinem Begriff verwechselt? Auf dass die Welt am Ende so aussähe und so handlich und platt wäre wie ein Hochglanz-Werbeprospekt? Das sagt der Optimist natürlich nicht, er denkt es nicht einmal. Er empfindet es. Er ist ein Idealist der Praxis, nicht des Logos.

Nun mag es genügend dieser Idealisten geben, die durchaus auch gerne über Dummheit nachsinnen – nach Feierabend und sofern sie die der Anderen ist. Aber solche Art von Vernunft ist herzlich unerotisch. Der Kampf gegen die Dummheit: das ist vielmehr der Kampf gegen das ewig Konstruktive, gegen den Glauben an das per se Gute real existierender Ordnung, auch gegen einen Utilitarismus, der alles auf Sinn-Zwecke zurückzuführen weiß, und hießen sie Gott. Um es ganz deutlich zu sagen: Der Geist des Konstruktiven, der an erträglichen Zeit-Orten wie unserem funktioniert, funktioniert an schlimmeren nicht prinzipiell anders und schon gar nicht schlechter. Denn „konstruktiv" heißt alltagssprachlich nichts weiter als: Ich mache mit. Ist dieser „Geist" allein damit gerechtfertigt, dass er doch im Hier und Jetzt „guten Zwecken" dient?

Wir hatten uns vorgetastet über Angst und Glück und Macht, über Begriffs- und Gottes- und Ich-Glauben, und hatten als Motor der Dummheit gefunden die Sehnsucht nach einer Welt-Existenz, die sich auf binäre Schemata, auf Nein-Nein oder, lieber noch, das langohrige Ja-Ja eindampfen lässt – die Sehnsucht nach einem zeitlos-perfekten, defektfreien, gesunden Sein, dem aller Schmutz, Schmerz, Widerspruch ausgetrieben ist. Als Fazit blieb uns: „Das Böse" oder „der Feind" ist die Essenz der Defekte, die die Dummheit braucht, um sich Identität und ihrer Mission Legitimität zu schaffen. Aus Streit wird

Krieg, weil gegenseitige Dummheit darauf angewiesen ist, sich misszuverstehen. „Bosheit" ist eine Verkennung von Dummheit, eine gegenseitige Ignoranz dessen, dass dem Anderen, dessen Defekte der Gute heilen möchte, diese Defekte selber heilig sein könnten. Der Pfadfinder, der das widerstrebende Großmütterlein dennoch auf die andere Straßenseite zerrt und der fromme Gotteskrieger, der Jerusalem oder Bagdad befreien will: sie unterscheiden sich nur graduell. Es ist der Ungeist, der stets bejaht, der stets das Gute will und stets das Böse schafft.

Lieber S! Nun wirst Du vielleicht wiederholen, was Du schon des Öfteren gedacht haben magst: Warum so negativ? Warum immer so selbstquälerisch in den Wunden bohren? Warum nicht auch über das Erbauliche, das Schöne und Gute sprechen? Wohlan denn. Was aber wäre dieses Gute, wenn es die Dummheit ist, die das Böse schafft? Wäre es das Gegenteil? Das Destruktive des Konstruktiven, Antipeter, Mephisto, das Nichts?[147] Nein, lieber S. Mit „Gott gibt es nicht" sind wir ihn noch lange nicht los, denn auch „Nicht-Gott" ist ein Name Gottes, und zwar einer der dümmsten. Es verhält sich ganz wie mit Fasching. Zu Fasching wollen wir ziehen wider den tierischen Ernst und ihn austreiben. Das tun wir mit menschlichem Ernst. In solcher Maskerade demaskiert sich die Dummheit und zeigt ihr wahres Gesicht: Scherz wird zum Zweck. Zu diesem Zweck sind wir ein paar Tage lang sehr ausgelassen, denn in unserem Terminkalender steht „Frohsinn". Frohsinn verlangt viel konstruktiven Geist, Planung, Vorbereitung. Denn spontaner Witz neigt zur Subversion, und das muss verhindert werden: ziehen wir ihm die Zähne. Institutionalisieren wir ihn, auf dass er nicht

[147] Ludger Lütkehaus, *Nichts. Abschied vom Sein – Ende der Angst*, Frankfurt, 2002, prüft diesen Weg – so einschüchternd belesen wie querständig zum akademischen Rauschen.

mehr beißen kann. Dann wird er zum possierlich zahmen dummen Pudelhund. Man hat nicht umsonst Humor studiert an der Eidgenössischen Hochschule des Humorismus in St. Gallen. Man hat sich einem schwierigen Auswahlverfahren unterziehen müssen. Endlich hat man sich sein Prädikats-Zertifikat erworben mit dem köstlichen Witz von dem Mann, der seine Frau…, den man viele Semester ernsthaft geprobt hat. Darüber lacht ein Jeder gern. Wetten, dass? – Kurz, es ist eine raffinierte Chuzpe der Dummheit, selbst das „wider den tierischen Ernst" noch zu domestizieren und zu umarmen, ähnlich, wie sie mit jeder Kunst verfährt. Meine einzige Genugtuung, lieber S, angesichts dieses Brockensturmes der Dummheit, ist der krönende Kater danach. Er ist das einzig Undumme an der ganzen Sache. Er ist kein schlichtes, dummes Gegen. Er gehört untrennbar dazu und ist zugleich doch das Andere: das Komische, das schmerzt. Nicht der Karnevals-Pudel – der Aschermittwochs-Kater, lieber S: Er ist es, den wir uns zum Schmerz-Mittel erkiesen wollen wider die Dummheit.

So ein Kater, wenn man den Dionysien der Dummheit entsteigt: sein jammervolles Maunzen ist es, das seinen Besitzer ein kurzlebiges Nie wieder! schwören lässt. In der Welt-Klage des Katers kommt er zu sich. Der Kater ist der Befreier des Menschen aus der selbstverschuldeten Unmündigkeit. Er ist der Dorn im Fleisch, im Schädel, um präzise zu sein, dessen Schmerzen uns auf den innerweltlichen Schmerz zurückwerfen. Zugegeben, es ist kein komfortabler Zustand. Aber hat jemand gesagt, dass Aufklärung immer bequem sei? Von der Empörung gegen den Schmerz über die Theodizee hin zu unserem existenziellen Je-Sein – das ist unser Weg aus der warmen dummen Höhle ins gleißende Licht, und der Kater weist ihn uns. Im Kater werde ich Ich. Er wirft mich ins Sein. In ihm erkenne ich mich selbst – diesseits der Dummheit des nüchternen Ich.

Katerchen nämlich ist nicht konstruktiv. Er ist aber auch nicht einfach destruktiv: er ist *subversiv*. Er unterhöhlt unsere Selbstgewissheit. In seinem Plärren vernehmen wir: Des g'hört *net* so. Es geht ein Riss durch die Welt. Es könnte anders sein – es *sollte* anders sein. Wir wollen es anders. Die Welt ist nicht per se gut, allein weil sie ist, wie sie ist: denn sie bohrt und rumort im Hirnkasten. Möglichkeit statt Wirklichkeit, Utopien, Visionen, die stechend hinter schmerzenden Augen flimmern. Zwar, die Dummheit weiß sich zu wehren. Wenn er Visionen habe, gehe er zum Arzt, sagte ein Staatsmann, dessen Namen ich mich nicht entsinnen mag. Den Kater und sein Gefolge treiben wir mit Tabletten aus, auf dass wir wieder ganz wir selbst werden und funktionieren, wohin immer wir geworfen sind. Ein kleiner Stachel bleibt dennoch, vibriert hinter der linken Augenhöhle. Es ist der Dorn, der Zweifel heißt und unrein sich auf Teufel reimt. Es ist der Geist, der nicht bejaht – der Geist der Subversion.

Aber, so höre ich Dich fragen, lieber S, was um alles ist dieses Andere? Und prompt muss ich Dir antworten: In diese Falle wirst Du mich nicht locken. Kater wollen wir spielen, heimlich feinen Sand streuen ins Räderwerk der Maschine des allzu Vernünftigen, Gehörigen, Erwachsenen – nicht um es zu zerstören, das nicht, aber um es ganz zart knirschen zu lassen, auf dass das Knirschen gehört werde und man lausche und schaue, was es eigentlich sei, das da in uralten Bahnen schnurrt und kreiselt, als ob es seit jeher so gewesen sei und auf ewig so sein müsse. Und um uns dem emsigen Moloch unverdächtig zu nähern, ziemt uns unsere treue Rosinante eher als das schönste Turnierpferd, und unsere Barbierschüssel macht uns unsichtbarer als jeder dumme Tarnkappen-Bomber. Mit Cremetörtchen[148] zielen

[148] Eine so konzise wie detaillierte Analyse des Cremetörtchenwerfens unter soziologischen wie physikalischen Aspekten leistet Glucksman, a. a. O.,

wollen wir dorthin, wo es allzu sauber ist. Unsinn wollen wir stiften, wo dummer Überzweck und pompige Bedeutung die freie Luft zum Atmen abschnüren, Unkrautsamen streuen in die reine Nutz und Zier steriler Gärten, so dass Arabesken aus Gänseblümchen und Löwenzahn den Rasen schmücken und nutzlose prächtige blauschimmernde Distelkandelaber über Kohlparaden leuchten und die Schmetterlinge betören. Und wenn es Einer sieht, könnte der unsicher werden, ob das noch angemessen ist und konsequent und ob das noch „ein Garten" ist. Und es könnte ihn verstören, denn Ungewissheit schmerzt tiefer noch als jeder Kater. Aber vielleicht wird er am Ende finden: Es nützt nicht, aber es ist schön. Und vielleicht wird er auch finden, dass es die Schönheit selber ist, die Einen zum Träumen verstören und zu zielloser Verliebtheit verführen kann, wenn man sie nur lässt und endlich aufhört, nach Namen und Bedeuten zu fragen. Der Begriff, was so ein Garten sei und was er zu sein habe – er könnte seine plumpe Starre von sich schütteln und fragil werden und flüchtig und zu schillern beginnen und zu schweben als eine zarte und unnütze Seifenblase, die von einem zufälligen Windhauch angerührt zerspringt, und ein feines spöttisches Sprühen aus Seifenblasentröpfchen könnte andere und immer mehr Gewissheiten infizieren, so dass sie sich selber durchsichtig würden und bunt und federleicht, und wieder zerstiebten, bis uns am Ende mit der Welt die Dummheit selber verzaubert wäre in ein freies und zweckloses und schönes Spiel.

S. 37-76; der Darstellung dürfte ein Ehrenplatz unter den Standardwerken der Cremetörtchenwurf-Forschung sicher sein.

Epilog

Wenigstens hier, im Ausgang aus einem so unschönen Thema, wollen wir es uns also gestatten, freudenvollere Töne anzustimmen und uns während einiger Takte versöhnlichen C-Durs gar eine Prise Celesta gewähren; im Traum werden die Dinge eben anders, ein ungelenktes, offenes Spielen unserer Neuronen und Rezeptoren, das selbst dem Kitsch Einlass gewährt. So wollen wir uns alles Menschliche und, über unseren anthropozentrischen Spielbegriff hinausgehend, unsere ganze Welt abwechslungshalber als offenes, befreites Spielen träumen: als unsere Freiheit, um die es uns eigentlich immer ging. Denn „Welt" kann nichts Anderes sein als was wir von ihr wahrnehmen; unsere Welt ist und bleibt mit Gott und Tod und Teufel „menschlich", bleibt Wille und Vorstellung:

Wir wollen ein verliebtes Spiel spielen mit der *schönsten* aller möglichen Welten. Denn „Welt" sei nicht allein Wirklichkeit, sondern ein ge-lassenes Spielen der Unterschiede und der Möglich- und selbst Unmöglichkeiten – ein unendlich wertvolles, ein maßlos erlesenes, ein zärtliches Spielen ohne allen Geiz: weil es letzten Endes immer zwecklos ist „wie die Liebe, wie das Leben". Es ist schön, weil Schönheit Struktur voraussetzt und weil Struktur Unterschied bedeutet. Es ist unbezahlbar, weil es keinen Preis hat. Es hat keinen Preis, weil es nicht käuflich ist. Und weil es uns so kostbar ist, streicheln wir es mit diskreten Begriffs-Fingerspitzen wie phantastische Sphinxen aus hauchfeinem Porzellan. Denn anders als der zudringliche Wahre ist der Gott des Spielens ausgesprochen scheu. Er ist der Art unseres Sehens ausgeliefert und changiert in ihm in seiner Proteus-Gestalt immerzu. Allzu indiskrete, schamlose Blicke lassen ihn zum toten Götzenbild gefrieren. Vor der Plumpheit, die alles schon weiß und für alles schon das Wort hat, flieht er zum

Meeresgrund oder gleich auf ferne Sterne. Seine Engelsscharen sind die unermesslichen Möglichkeiten besserer Welten. Seine Ethik ist Ästhethik. Seine Moral ist das Staunen vor der eigenen Schönheit der Spiele. Seine Theologie ist die Phantasie, seine Zensur die Spottlust. Seine Prediger sind jene fahrenden Ritter, die nach etwas jenseits – diesseits? – der Dummheit ziehen und den freien Glauben predigen wider alle Vernunft. Und Er offenbart sich am Ende allein dem, der es versteht, wenn er darüber nicht sprechen kann, davon zu schweigen.

Aber kann ich das wirklich ernst meinen? Wo um alles bliebe in jener Welt die Dummheit, die doch uns Menschen wesentlich ausmacht? Sei getrost, müßiger Leser. Sie behält wie auch sonst das letzte Wort.

Nachwort (2020)

Müßige Leserin, müßiger Leser!

Wenn Sie diesen Essay günstigen Falles aufmerksam zu Ende gelesen haben, werden Sie sich fragen, warum eventuell einige der angeführten Beispiele etwas angegraut wirken, warum andererseits Begebenheiten und Persönlichkeiten, deren vielfältige Dummheit uns tagesaktuell geradezu anspringt, im Text nicht zur Sprache kommen. Die Begründung ist einfach: den Text habe ich vor ungefähr fünfzehn Jahren verfasst. Dank der engagierten Geburtshilfe meines so guten Freundes wie strengen Lektors Sven Hinz erscheint er nun nach gründlicher Überarbeitung in Buchform. Danken muss ich weiterhin Dr. Riewert Ehrich, der nach einem lebhaften Kneipengespräch über das Phänomen Dummheit so ausdauernd anregte, die im Reden verfertigten Gedanken aufzuschreiben, dass das Insistieren am Ende meine Trägheit überwog; er war dann auch der erste kritische Leser. Auch die wertvolle logistische Unterstützung durch Dr. Leander Hotaki darf nicht unerwähnt bleiben.

Anlässlich der Revision wurden einige Beispiele ausgetauscht. Andere blieben: denn dass Zeit vergangen ist, ändert nichts an ihrer zeitlosen Aktualität für mein Thema. Für ein heutzutage sich aufdrängendes prominentes Beispiel habe ich mir gerade wegen dieser Aufdringlichkeit die Ehre einer Namensnennung versagt, zumal hier die Grenze zum Pathologischen verschwimmt. Selbst dieses Beispiel wird verblassen, der Text altern, sein Verfasser sowieso. Auf *eine* ewige Jugend aber dürfen wir vertrauen: niemals altern, niemals an Dringlichkeit verlieren wird unser Gegenstand – die Dummheit.

Literatur

Richard Avenarius, *Der Größenwahn – Erscheinungsbilder und Entstehungsweise*, Berlin – Heidelberg – New York, 1979

Robert Axelrod, *Die Evolution der Kooperation*, München, 2000

Otto F. Best, *Über die Dummheit der Menschen. Versuch einer Bilanz*, München, 1979

Wilhelm Busch, *Ungenügend*, in: *Zu guter Letzt*, in: [Mehr oder weniger] *Sämtliche Werke* II, München, 1982

Elias Canetti, *Masse und Macht*, Düsseldorf, 1960

Miguel de Cervantes Saavedra, *Leben und Taten des scharfsinnigen Edlen Don Quixote von la Mancha*, übersetzt von Ludwig Tieck, mit 363 Illustrationen von Gustave Doré, Wiesbaden, 1975

Miguel de Cervantes Saavedra, *Der sinnreiche Junker Don Quijote von der Mancha*, übersetzt von Ludwig Braunfels, mit 24 Illustrationen von Grandville zur Ausgabe von 1848, München, 1994

Carlo M. Cipolla, *Die Prinzipien der menschlichen Dummheit*, in: ders., *Allegro ma non troppo*, Frankfurt, 1992

Gustave Flaubert, *Universal-Enzyklopädie der menschlichen Dummheit. Ein Sottisier*, Berlin, 2004

Michel Foucault, *Sexualität und Wahrheit*, I, *Der Wille zum Wissen*, Frankfurt, 1983

Ortega y Gasset, *Der Aufstand der Massen*, Stuttgart, 1989

Lutz Walther (Hg.), *Lob der Dummheit*, Leipzig, 2000

Horst Geyer, *Über die Dummheit – Ursachen und Wirkungen der intellektuellen Minderleistungen des Menschen. Ein Essay*, Wiesbaden, 1984

André Glucksman, *Die Macht der Dummheit*, Stuttgart, 1985 (La bêtise, Paris, 1985)

René Goscinny / Albert Uderzo, Asterix Bd. VIII, *Asterix bei den Briten*, Stuttgart, 1975

René Goscinny / Albert Uderzo, Asterix Bd. XIX, *Der Seher*, Stuttgart, 1975

Eugen Gürster, *Die Macht der Dummheit*, Freiburg/Br., 1974

Heinrich Heine, *Die Stadt Lucca*, in: *Gesammelte Werke* II, Gütersloh, o. J.

Heinrich Heine, *Reise von München nach Genua*, in: *Reisebilder*, Hamburg, 1966

Immanuel Kant, *Beantwortung der Frage: Was ist Aufklärung*, in: *Theorie-Werkausgabe* Band XI, Frankfurt, 1968

Gerd Koenen, *Die großen Gesänge. Lenin, Stalin, Mao Tse-Tung. Führerkulte und Heldenmythen des 20. Jahrhunderts*, Frankfurt, 1991

Thomas Kunze, *Nicolae Ceauşescu. Eine Biographie*, Berlin, 2000

Salcia Landmann, *Der jüdische Witz*, Olten / Freiburg/Br., 1960

Ludger Lütgehaus, *Nichts. Abschied vom Sein – Ende der Angst*, Frankfurt, 2002

François Lyotard, *Das postmoderne Wissen*, Wien, 1994

Robert Musil, *Über die Dummheit*, Berlin, 1987

Friedrich Nietzsche, *Götzendämmerung*, KSA VI, München, 1988

Friedrich Nietzsche, *Der Fall Wagner*, KSA VI

Friedrich Nietzsche, *Ecce homo*, KSA VI

Jean Paul, *Flegeljahre*, Frankfurt/Main, 1986

Laurence J. Peter & Raimond Hull, *Das Peter-Prinzip oder Die Hierarchie der Unfähigen*, Hamburg, 1970 (*The Peter Principle*, New York, 1969)

Gerhard Polt: *Longline*, in: *Menschenfresser*, Zürich, 1997

Maximilian Rubel, *Stalin*, Reinbek, 1975

Voltaire, *Candide*, in: *Sämtliche Romane und Erzählungen*, Leipzig, 1976

Paul Watzlawick, *Anleitung zum Unglücklichsein*, München, 1983

Max Weber, *Die protestantische Ethik und der Geist des Kapitalismus*, in: Ders., *Gesammelte Schriften*, Tübingen, 1988, Band I